saur

Schriftenreihe
Internationales Zentralinstitut
für das Jugend-
und Bildungsfernsehen
Nr. 24

Medienkommunikation im Alltag

Interpretative Studien zum Medienhandeln von Kindern und Jugendlichen

Herausgegeben von
Michael Charlton und Ben Bachmair

K · G · Saur
München · New York · London · Paris 1990

Herausgeber der Schriftenreihe
Internationales Zentralinstitut für das Jugend- und Bildungsfernsehen
Rundfunkplatz 1, 8000 München 2

Redaktion:
Paul Löhr (verantwortlich)
Rosemarie Hagemeister

CIP-Kurztitelaufnahme der Deutschen Bibliothek

Medienkommunikation im Alltag : interpretative Studien zum Medienhandeln von Kindern und Jugendlichen / hrsg. von Michael Charlton u. Ben Bachmair. – München ; New York ; London ; Paris : Saur, 1990
(Schriftenreihe / Internationales Zentralinstitut für das Jugend- und Bildungsfernsehen ; Nr. 24)
ISBN 3-598-20764-6
NE: Charlton, Michael [Hrsg.]; Internationales Zentralinstitut für das Jugend- und Bildungsfernsehen <München>: Schriftenreihe des Internationalen Zentralinstituts für das Jugend- und Bildungsfernsehen

Gedruckt auf säurefreiem Papier

Satz: Fotosatz H. Buck, 8300 Kumhausen
Druck: grafik + druck GmbH & Co., München
Binden: Attenberger GmbH, München
ISBN 3-598-20764-6

Inhalt

Paul Löhr

Das Internationale Zentralinstitut für das Jugend- und Bildungsfernsehen (IZI): 25 Jahre als Vermittler zwischen Wissenschaft und Programmpraxis

I. Einleitung

25 Jahre IZI – eine Gelegenheit, Bilanz über die geleistete Arbeit zu ziehen. Auch der vorliegende Band will bilanzieren, denn seit etwa 10 Jahren hat sich in der Bundesrepublik Deutschland eine interpretative Medien- und Kommunikationsforschung an den Universitäten etabliert. Die Förderung des Kinder-, Jugend- und Bildungsfernsehens durch das IZI und die universitäre Forschung zur Medienrezeption durch Kinder und Jugendliche sind denselben Zielen verpflichtet. Seit Anbeginn besteht ein enger Austausch zwischen den betreffenden Institutionen.

Die Mitte der 60er Jahre war eine Zeit des Aufbruchs – Bildung, Aus- und Weiterbildung standen hoch im Kurs. Dem Medium Fernsehen traute man damals auch in diesem Bereich eine Menge zu. Die sogenannten Dritten Programme starteten hierzulande mit der Zuversicht, Bildung für alle anzubieten. In diese Zeit (1965) fällt die Gründung des Internationalen Zentralinstituts für das Jugend- und Bildungsfernsehen. Das Institut ist eine Abteilung des Bayerischen Rundfunks und wird seit Beginn von der Gesellschaft zur Förderung des internationalen Jugend- und Bildungsfernsehens e.V. unterstützt. Mitglieder dieser Gesellschaft sind: der Freistaat Bayern, die Landeshauptstadt München, der Bayerische Rundfunk für die Arbeitsgemeinschaft der öffentlich-rechtlichen Rundfunkanstalten der Bundesrepublik Deutschland (ARD) und das Zweite Deutsche Fernsehen (ZDF). Als Dokumentations- und Informationszentrum, das über Forschungen allerdings nicht nur berichtet, sondern solche auch initiiert und betreut, hat sich das Institut folgende Aufgaben gestellt: Das IZI ermittelt und vermittelt vorwiegend Informationen zum Kinder-, Jugend- und Bildungsfernsehen aus der nationalen wie internationalen Medienwirkungs- und Fernsehforschung. Mit seiner Arbeit will das IZI dazu beitragen, die kulturelle Bedeutung des Fernsehens und dessen Einbettung in die Alltagswelt seines Publikums darzustellen und klären zu helfen. Wichtigstes Ziel ist für das IZI demnach, Informationen, vor allem wissenschaftlich ermittelte Daten und Argumente an jene weiterzugeben, die als Forscher, Programmproduzenten und Fachjournalisten, aber auch als Eltern, Lehrer und Sozialpädagogen mit dem Jugend- und Kinderpublikum zu tun haben. Diesem Ziel ist das IZI in den vergangenen 25 Jahren gefolgt und hat sich dabei mehr und mehr zu einem akzeptierten und Impulse gebenden Vermittler zwischen Wissenschaft und Praxis entwickelt – wobei insbesondere die intensive Kooperation mit den Programm-Mitarbeitern der Rundfunkanstalten hervorzuheben ist. Belege für die Vermittlungstätigkeit des IZI stellen nicht nur die zahllosen Beiträge zu nationalen und internationalen Konferenzen und Kongressen, die Veranstaltung von Seminaren und Expertensymposien dar. Wichtige Nachweise sind ebenso den Publikationen zu entnehmen, die in der „Schriftenreihe", der „Offenen Reihe", der Reihe „Communication Research and Broadcasting", der Zeitschrift „Fernsehen und Bildung" (bis 1982), der Zeitschrift „TelevIZIon" (ab 1988) sowie im „Bibliographischen Dienst" des IZI angeboten werden.

Auswahl von Forschungsarbeiten, die im Rahmen des IZI realisiert und in seiner Schriftenreihe veröffentlicht wurden: 1965 – 1989

M. Keilhacker/G. Vogg: Gesetzmäßigkeiten des Fernseherlebens bei Kindern und Jugendlichen. Dargelegt am Beispiel der preisgekrönten Sendungen des Prix Jeunesse 1964. München: IZI 1965. (empirische Untersuchung)

H. Sturm/R. v. Haebler/R. Helmreich: Medienspezifische Lerneffekte. Eine empirische Studie zu Wirkungen von Fernsehen und Rundfunk. München: IZI 1972. (empirische Untersuchung)

M. Schmidbauer/P. Löhr/A.O. Schorb: Schulfernsehen in Bayern. Eine Untersuchung über den Einsatz von AV-Medien in bayerischen Schulen. München: Ehrenwirth 1974. (empirische Untersuchung)

H. Sturm/K. Holzheuer/R. Helmreich: Emotionale Wirkungen des Fernsehens – Jugendliche als Rezipienten. München: Saur 1978. (empirische Untersuchung)

P. Löhr: Arbeitslose Jugendliche – eine Zielgruppe für Fernsehen und Hörfunk? München: Saur 1985. (empirische Untersuchung)

M. Schmidbauer/P. Löhr: Der Markt der kommerziellen Kindermedien. München: Saur 1985. (Sekundäranalyse)

M. Schmidbauer: Die Geschichte des Kinderfernsehens in der Bundesrepublik Deutschland. München: Saur 1987. (Sekundäranalyse)

M. Schmidbauer/P. Löhr: Jugend und Fernsehen. Plädoyer für ein jugendgeeignetes Programm. München: Saur 1989. (Sekundäranalyse)

Will eine – wie oben beschriebene – Vermittlungstätigkeit nicht orientierungslos vonstatten gehen, muß sie sich auf eine Perspektive beziehen, im Hinblick auf die Daten dokumentiert, Argumente zusammengetragen, Forschungen realisiert und ihre Ergebnisse eingeschätzt werden. Für das IZI hatte und hat diese Perspektive ihren Grund in den Bedingungen, die den Fernsehalltag der Jugendlichen und der Kinder prägen[1] – zusammengefaßt in der Doppelfrage: Wie, und wodurch motiviert, gehen die Jugendlichen und die Kinder mit dem Fernsehen und seinen Programmen um? Wie, und wodurch gefördert, gehen das Fernsehen und seine Programme mit den Bedürfnissen und Ansprüchen der Jugendlichen und der Kinder um? Welche Kontur und welcher Inhalt jene Perspektive heute kennzeichnen – ihre Fassung hat sich in den vergangenen 25 Jahren mit der rapiden Veränderung von Alltagspraxis und Wissenschaft erheblich gewandelt –, ist in einer kürzlich vom IZI herausgegebenen Studie festgehalten worden.[2] Diese Arbeit soll im folgenden stellvertretend für die Untersuchungen des IZI etwas ausführlicher vorgestellt werden. Unter anderem versucht die Studie, zweierlei zu verdeutlichen: erstens die Art und Weise, in der sich das IZI mit seiner Informations-, Dokumentations- und Forschungstätigkeit auf die aktuellen Theorie- und Forschungsdiskussionen bezieht; zweitens die spezifischen Leitüberlegungen zum Dreieck 'Jugend – Bildung – Fernsehen'[3], die der Tätigkeit des IZI als Richtmarken dienen.

II. Die Lebensphase 'Jugend' und die Entwicklungsnotwendigkeit 'Bildung'

Zur Bestimmung dessen, was als Lebensphase Jugend bezeichnet wird, ist es sinnvoll, vom Begriff der Sozialisation auszugehen. Versteht man unter Sozialisation den „Prozeß der Entstehung und Entwicklung der Persönlichkeit in wechselseitiger Abhängigkeit von der gesellschaftlich vermittelten sozialen und materiellen Umwelt",[4] ergibt sich für die Lebensphase Jugend: Auch die Sozialisation in dieser Phase basiert auf der Wechselbeziehung zwischen den (zu sozialisierenden) Subjekten und der gesellschaftlich vermittelten (sozialen und materiellen) Umwelt, da sich die Jugendlichen ebenfalls in einem gesellschaftlichen Kontext befinden und bewegen, den sie einerseits aufnehmen und verarbeiten, andererseits aber (mit)tragen, beeinflussen und verändern. Dieser Interpretation der Lebensphase Jugend liegt das sogenannte *interaktive Modell der Sozialisation* zugrunde, das auf den folgenden Annahmen beruht. „... menschliche Entwicklungen und Entwicklung der sozialen und gegenständlichen Umwelt (werden) in wechselseitiger Abhängigkeit gesehen. Das menschliche Subjekt befindet sich in einem produktiven Aneignungs- und Auseinandersetzungsprozeß mit der Umwelt. Das menschliche Subjekt kann die eigene Situation bewußt reflektieren und in die eigenen Handlungsabläufe einbeziehen. Es wählt bestimmte Mittel zur Erreichung bestimmter Ziele aus, bedenkt die Folgen des entsprechenden Handelns und stellt in Rechnung, daß diese Folgen die kontextuellen Bedingungen für das eigene Handeln verändern ... (Es) gilt der Erwerb von bestimmten Grundqualifikationen des Handelns und der allgemeinen Kompetenz, in der gesellschaftlichen Umwelt autonom handlungsfähig zu sein und über eine eigene Identität zu verfügen, als Kriterium für eine gelingende Entwicklung."[5]

Vor einem solchen Hintergrund ist der spezifische Bildungsprozeß zu interpretieren, den die Jugendlichen in der Lebensphase Jugend vollziehen und in dessen Verlauf sie einerseits *Ich-Identität* gewinnen, andererseits die Fähigkeit und die Bereitschaft ausbilden (sollen), sich in den gesellschaftlichen (Werte- und Normen-)Zusammenhang zu integrieren. Unter *Identitätsbildung* (oder *Individuation*) wird verstanden – der „Prozeß des Aufbaus einer individuellen Persönlichkeitsstruktur mit komplexen kognitiven, motivationalen, sprachlichen, moralischen und sozialen Merkmalen und Kompetenzen sowie des subjektiven Erlebens als einzigartige Persönlichkeit."[6] Unter *Integration* wird verstanden – „die Anpassung an die gesellschaftlichen Werte, Normen und Verhaltensstandards und die Plazierung in der ökonomisch bedingten Chancenstruktur. Sie bildet die Basis für die soziale Identität des Jugendlichen, also für das subjektive Erleben einer anerkannten gesellschaftlichen Mitgliedschaftsrolle."[7] Als gelungen ist der Sozialisationsprozeß dann zu bezeichnen, wenn „eine Synthese von Individuation und Integration erreicht wird, die sich in einer Kompetenz autonomen Handelns und einer zwischen personaler und sozialer Identität ausgewogenen Ich-Identität niederschlägt."[8]

Die wichtigsten Probleme, die sich mit jenem identitätsstiftenden und integrationssfördernden Prozeß verbinden, lassen sich folgendermaßen beschreiben:

- Die Jugendphase ist der Zeitraum, in dem gleichermaßen Ich-Identität sowie soziale Handlungs- und ökonomische Arbeitskompetenzen erworben werden (sollen). Die Jugendlichen selbst werden, obwohl sie weder den vollen Grad der Handlungsautonomie noch eine vollentfaltete Ich-Identität ausgebildet haben, als Subjekte verstanden, die zu einer produktiven Realitätsverarbeitung und zu einem konstruktiven Umgang mit sich und ihrer Lebenswelt imstande sind.
- Die Jugendlichen stehen einer doppelten Aufgabe gegenüber, die nicht nur stimulierend, sondern (teilweise sehr) belastend wirkt. Sie müssen erstens die Struktur ihrer Motive, Gefühle, Denkweisen und Handlungsmuster tiefgreifend verändern und damit eine radikale Umgestaltung ihrer personalen Identität bewältigen. Sie müssen zweitens – und das zur gleichen Zeit – immense soziokulturelle Anpassungsleistungen und ökonomisch bedeutsame Qualifizierungsanforderungen erfüllen. Der Gesellschaft, genauer: dem institutionellen System der Gesellschaft kommen hierbei zwei Funktionen zu: Einerseits hat das institutionelle System die Jugendlichen bei der Umstrukturierung im Bereich von Emotion, Kognition und Aktion hilfreich zu unterstützen und den Erwerb jener Kompetenzen zu ermöglichen, die zur Aufnahme in die Erwachsenengesellschaft unabdingbare Voraussetzungen sind. An-

dererseits hat das institutionelle System – gerade im Hinblick auf die künftigen Lebensbedingungen der Jugendlichen – die Pflicht, einen Spielraum vor allem für kreative Kompetenzen zu gewährleisten. Daß Kompetenzen dieser Art möglicherweise den herrschenden Normen widersprechen, ist nicht nur in Kauf zu nehmen. Es muß vom institutionellen System vielmehr als ein wichtiges Ziel akzeptiert werden, da die Jugendlichen nur mit Hilfe solcher Kompetenzen der anscheinenden „Fertigkeit“[9] einer „verwalteten, institutionalisierten, selbstbestimmte Handlungen vorenthaltenden Welt“,[10] aber auch deren tatsächlichem Problemcharakter innovativ begegnen können.

- Die entscheidende Frage, der die Jugendlichen gegenüberstehen, ist die, ob sie den (ihnen abverlangten) Identitätsbildungs- und Integrationsprozeß konsequent durchstehen und dabei eine Synthese von Identitätsbildung und Integration in den gesellschaftlichen Werte- und Normenzusammenhang herstellen können. Nur wenn diese Bedingung erfüllt ist, kann es zu einer gelingenden Sozialisation kommen. Das heißt: Nur dann sind die Jugendlichen imstande, „die Konstruktion eines Ich“ zu leisten, „das die gesellschaftlichen Werte mit seiner Triebstruktur vereinbaren kann und in der Lage ist, in dieser Synthese eine sozial integrative Standfestigkeit der eigenen Person zu begründen.“[11]

- Der Vorgang der Individuation wie der Integration stellt eine Abfolge von Übergangsprozessen dar, die von einfacher zu komplexer Persönlichkeitsorganisation bzw. von einfacher zu komplexer Statuskonfiguration führen. Beide Entwicklungsstränge bedingen sich gegenseitig und wirken aufeinander ein. Mit der Übernahme eines sozialen Status (Auszubildender, Gymnasialschüler) tun sich neue Interaktionsfelder auf; werden neue Handlungskompetenzen verlangt; muß sich das bereits vorhandene Repertoire psychischer und sozialer Fertigkeiten weiter ausdifferenzieren, erhöhen sich die Anforderungen an autonomgesteuertes und -koordiniertes Handeln. Im Hinblick auf die Qualität des Statusübergangs (Statuspassage) sehen sich die Jugendlichen einer erheblichen Schwierigkeit ausgesetzt. Sie müssen nämlich nicht nur den neuen Erwartungsstrukturen entsprechen, die ihnen von ihrer Umwelt entgegengebracht werden. Sie müssen sich zudem, um Individuation und Integration tatsächlich bewerkstelligen zu können, durch die Widersprüche und Inkonsistenzen dieser Erwartungsstrukturen hindurchkämpfen. Solche Widersprüche und Inkonsistenzen resultieren daraus, daß die (den Jugendlichen von der Erwachsenengesellschaft präsentierten) Vorgaben und Erwartungen oft unklar und mehrdeutig, nicht selten mit doppelter Moral ausgestattet sind. Und sie resultieren daraus, daß den Jugendlichen immer wieder Leistungen abgefordert werden, die zu erfüllen sie weder die entsprechenden individuellen noch die entsprechenden sozialen Voraussetzungen haben.

- Daß die Auseinandersetzung mit jenen Widersprüchen und Inkonsistenzen, aber auch mit anderen Problembelastungen Bewußtsein und Handeln der Jugendlichen einschneidend beeinflußt, liegt auf der Hand. Ob sich in dieser Auseinandersetzung ein krisenstiftendes Konfliktpotential ansammelt und identitätszerstörerische, integrationsfeindliche Verhaltensweisen provoziert werden, dürfte von dreierlei abhängen (wobei die angegebenen Punkte jeweils auf die sozial- und situationsspezifischen Bedingungen der Jugendlichen zu beziehen sind):
  - erstens davon, in welchem Maße die Jugendlichen den entscheidenden angstauslösenden Problemen gewachsen sind (Irritationen über die eigene Körperlichkeit; Unsicherheit gegenüber erhoffter Unabhängigkeit; Ersatz der (Herkunfts-)Familie durch Gleichaltrigen-Gruppe; Widersprüche zwischen den gesellschaftlichen Normierungen und den Ansprüchen an das eigene Handeln; Leistungs- und Konsumdruck; Begegnung mit Berufsfindung und Arbeitslosigkeit, Umweltvernichtung und Naturzerstörung, Ausbeutung und Armut);
  - zweitens davon, ob die Jugendlichen auf angstverarbeitende Mechanismen und (auch alternative, normabweichende) Strategien der Problembewältigung zurückgreifen können, die sie einerseits von Apathie und Rigorismus abhalten, andererseits zu politisch-sozialen Aktivitäten hinführen;
  - drittens davon, ob und und wenn ja: welche Unterstützung, welche Hilfe den Jugendlichen von ihrer sozialen Umwelt, also vor allem vom gesellschaftlich-institutionellen System angeboten wird.

Gerade an letzterem wird noch einmal sichtbar, welche – positive oder negative – Bedeutung die Instanzen des gesellschaftlich-institutionellen Systems für die Identitätsbildung und die Integration in den gesellschaftlichen Kontext haben. Das gilt nicht nur für Familie und Bildungseinrichtungen. Es gilt auch und gerade für die Medien. Denn „Jugendliche konstruieren Wirklichkeit und Identität ... – ob 'gelungen' oder nicht – in ihrem Alltagshandeln zunehmend weniger allein durch direkte Interaktion, sondern in Verbindung mit und vermittelt über die Medien.“[12]

III. Fernsehen als Sozialisationsfaktor

Im Hinblick auf Nutzung und Wirkung der Medien, nimmt das Fernsehen in den Aktivitäten der Jugendlichen einen „dominierenden Stellenwert“[13] ein. Es muß allerdings eingeräumt werden, daß – bezogen auf die Gruppe der Jugendlichen – die Fernsehreichweite in den vergangenen Jahren abgenommen hat. Die Gründe hierfür dürften in den spezifischen Prozessen und Aktivitäten zu suchen sein, die sich gerade in dieser Altersgruppe herausgebildet haben – im Hinblick auf die Ablösung von der Familie einerseits, auf die damit verbundene Ausdehnung der außerhäuslichen Tätigkeiten andererseits. Auch Ausmaß und Richtung der Prädikatisierungen, mit denen die Jugendlichen das Fernsehen belegen (Wahrheitstreue, Vollständigkeit, Objektivität, Orientierungshilfe), enthalten ein deutlich fernsehkritisches Moment.

Im Hinblick auf die oben genannten Anforderungen und Belastungen, die die Lebenssituation der Jugendlichen prägen und die diese zu bewältigen haben, wird das Verhältnis 'Jugend/Fernsehen' entscheidend bestimmt

- durch die hohen Anforderungen und Belastungsproben, die der Emotionalität, dem Wissen, der Handlungsfähigkeit und nicht zuletzt den kommunikations- und fernsehrelevanten Fertigkeiten der Jugendlichen gestellt werden;
- durch die gesellschaftlichen und situationsspezifischen Bedingungen, unter denen sich die Jugendlichen mit jenen Anforderungen und Belastungen auseinanderzusetzen haben;

– durch das Ausmaß an Unterstützung, das die Jugendlichen hierbei von Personen und Einrichtungen (inklusive Medien) erhalten;

– durch die Möglichkeiten des Zugangs zu und der Rezeption von Medienprogrammen im allgemeinen;

– durch die Inhalte, Formen und Qualitäten des Fernsehprogramms im besonderen.

Legt man einen solchen Bezugsrahmen zugrunde, läßt sich das Thema ‚Jugend/Fernsehen' in der folgenden Weise aufnehmen:

– Das Verhältnis ‚Jugend/Fernsehen' hat seinen Platz in einem Zusammenhang gesellschaftlicher Beziehungen, die – gruppiert um das alltagsweltliche Zentrum der Jugendlichen – als ein Netz „sozial-ökologisch verschränkter Räume"[14] zu begreifen sind.

– Als sozialkommunikatives Moment der von den Jugendlichen erfahrenen und verwirklichten Alltagswelt ist das Verhältnis ‚Jugend/Fernsehen' an der Konstitution der sozialen Realität und am Prozeß der Umweltgestaltung entscheidend beteiligt.

– Das Verhältnis ‚Jugend/Fernsehen' zeigt seine konkrete Qualität erst dann, wenn „die Sichtweise des Jugendlichen als Lebenswelt konstituierende Leitorientierung erschlossen wird."[15]

Ausgehend von dieser Konzeption läßt sich die Fernsehnutzung der Jugendlichen unter vier Gesichtspunkten behandeln:[16]

1. Jugend als psychosoziale Phase

Die Fernsehnutzung ist geprägt durch die spezifische Konstellation und die spezifischen „psychosozialen Besonderheiten",[17] die das Jugendalter als Übergangsphase zwischen Kindheit und Erwachsenenwelt kennzeichnen. Diese Sphäre ist insbesondere dadurch charakterisiert, daß die Jugendlichen einerseits Erwachsenenrollen zu übernehmen beginnen, andererseits den Turbulenzen der Erwachsenenwelt als ihnen und ihrer Zukunft aufgelasteten Bürden ausgesetzt sind.

2. Strukturelle Veränderungen der Jugendphase

Da die Jugendzeit als gesellschaftlich determinierte Phase von den Bewegungen und Entwicklungen abhängig ist, die sich in der Gesellschaft insgesamt vollziehen, wirken sich diese immer auch in der Jugendphase aus. So führen die in den letzten Jahren erfolgten gesellschaftlichen Wandlungsprozesse dazu, daß die Grenze zwischen Jugendalter und Erwachsenenwelt zunehmend poröser wird. Denn diese Prozesse – siehe die Individualisierung und gleichzeitige Pluralisierung der Lebensformen oder die Verwissenschaftlichung der Produktions- und Verwaltungsabläufe – haben die Beziehung zwischen Jugend(alter) und Erwachsenenwelt nachhaltig beeinflußt (Verlängerung der ‹Aus-› Bildungskarrieren, Vermehrung von Orientierungsmustern und Verhaltensmodellen, Propagierung alternativer Lebensstile, Deformationen des Arbeitsmarkts). Daß solche Ereignisse tiefgreifend die Art und Weise berühren, wie Jugendliche sich den Medien im allgemeinen und dem Fernsehen im besonderen zuwenden und wie sie diese nutzen, liegt auf der Hand.

3. Fernsehnutzung als soziales Handeln

Die Jugendlichen beziehen sich demnach nicht quasi-automatisch auf das Fernsehen. Sie tun das vielmehr vermittelt über ihre Bedürfnis- und Problemlagen, ihre Motivationen und Werthaltungen, die durch die psychosoziale Qualität des Jugendalters und die dadurch geformten konkret-alltäglichen Lebenskonditionen der Jugendlichen geprägt sind. (Hinzu kommen noch spezifische Situationsbedingungen, die die Hinwendung zu und den Umgang mit dem Fernsehen beeinflussen.) Stellt man in Rechnung, mit welchen Anforderungen und Belastungen die Jugendlichen in der Lebensphase Jugend unter dem Druck immenser gesellschaftlicher Wandlungsprozesse konfrontiert sind, ist zu vermuten: Der Gebrauchswert des Fernsehens (wie auch der anderer Medien) liegt für die Jugendlichen offensichtlich in seinem Bezug zu den beträchtlichen Such- und Orientierungsleistungen, die den Jugendlichen auf dem Weg zur persönlichen Identität und zur Integration in den gesellschaftlichen Werte- und Normenzusammenhang abverlangt werden. Die entscheidende, das Verhältnis ‚Jugend und Bildung' zentral treffende Frage hierbei ist: Wird in diesem Bezug ein rationaler und problembewußter Umgang mit jenen Leistungen realisiert oder ein Umgang, der zur Kaschierung und Kompensation der den Jugendlichen auferlegten Aufgaben und Belastungen dient?

4. Fernsehprogramm als Angebotsfaktor

Die Erwartungen und Ansprüche, die die Jugendlichen aufgrund ihrer psychosozialen Verfassung dem Fernsehen entgegenbringen, treffen auf ein Programm, das einerseits als Angebot auftritt, andererseits jene Erwartungen und Ansprüche auch mitstrukturiert. Wichtig ist hierbei, daß die Jugendlichen eine 'Fernseh-Generation' sind: Sie sind mit dem Medium aufgewachsen und handhaben dieses als „selbstverständliche und unauffällige Alltagszutat."[18] Soweit die Ergebnisse dieser in jüngster Zeit abgeschlossenen Studie des IZI.

IV. Warum ist das skizzierte Verhältnis von Jugend, Bildung und Fernsehen für die Tätigkeit des IZI von Bedeutung?

Wenn zu Anfang dieses Beitrags von der Perspektive gesprochen wurde, in der das IZI seine Forschungs-, Dokumentations- und Informationstätigkeit vollzieht, ist damit also nicht ein ausformuliertes und auf präzise Umsetzung angelegtes Forschungs- und – im Hinblick auf Dokumentation und Information – bildungspolitisches Konzept oder gar Rezept gemeint. Gemeint ist vielmehr ein lockerer, allerdings problembezogener, problemordnender und problemgenerierender Rahmen, an dem sich die Tätigkeit des IZI mal enger, mal weniger eng orientiert. Es ist damit allerdings ein Rahmen, der Ansatzpunkte sowohl für Untersuchungsbereiche und Forschungskonzepte wie für Dokumentations- und Informationsvorhaben bietet und folgendes möglich macht:

– erstens die Anbindung der IZI-Aktivitäten an den aktuellen Stand der wissenschaftlichen und (bildungs-)politischen Diskussion;

- zweitens die Formulierung von – in ihrer Relevanz begründeten – praktischen und theoretischen Bezugspunkten, auf die sich Forschung, Dokumentation und Information ausrichten können;
- drittens die Chance, auf die Anforderungen der gesellschaftlichen Praxis im allgemeinen und der Fernseh(programm)praxis im besonderen gezielt Einfluß zu nehmen.

Anmerkungen

1 Jugendliche = 14- bis 19jährige; Kinder = 3- bis 13jährige.

2 M. Schmidbauer, P. Löhr: Jugend und Fernsehen. Plädoyer für ein jugendgeeignetes Programm. München: Saur 1989. (Schriftenreihe Internationales Zentralinstitut für das Jugend- und Bildungsfernsehen. 23).

3 Zu dem hier nicht weiter vertieften Thema Kindheit vgl. die grundlagentheoretischen Argumentationen in: M. Charlton/K. Neumann (unter Mitarbeit von M. Barth, H. Benzinger, B. Braun, U. Dörler, U. Münßinger, A. Pohrt, R. Rapp, B. Siegrist, R. Stich): Medienkonsum und Lebensbewältigung in der Familie. Methode und Ergebnisse der strukturanalytischen Rezeptionsforschung – mit fünf Fallbeispielen. München 1986. Und in: J.-U. Rogge: Objektive und subjektive Hintergründe der Medienrezeption. In: K. Jensen/J.-U. Rogge: Der Medienmarkt für Kinder in der Bundesrepublik. Tübingen 1980.

4 D. Geulen/K. Hurrelmann: Zur Programmatik einer umfassenden Sozialisationstheorie. In: K. Hurrelmann/D. Ulich (Hg.): Handbuch der Sozialisationsforschung, Weinheim 1980, S. 51.

5 K. Hurrelmann/B. Rosewitz/H.K. Wolf: Lebensphase Jugend, Weinheim 1985, S. 23.

6 K. Hurrelmann/B. Rosewitz/H.K. Wolf, S. 28.

7 Ebenda

8 Ebenda

9 D. Baacke: Die 13- bis 18jährigen, Weinheim 1985 (4. Auflage), S. 227.

10 Ebenda, S. 224.

11 H. Rust: Jugendprobleme im Fernsehen. Eine Studie über Darstellung und Rezeption, Tübingen 1981, S. 15.

12 M. Radde: Die Mediatisierung des Jugendalltags als Herausforderung an die Jugendarbeit (im Blickwinkel des sozialökologischen Ansatzes der Jugendforschung). In: M. Radde/U. Sander/R. Vollbrecht (Hg.): Jugendzeit – Medienzeit. Daten, Tendenzen, Analysen für eine jugendorientierte Medienerziehung, München 1988, S. 119 f.

13 K.-H. Müller-Sachse: Multimedia-Generation. Die Jugend/Medien-Studie. In: W&M (Weiterbildung & Medien) 3/1986, S. 35.

14 U. Sander/R. Vollbrecht: Kinder und Jugendliche im Medienzeitalter, Opladen 1987, S. 35.

15 Ebenda, S. 65.

[16] Vgl. dazu H. Bonfadelli: Jugend und Medien. Befunde zum Freizeitverhalten und zur Mediennutzung der 12- bis 29jährigen in der Bundesrepublik Deutschland. In: Media Perspektiven 1/1986, S. 1 f.

[17] J.-U. Rogge: Jugendkultur, Medienkultur, Alltagskultur – einige Beschreibungs- und Deutungsversuche. In: M. Radde/U. Sander/R. Vollbrecht (Hg.), S. 62.

[18] R. Vollbrecht: Die Herausforderung der Medienforschung angesichts gesellschaftlicher Individualisierungsprozesse – Ein Plädoyer für medienökologische Ansätze. In: Deutsches Jugendinstitut (Hg.): Medien im Alltag von Kindern und Jugendlichen. Methoden, Konzepte, Projekte, München 1988, S. 392.

Ben Bachmair, Michael Charlton

Vorwort der Herausgeber

„Da war doch jetzt 'n Film im Fernsehen ... ", so ähnlich beginnen viele beiläufige Gespräche zwischen Schülern in den Pausen und im Unterricht. In unserem Fall handelt es sich um ein von Wissenschaftlern protokolliertes, wörtliches Zitat. Eine siebzehnjährige Türkin, die in Deutschland aufgewachsen ist, hat diesen Hinweis auf einen neulich gesendeten Film dazu verwendet, um ihren Freunden besser erklären zu können, was sie meint, wenn sie von einer lächelnden Hexe spricht (Einzelheiten bei Bachmair: Medienanalyse im Handlungskontext; in diesem Band). Medienerlebnisse, besonders diejenigen aus dem Fernsehen, gehören so sehr zum Alltag von Kindern und Jugendlichen, daß sie einen Fundus gemeinsam geteilten Wissens, geteilter Erfahrungen und Bilder darstellen, aus dem man immer dann schöpfen kann, wenn es um Verständigung über diesen Alltag gehen soll.

Die Wissenschaft hat auf die Ver-Alltäglichung des Fernsehens noch kaum reagiert. Die herkömmliche Medienwirkungsforschung tut so, als könne man Mediennutzung und Medienerlebnisse immer noch aus ihrer Verwobenheit in das tägliche Leben herauslösen, Effekte bestimmen, zumindest aber Wirkungswege und -netzwerke kausal aufklären. Aber wenn soziale Einrichtungen einmal so sehr in den Alltag einbezogen sind, daß Menschen angefangen haben, mit Hilfe dieser Institutionen und Symbole ihre Lebensführung zu gestalten, dann wird das Werkzeug einer am Ideal der Naturwissenschaften orientierten Forschung stumpf. Das Reden und Handeln der Menschen gehorcht anderen Bedingungen, es muß in seiner gesellschaftlichen Bedeutung sprach- und handlungslogisch rekonstruiert werden.

Dies leisten die interpretativen Forschungsmethoden, vorausgesetzt sie werden mit derselben Sorgfalt und mit einem vergleichbaren methodischen Know-how angewendet, wie dies in der quantitativen Medienforschung inzwischen geschieht. Weil dies so ist, weil die Erforschung des

Medienalltags von Kindern und Jugendlichen nicht nur inhaltlich in großen Bereichen eine Terra incognita, sondern auch methodisch weitgehend ungeklärt ist, deshalb behandelt dieses Buch neben den Ergebnissen einer medienwissenschaftlichen Alltagsforschung auch deren theoretische und methodische Grundlagen.

Inhaltlich haben wir uns bemüht, alle Altersstufen und Lebensräume zu berücksichtigen, in denen Kinder und Jugendliche Medienerlebnisse und Alltagshandeln miteinander verbinden. Vorgestellt werden Studien und Untersuchungen zum Mediengebrauch im Vorschulalter (Charlton/Neumann; Orlik/Charlton/Neumann), in der Grundschulzeit (Bachmair; Charlton/Neumann/Niemann) sowie im Jugendalter (Aufenanger; Bachmair/Hofmann/v. Wasen/ v.d. Hövel; Hengst). Zugleich werden in diesen Arbeiten neben den einzelnen Altersgruppen auch die bevorzugten Handlungsräume (Familie, Gleichaltrigen-Gruppe, Schule, Öffentlichkeit der Konsum- und Freizeitindustrie) berücksichtigt. Die Arbeit von Rogge ergänzt diese Schauplätze noch um die Beratungsstelle für Eltern- und Familienfortbildung.

Alle Autoren stellen ausführlich den von ihnen zugrunde gelegten *theoretischen Ansatz* dar. Gemeinsam ist den Arbeiten, daß sie auf einer Theorie symbolisch vermittelter Interaktion fußen. Bekanntlich gibt es auf diesem Gebiet zwei breite Strömungen, die ihren Ursprung einmal eher in den Arbeiten zum Aufbau der sozialen Welt von Alfred Schütz, das andere mal in der Subjekt- und Gesellschaftstheorie von George Herbert Mead sehen. Beide Traditionen lassen sich nicht ineinander überführen, teilen jedoch das Ziel, einen Beitrag zum Verständnis des sinnhaften Aufbaus der sozialen Welt sowie zur sinnlogischen Rekonstruktion von Kommunikationsprozessen zu leisten. Aus dieser theoretischen Warte ergeben sich jeweils engere Verbindungen zwischen den Arbeiten von Bachmair u.a., Hengst und Rogge auf der einen, sowie von Aufenanger, Charlton u.a. und Müller-Doohm auf der anderen Seite.

Auch in bezug auf die den Untersuchungen zugrunde liegende *Methodologie* zeigen sich die Auswirkungen dieser internen ‚Schulen'-Zugehörigkeit. Während zum Beispiel die von der Ethnomethodologie beeinflußten Arbeiten von Bachmair oder Hengst in erster Linie den Aspekt der Herstellung von sozialer Ordnung im ‚Hier und Jetzt' erfassen wollen, geht es den an der Rekonstruktionslogik bzw. der strukturalen Hermeneutik orientierten Autoren (Aufenanger, Charlton, Müller-Doohm, Neumann, Niemann, Orlik) eher um die pragmatische Analyse eines gesellschaftlich geteilten Handlungssinns.

Teil I stellt die behandelten Gegenstandsbereiche und die gegenstandsangemessenen Methoden vor. Schon durch die Anordnung der drei Beiträge soll verdeutlicht werden, daß der einzelne Rezeptionsprozeß immer nur im Zusammenhang mit der Handlungspraxis im Alltag und der kulturellen Tradition, in die er eingebunden ist, gesehen werden darf. Im Teil II werden einzelne Projekte und Untersuchungen dargestellt, geordnet nach den dabei verwendeten Forschungsmethoden: Den Anfang machen vier Arbeiten, die in unterschiedlichen Handlungsfeldern mit der Methode der teilnehmenden Beobachtung gearbeitet haben. Danach wird das strukturanalytisch-rekonstruktive Vorgehen an zwei Untersuchungsbeispielen ausführlich vorgestellt. Den Abschluß bildet eine praxisbezogene Empfehlung an Berater, die im Medienbereich mit Kindern und Familien zu tun haben.

Die Herausgeber hoffen, daß trotz der in den Arbeiten vorfindlichen spezifischen Erkenntnisinteressen die tragende und erfolgversprechende gemeinsame Basis der hier vorgestellten interpretativen Arbeiten deutlich wird.

Warum eine Beschränkung auf *nationale* Forschungsergebnisse unter der Herausgeberschaft des *Internationalen* Zentralinstituts für das Jugend und Bildungsfernsehen (IZI)? Gewiß nicht, weil die Herausgeber der Meinung sind, daß nur in der Bundesrepublik Deutschland eine alltagsbezogene Medienforschung betrieben würde. Die Ideen von Mead oder Schütz sind ja keineswegs hier stärker rezipiert worden als andernorts. Aber gerade unter Zuhilfenahme der guten internationalen Kontakte des IZI und seiner Möglichkeiten zur Dokumentation der Entwicklung der Medienforschung in aller Welt, ist es den Herausgebern deutlich geworden, wie wichtig ein Signal in Richtung auf eine sprach- und handlungstheoretisch ausgerichtete Kommunikationsforschung zum jetzigen Zeitpunkt ist. Die international wie national vorherrschende Lehrmeinung, daß nur eine quantitative Medienforschung auch eine gute Medienforschung ist, läßt sich nur in Frage stellen, wenn es möglich ist, interpretative Arbeiten vorzulegen, die theoretisch und methodisch durchdacht sind.

Trotz erster erfolgversprechender Versuche einiger Kollegen, im Rahmen der International Communication Association einen regelmäßigen Gedankenaustausch zu Fragen der interpretativen Medienforschung zu organisieren, überwiegt bislang noch die Form der nationalen Zusammenarbeit, zum Beispiel in der Gesellschaft für Kommunikationskultur und Medienpädagogik. Der Kreis der Autoren, die in diesem Buch zu Wort kommen, arbeitet zusammen mit einigen anderen Kollegen seit über zehn Jahren an der Weiterentwicklung einer interpretativen Medienforschung. Mit dem Erscheinen einer englischsprachigen Ausgabe dieses Buches wollen wir auch über die Grenzen des deutschen Sprachraums und über die bereits bestehenden Kontakte hinaus zu einer verstärkten und fruchtbaren Zusammenarbeit anregen.

Dem Internationalen Zentralinstitut für das Jugend- und Bildungsfernsehen, das unsere Arbeit seit langem unterstützt und das das Zustandekommen dieses Bandes erst möglich gemacht hat, gilt unser ganz besonderer Dank. Besonders nennen möchten wir dabei Herrn Paul Löhr, der von der ersten Planung des Bandes an bis zu seinem endgültigen Erscheinen diese Arbeit zu seiner eigenen gemacht hat, Frau Rosemarie Hagemeister, die mit großer Gewissenhaftigkeit die Redaktion besorgte, und Herrn Manfred Meyer, der uns wertvolle Hinweise zu aktueller Forschungsliteratur gab. Die logistischen, herausgeberischen und finanziellen Beiträge des IZI zur Förderung einer gegenstandsangemessenen Medienforschung waren uns eine große Hilfe.

Theoretischer und methodologischer Bezugsrahmen

Michael Charlton, Klaus Neumann

Rezeptionsforschung als Strukturanalyse[1]

Diskussion einer Forschungsmethode am Beispiel der Freiburger Längsschnittuntersuchung zur Medienrezeption von Kindern

1. Fragestellungen einer sprach- und handlungstheoretischen Medienwissenschaft

Obwohl die Medienwissenschaft keine ganz junge Disziplin ist, besteht in der Forschung über deren Grundannahmen und Forschungsmethoden noch kein Konsens. Medienwissenschaftler vertreten je nach ihrer wissenschaftlichen Herkunftsdisziplin sehr unterschiedliche Vorstellungen über die der Massenkommunikation zugrundeliegenden Prozesse und über eine gegenstandsangemessene Methodologie. In der Bundesrepublik Deutschland sind die sozialwissenschaftlichen Fragestellungen und Methoden, wie sie in der Publizistik, der Psychologie und der Soziologie entwickelt worden sind, vorherrschend (vgl. hierzu die Enquête der Senatskommision der Deutschen Forschungsgemeinschaft: DFG, 1986). Aber auch Literatur- und Theaterwissenschaftler sowie Philologen setzen sich zunehmend mit nicht-literarischen Textsorten und mit deren Rezeption auseinander (vgl. etwa Bohn, Müller u. Ruppert, 1988). Diese Forschungstraditionen führen ihrerseits wiederum zu grundsätzlich anderen Erkenntnisinteressen und Zugangsweisen.

Publizistikwissenschaftler, Psychologen und Soziologen tendieren dazu, nach der „Wirkung“ von Massenkommunikaten zu fragen. Dabei soll berücksichtigt werden, daß jeder Rezipient verschiedene Voraussetzungen für das Verständnis der Medienbotschaften mitbringt, und es ist üblich, die sozialen Randbedingungen der Medienrezeption zu erfassen. Im Grunde werden jedoch in diesem Ansatz die Kommunikate selbst als die eigentlichen Ursachen des Rezeptionsergebnisses angesehen. Die Forschung folgt dem Muster von Wirk-Analysen, wie wir es aus dem naturwissenschaftlichen Forschungsrahmen kennen: „Wie wirkt das Medikament X auf eine Gruppe von Personen P, die an dem Symptom A leiden? Medikamenteneigenschaften, Regelmäßigkeit der Einnahme, Dauer der Behandlung, andere therapeutische Maßnahmen, die gleichzeitig durchgeführt worden sind, und schließlich Symptomatik und Krankheitsverlauf der Patientengruppe müssen kontrolliert werden. Dann – so die Hoffnung – läßt sich die Wirkung des Medikaments bestimmen. Empfehlungen für seinen medizinischen Einsatzbereich können dann erarbeitet werden. Was für die medizinische Forschung gilt, beansprucht auch Geltung für die Untersuchung von Medien-„wirkungen“: hier sind es Informationen, die in entsprechender Weise auf Menschen „wirken“.

Es steht außer Frage, daß eine solche Auffassung von Massenkommunikation ihre gesellschaftliche Bedeutung hat. Inserenten in Tageszeitungen wollen wissen, wie ihre Anzeige wirkt, Politiker möchten einen effizienten Wahlkampf führen, die Bevölkerung soll möglichst rasch über die Gefahren von Aids-Infektionen aufgeklärt werden und Lehrbücher sollen den Schülern Zugang zu einem neuen Wissensgebiet ermöglichen. Massenkommunikation wird hier aus dem Blickwinkel des politischen Entscheidungsträgers, des Kommunikators oder seines Beraters untersucht. Daß verschiedene Teil-Publika verschiedene Lesegewohnheiten, verschiedene Schulbildung und verschiedene soziale Interessen haben, muß berücksichtigt werden. Aber der *einzelne* Rezipient kann in seinem Bemühen, den Anforderungen seines Alltags einigermaßen gerecht zu werden, nicht im Mittelpunkt dieser Forschung stehen. Gesetze müssen das Allgemeine und nicht das Besondere formulieren, administrative Entscheidungen sind nur möglich, wenn das Verhalten des Bürgers in gewissem Umfang vorhersagbar ist.

Für die einzelnen Leser, Hörer und Zuschauer ist diese Form der Medienforschung nicht in gleicher Weise von Interesse. Zwar können sie in der Zeitung oder in Fachpublikationen nachlesen, welches Sachbuch im letzten Monat an meisten verkauft wurde, oder sie erfahren etwas über die Nettoreichweite der Kindersendung „Sesamstraße". Aber da sie in der Regel nicht selbst als Anbieter auf den Medienmarkt gehen wollen, interessieren Verkaufs- und Sehreichweiten nur bedingt. Für die Rezipienten selbst sind Medien auf andere Weise ein Problem, wenn sie sich z.B. fragen, welche Bedeutung einzelne Medien für ihr Leben haben: Wie sehr wird meine Meinung durch Medien manipuliert? Wie sehr ist meine Freizeit mit Fernsehen, Radiohören usw. ausgefüllt, und will ich das? Von welchen Medien bekomme ich Hilfe in alltäglichen Lebensfragen? Wie erziehe ich meine Kinder zu einem verantwortlichen Umgang mit einem immer noch wachsenden Medienangebot?

In diesen Konsumenten-Fragen deuten sich Themen an, die in der etablierten Medienforschung zumeist weniger Beachtung gefunden haben als die eingangs genannten, an den Interessen von Kommunikatoren oder Produzenten orientierten Fragestellungen. Aber selbst wenn Produzenten und Rezipienten an einem Problem (z.B. dem Phänomen des 'Vielsehens') in gleichem Maße interessiert sind, so unterscheiden sich beide doch in ihrer Fragerichtung. Während derzeit überwiegend aus Produzentenperspektive Ausmaß und Verbreitung des Vielsehens in einzelnen Bevölkerungsschichten (vgl. Buß, 1983) oder dessen politische Wirkungen ('mainstreaming', Vermehrung von Angst, vgl. Gerbner et al. 1976) diskutiert werden, sind Studien, die nach der persönlichen Motivation zum Vielsehen und nach der Funktion des häufigen Fernsehens für die alltägliche Lebenssituation fragen (z.B. Charlton, Rapp und Siegrist, 1986), noch selten.

Das eingangs skizzierte Modell der Medien„wirkungen" entspricht nun nicht den Erfahrungen, die Konsumenten im Umgang mit Massenmedien machen. Natürlich wissen sie, daß zum Beispiel die Werbung im Fernsehen oder ein politisches Magazin darauf abzielen, bestimmte Meinungen und Überzeugungen im Zuschauer zu wecken. Aber sie fühlen sich diesen Beeinflussungsversuchen keineswegs hilflos ausgeliefert. Für sie sind Massenmedien ein fester Bestandteil ihres Alltags. Sie nutzen Medien so, wie sie auch andere alltägliche Gebrauchsgegenstände benutzen, nämlich zur Lebensbewältigung.

Zu den Alltagshandlungen, die im Zuge der Lebensbewältigung Verwendung finden, zählen heutzutage mehr denn je Massenkommunikationsprozesse. Um die Spezifität dieser Form der Gestaltung und Bewältigung von Alltag abschätzen zu können, ist es sinnvoll, Strukturen und Funktionen der Massenkommunikation zu denen der interpersonalen Kommunikation in Beziehung zu setzen. Welche Übereinstimmungen bzw. welche Unterschiede bestehen zwischen medialen, also technisch vermittelten Kommunikationsformen und unmittelbaren Dialogsituationen? Die Vorstellung, die Form des massenmedialen Dialogs mit der des sozialen Dialogs in eine enge systematische Verbindung zu bringen, ist keine ganz neue Perspektive: die Konzeption von der Medienrezeption als einem „para-sozialen Dialog“ (Horten und Wohl, 1956) des Produzenten mit dem Rezipienten und umgekehrt ist in vielfältiger Weise immer wieder Gegenstand von theoretischen und empirischen Arbeiten gewesen. Eine ausführliche Darstellung des derzeitigen Diskussionsstands haben wir an anderer Stelle vorgelegt (Neumann und Charlton, 1988).

Die Form des sozialen Dialogs ist an spezifische Voraussetzungen gebunden. Wer sich in einer alltäglichen Gesprächssituation mit anderen Menschen unterhalten will, der muß zuvor gelernt haben, zwischen seinen eigenen Ansichten und denjenigen des Gesprächspartners zu unterscheiden. Hörmann (1977) charakterisiert das Sprechen als einen Versuch, das Bewußtsein des Gesprächspartners auf bestimmte Sachverhalte und Zusammenhänge zu lenken, dem Partner die eigene Perspektive nahezulegen. Um an einem Dialog mit Gewinn teilnehmen zu können, muß man beides beherrschen: das Sich-Einlassen auf die Argumente des anderen wie auch den Widerstand und das Beharren auf der eigenen Position.

Ontogenetisch gesehen lernt das Kind zunächst, den Beeinflussungsversuchen der Mutter ein 'Nein' entgegenzusetzen, erst später lernt es das Ja-Sagen (Spitz, 1970). Hand in Hand mit dem Sprechenlernen macht das Kind Fortschritte in der Differenzierung zwischen dem eigenen Selbst und dem Nicht-Selbst (Mahler, Pine und Bergman, 1978). Das Ringen um

Autonomie und Selbstbehauptung ist dem Kind also längst vertraut, wenn es beginnt, sich mit Mediengeschichten auseinanderzusetzen. Aber wo stößt die Fähigkeit zur Selbstbehauptung des Kleinkinds auf ihre Grenzen? Welche Hilfestellungen und Wegleitungen benötigt das Vorschul-Kind im „Mediennetz“ (Bachmair, 1984)? Die Antworten der Experten auf diese Fragen hängen eher vom jeweiligen weltanschaulichen Blickwinkel als vom Stand der wissenschaftlichen Forschung ab. Zwar gibt es einige empirische Untersuchungen über die Ontogenese der sozial-kognitiven Voraussetzungen für ein adäquates Medienverständnis (Zusammenfassungen des Forschungsstands bei Bonfadelli, 1981; Böhme-Dürr, 1988; Charlton, Neumann und Niemann, in diesem Band; Collins, 1987). Aber über Art und Wirksamkeit der Handlungsstrategien, die Kinder anwenden, um sich vor Medieneinflüssen zu schützen bzw. den Rezeptionsprozeß zu kontrollieren, gibt es so gut wie keine Untersuchungen.

Wenn man Massenkommunikation als soziales Handeln versteht, so liegt es nahe, vertiefend die in der Diskursforschung entwickelten Fragestellungen auch auf die Medienforschung zu übertragen. Finden die Dialogsteuerungsstrategien, wie sie Hörer in einem Face-to-face-Dialog anwenden können (vgl. Henne und Rehbock, 1982), eine Entsprechung im Prozeß der Medienrezeption? Neben der brieflichen Zuschauerreaktion als „Folgekommunikation“ (Huth und Krzeminski, 1981) ist hier vor allem an soziale und innerpsychische Regulationshandlungen zu denken, die der Zuschauer gegen den persuasiven Druck des Medienangebots einsetzen kann. Genau wie in der Medienforschung finden sich auch in der neueren, sozialpsychologischen Persuasionsforschung Ansätze zu einer handlungstheoretischen Reformulierung dieses bislang überwiegend unter Wirkungsgesichtspunkten untersuchten Phänomens (vgl. Smith, 1982).

Wenn Kinder im Vorschulalter Medien nutzen, dann haben sie für den Umgang mit ihren vertrauten Familienangehörigen und Freunden längst vielfältige Routinen zur Durchsetzung ihrer Interessen entwickelt. Für die Medienerziehung von Kindern sind Erkenntnisse darüber, ob und wie sich diese kindlichen Techniken auch im Umgang mit Medien bewähren, von außerordentlicher Bedeutung.

Methodische Konsequenzen

Aus der Sicht einer in ihrem Alltag handelnden Person läßt sich der Rezeptionsprozeß und dessen soziale Einbettung als eine Abfolge von Stellungnahmen und Entscheidungen angesichts materieller, sozialer und persönlicher Rahmenbedingungen beschreiben. Die im Handeln verfolgten Ziele und Lösungsstrategien müssen dem Subjekt keineswegs immer bewußt sein. Die Analyse der Handlungsbedingungen sowie der offenstehenden und der ausgewählten Handlungsalternativen kann Nutzungsmotive sichtbar werden lassen, die vom Handelnden selbst so nicht hätten benannt werden können, und sie kann Nutzungsroutinen herausarbeiten, die sich unter Umständen der alltäglichen Selbstwahrnehmung entziehen.

In besonderem Maße gilt das hier Gesagte wohl für Kinder. Es ist durchaus sinnvoll anzunehmen, daß Kinder in vertrauten Situationen sozial kompetent handeln können, und zwar lange bevor sie in der Lage sind, ihre Handlungsmuster selbstreflexiv zu beschreiben.

Welche Methoden stehen für eine Analyse des Rezipienten-Handelns zur Verfügung? Traditionell werden in den Sozialwissenschaften zwei sehr unterschiedliche methodische Zugänge diskutiert: der quantitative, kausalnomologische Forschungsansatz und der qualitativ-verstehende Ansatz. Im folgenden soll aufgezeigt werden, warum *beide Methoden*, sowohl die einer quantitativen als auch die der qualitativen Medienforschung, für eine sprach- und handlungstheoretische Analyse der Massenkommunikation ungeeignet erscheinen. Zur Analyse von Kommunikationsprozessen bietet sich vielmehr in geradezu idealer Weise eine Methode an, die erst in den letzten Jahren entwickelt wurde: die rekonstruktive Methode, wie sie zum Beispiel von Oevermann (1986) für soziologische Fragestellungen als objektive oder strukturale Hermeneutik ausgearbeitet worden ist. Wir haben vorgeschlagen, eine medienwissenschaftliche Forschung, die diesem Ansatz folgt, als 'strukturanalytische Rezeptionsforschung' (Charlton und Neumann, 1986) zu bezeichnen.

Wenn man den methodischen Anspruch erhebt, Medienwirkungen mit Hilfe von Gesetzen kausal erklären zu können, dann muß man zugleich auch eine bestimmte Gegenstandskonzeption zugrunde legen. Die Medien müssen als Dinge, genauer gesagt als Reizkonfigurationen angesehen werden, und die Handlungen der Rezipienten müssen als Zustandsveränderungen von Körpern, als materielle Ereignisse also, beschreibbar sein. Kommunikation muß in diesem *physikalistischen* Konzept als Austausch von Informationen definierbar sein. Unter bestimmten Bedingungen löst ein Medienreiz eine genau angebbare Zuschauerreaktion aus.

Dabei gehen zwangsläufig gegenüber einem alltagssprachlich verstandenen Begriff von Kommunikation einige wichtige Aspekte verloren. Medien stellen ja nach alltäglicher Überzeugung keine Signale dar, auf die ein Rezipient reagieren *muß*. Nach unserem Selbstverständnis haben wir gegenüber symbolischen Aussagen die Handlungsmöglichkeit bzw. Freiheit, sie zu befolgen oder nicht, die angebotene Auffassung zu teilen oder nicht. Weder der Sprecher noch der Hörer verhalten sich gegenüber einem Symbol so, wie ein technisches System eine Regelgröße anzeigt bzw. sie ‚befolgt'. Eine Aussage kann wahr oder falsch sein. Gemessen an gesellschaftlichen Normen kann sie richtig oder unrichtig sein. Der Sprecher kann das, was er sagt, wahrhaftig meinen oder er kann die Unwahrheit sagen. Signale dagegen können sich nicht unangemessen verhalten und können nicht lügen.

In der modernen Informationsverarbeitungstheorie zur Erklärung von Medienwirkungen wird zwar auf seiten des informationsaufnehmenden Individuums eine Reihe von kognitiven Parametern als zusätzliche Bedingung zur Vorhersage der Reizwirkung berücksichtigt. Aber die grundsätzliche Diskrepanz zwischen technischer Informationsübertragung und menschlicher Kommunikation kann auf diese Weise nicht aufgehoben werden. Der Preis, der für die naturwissenschaftliche Exaktheit der Methode bezahlt werden muß, ist eine gegenüber dem alltäglichen Sprachgebrauch erheblich veränderte Gegenstandsbestimmung von Massen„kommunikation".

Vergleichbare Schwierigkeiten ergeben sich bei dem Versuch, die Aktivität des Subjekts in ein kausalnomologisches Wirkungsmodell zu integrieren, wie es zum Beispiel mit Hilfe des „dynamisch-transaktionalen

Ansatzes" (Früh und Schönbach, 1982) versucht worden ist. Die freie Stellungnahme des Subjekts kann in einem traditionellen Kausalmodell nicht verankert werden, es sei denn, man verändert zentrale Elemente in der Definition von Kausalität (vgl. Harré und Madden, 1975).

Wie kann man diese Widersprüche vermeiden? Vertreter eines qualitativverstehenden Ansatzes sind der Ansicht, daß sowohl die Bedeutung der im Prozeß der Massenkommunikation verwendeten symbolischen Gehalte als auch die Bewertung der Rezeptionsfolgen nur mittels eines *intuitiven* Urteilsprozesses entschlüsselt werden können. Zu diesem Zweck werden die Rezipienten entweder aufgefordert anzugeben, wie ein bestimmter Film, ein Bild oder Text auf sie wirkt (Introspektion), oder der Wissenschaftler erfaßt die Medienwirkung selbst, sozusagen im Selbstversuch, oder eine Reihe von Beurteilern soll aufgrund ihres „gesunden Menschenverstandes" die Qualität der Medienbotschaft abschätzen. Auch der Einfluß der Medienerfahrung auf die Stimmung oder das Handeln der Zuschauer läßt sich durch ein intuitives Beobachterurteil charakterisieren.

Wie ist diese Zugehensweise zu beurteilen? Ein Vorteil des *vorstehenden* Ansatzes gegenüber dem physikalistischen kann darin gesehen werden, daß auf diese Weise keine reduktionistischen Annahmen über den Kommunikationsprozeß gemacht werden müssen. Ein Nachteil liegt auf der Hand: Über die Angemessenheit intuitiver Urteile läßt sich streiten, selbst wenn mehrere Rater zum selben Urteil kommen. Auch stößt die introspektive Feststellung von Medienwirkungen aufgrund der Beobachtung des eigenen Erlebens dort an ihre Grenzen, wo sprachlich nicht darstellbare, gefühlsmäßige Stellungnahmen zu der symbolischen Aussage vorkommen.

Viele Forscher entscheiden sich angesichts dieses Methodenproblems für eine Kompromißlösung zwischen einem rein verstehenden und einem quantitativ-kausalnomologischen Vorgehen. Sie verwenden die im Zuge der Selbst- oder Fremdbeobachtung gewonnenen intuitiven Urteile wie *Meßwerte*, die anschließend mit Hilfe des allgemeinen linearen Modells einer statistischen Analyse zugeführt werden können. Unterschiede zwischen Beurteilern gehen dann als Fehlervarianz in die Berechnung ein.

Das Ziel der Analyse entspricht dem der quantitativ-nomologischen Forschung. Die Determination des Kommunikationsprozesses durch die untersuchten Faktoren soll nachgewiesen, die durch externe und interne Bedingungen aufgeklärte Varianz soll maximiert werden.

Obwohl dieses Analysemodell den meisten Medienwirkungsstudien zugrunde liegt (z.B. allen Untersuchungen, die mit Fragebögen zu subjektiv erlebten Medieneinflüssen arbeiten), kann es aus kommunikationstheoretischer Sicht nicht überzeugen. Die Nachteile beider Vorgehensweisen, einerseits die Reduktion des Kommunikationsprozesses auf die in einer Informationsübertragungstheorie darstellbaren Elemente, andererseits die mit der Introspektion bzw. der intuitiven Erklärung von Symbol- oder Handlungsbedeutung verbundenen Probleme, fließen in diese kombinierte Methodik ein.

Dort wo es auf die *angemessene* Interpretation menschlicher Kommunikations- und Interaktionsfolgen ankommt, zum Beispiel in Gerichtsprozessen, wäre es unvorstellbar, zugunsten einer empirischen Exaktheit auf die Prüfung bestimmter Geltungsansprüche einer Zeugen- oder Sachverständigenaussage (Wahrheit, Normativität, Wahrhaftigkeit; Habermas, 1976) zu verzichten bzw. sich auf die Selbstaussagen der Betroffenen als Mittel der Tatsachenfeststellung zu beschränken. Die Urteilsfindung in der Rechtsprechung stützt sich auf eine *rationale Rekonstruktion* des Tathergangs. Ereigniskonstellationen und Selbstzeugnisse sind nur Hilfsmittel zu dieser Rekonstruktion, sie können sie nicht ersetzen.

Eine Handlung rational zu rekonstruieren, ist etwas anderes, als ein Verhalten kausal (z.B. als Folge der Lerngeschichte des Individuums und einer aktuellen Reizsituation) zu erklären. Rationale Rekonstruktionen zeigen die Logik eines Handlungsverlaufs auf, kausale Erklärungen müssem empirisch, nicht logisch begründet werden (vgl. Brandtstädter, 1982, 1984). Für ein Verständnis des rekonstruktiven Verfahrens ist es hilfreich, zwischen den (logischen) Gründen und den (kausalen) Ursachen einer Handlung zu unterscheiden. Eine Erklärung aus Gründen setzt voraus, daß das handelnde Subjekt als frei zur Stellungnahme gegenüber den situativen Bedingungen aufgefaßt wird. Seine materiellen, sozialen und persönlichen Voraussetzungen setzen dem Handelnden zwar enge Grenzen, aber es bleibt ein Rest von Entscheidungsspielraum. Nur wer dieses Menschbild anerkennt, kann, wie in der Rechtsprechung üblich, die Handlung einer Person zurechnen und ihre Schuldfähigkeit (d.h. ihre Möglichkeit, eine strafbare Handlung zu unterlassen) prüfen.

Es wäre ein Mißverständnis anzunehmen, daß durch die rationale Erklärung die Geltung von Naturgesetzen bestritten werde. In der Philosophie ist sehr kontrovers verhandelt worden, ob Ursachen auch Gründe sind und vice versa (vgl. Davidson, 1963; Hamlyn, 1953; Kenny, 1975; Peters, 1958; Toulmin, 1970). Gewöhnlich wird gegen die Unterscheidung von Gründen und Ursachen argumentiert, daß schließlich jede Handlung auch eine Ursache haben müsse. Im Falle menschlicher Handlungen sei diese Ursache identisch mit dem Handlungsgrund (oder dem Motiv bzw. der Intention). Dagegen wendet Lenk (1978a, b) ein, daß Handlungsmotive gar keine dinglichen Zustände oder Ereignisse seien, sondern Interpretationskonstrukte von semantischem Charakter (vgl. auch Thalberg, 1977). Eine Handlung aus ihren Gründen heraus erklären, heißt nichts anderes, als die Handlungen in bezug auf ihre soziale Bedeutung zu rekonstruieren. Dieselbe (zweifellos irgendwie kausal verursachte) Körperbewegung kann ganz unterschiedliche soziale Bedeutungen haben (ein Stoß kann eine Aggression oder aber eine Hilfeleistung in Gefahr bedeuten; nichts zu tun, kann eine unterlassene Hilfeleistung bedeuten usw.).[2]

Ein weiteres Mißverständnis in bezug auf die rekonstruktive Erklärungsmethode besteht in der Annahme, mit ihrer Hilfe ließen sich nur die dem Handelnden bewußten Gründe angeben. Aus gesellschaftlicher Perspektive können auch solche Handlungen logisch rekonstruiert werden, die der Handelnde selbst nicht versteht (nicht wahrnimmt, nicht in dieser Weise gedeutet wissen möchte). Rational lassen sich auch sog. ‚irrationale‘ Handlungen erklären, wenn man aufzeigen kann, unter welchen vom Subjekt kontrafaktisch und u.U. unbewußt angenommenen Handlungsbedingungen die Handlung einen Sinn macht. Die Psychoanalyse bedient sich bekanntlich dieser Erklärungsmethode.

Bei nicht-sprachlichen Handlungen stellt die Rekonstruktion der Bedeutung häufig ein Problem dar. Wie soll man wissen, ob jemand das hilflose

Opfer eines Verkehrsunfalls wirklich nicht gesehen hat, oder ob ihm einfach seine Geschäfte wichtiger waren als die Hilfeleistung? Einfacher verhält es sich bei Sprechhandlungen. Die moderne Sprechakt-Theorie, so argumentiert Habermas (1988), habe gezeigt, daß Sprechhandlungen eine selbstbezügliche Struktur aufweisen. Texte geben von sich aus zu erkennen, wie sie gemeint sind. Die mit einer Behauptung aufgestellten Geltungsansprüche lassen sich aufgrund des Kontextes, in dem die Aussage steht, überprüfen. Die rationale Rekonstruktion eröffnet eine Methode zur Analyse sozialer Handlungen, die den Forscher nicht dazu zwingt, die Handlung als physikalisches Ereignis zu beschreiben bzw. die Berücksichtigung von Intentionalität und Sozialität des Menschen um den Preis einer Subjektivität der Interpretation zu erkaufen.

Auch Oevermann (1983; 1986; Oevermann, Allert, Konau u.a., 1979), dessen strukturale Hermeneutik zur Zeit die am weitesten entwickelte Variante eines rekonstruktiven Verfahrens darstellt, betont die Möglichkeit einer objektiven Analyse von Bedeutungsstrukturen anhand von Interaktionstexten. Menschliche Kommunikation und Interaktion wird als regelgeleitet verstanden. In der Sozialisation hat jede Person einen Kanon von Interaktionsregeln verinnerlicht. Zwar kann sie dieses Regelwissen nicht allgemeingültig explizieren, jedoch ist sie in der Lage, in jedem Einzelfall eindeutig anzugeben, ob eine Handlungsweise in einem gegebenen Kontext möglich ist oder nicht. Dieses Alltagswissen dient dem Forscher als Kriterium, wenn er einen konkreten Fall mit Hilfe einer bestimmten Interaktions-Regel erklären will. Die gemäß dem stillen Wissen (tacit knowledge) unstrittigen Regelvermutungen dienen im Sinne von ‚clear cases' dem Aufbau einer Interaktionsgrammatik – genauer: einer strukturgenetischen Kompetenztheorie des Handelns.

Die Logik eines Handlungsverlaufs offenbart sich erst über eine Folge von Interakten hinweg. Eine *einzelne* Äußerung kann noch in einer Vielzahl ganz unterschiedlicher Kontexte einen Sinn machen (wobei sie je nach Kontext Ausdruck einer anderen, spezifischen Regelhaftigkeit des Interaktionsverlaufs wäre). In einer *Interaktionssequenz*, die über mehrere Äußerungen bzw. Sprecherwechsel hin verfolgt wird (zumeist werden für eine Analyse etwa 7 bis 12 Interakte benötigt), entfaltet sich dagegen deutlich die relevante, einzig gültige Handlungsstruktur des Falls. Eine strukturale Fallrekonstruktion auf der Basis einer ‚Feinanalyse‘ (Oevermann, Allert, Konau u.a., 1979) ist in dem Beitrag von Charlton, Neumann u. Niemann im vorliegenden Buch dargestellt.

Im folgenden soll ein mehrjähriges Forschungsprojekt, das an der Universität Freiburg unter der Leitung der Autoren durchgeführt wurde, als exemplarisch für das Programm der strukturanalytischen Rezeptionsforschung vorgestellt werden.

2. Fragestellung und Durchführung der Freiburger Längsschnittuntersuchung

In unserem Forschungsprojekt sind wir einer zweifachen Fragestellung nachgegangen: Zum einen wollten wir aus medientheoretischer Sicht *Teilprozesse des Rezeptionsverlaufs* identifizieren. Wenn Massenkommunikation wörtlich als ‚Kommunikation‘ verstanden werden soll, dann interessiert die Frage, welche Elemente eines symbolvermittelten Austauschprozesses die Face-to-face-Interaktion und die Medienrezeption gemeinsam haben, welche spezifischen Bedingungen bei der Teilnahme am Rezeptionsprozeß wirksam werden, inwiefern Alltagskommunikation und Massenkommunikation in einem Ergänzungs- oder Konkurrenzverhältnis zueinander stehen und welche unterschiedlichen Nutzungsmuster durch die Art des Mediums bedingt werden.

Zum anderen interessierten wir uns besonders für die *sozialisationstheoretische Bedeutung der Medienrezeption.* Stellen Medienerfahrungen im Leben von Vorschulkindern eher eine Hilfe oder eher eine Belastung dar? Kann der Umgang mit Medien einen entwicklungsfördernden Einfluß auf Kinder haben? Welche Bedeutung haben Medien für die Eltern-Kind- bzw. Geschwister-Kind-Beziehung? Dabei sollte jedoch nicht einseitig nach einem Einfluß des Mediums auf den kindlichen Rezipienten gefragt werden (Medien als Verführer), sondern es ging zumindest gleichberechtigt um die Frage, inwiefern bereits Kinder Medien instrumentell zur Verfolgung ihrer Zwecke einsetzen können.

Beide Fragestellungen sollten von einem gemeinsamen theoretischen Bezugspunkt aus behandelt werden. Grundlegend waren hierfür die Arbeiten von Habermas zu einer Theorie des kommunikativen Handelns (bes. 1981a, b, 1984a, 1988) sowie die sozialisationstheoretischen Überlegungen von Habermas (bes. 1976, 1983, 1984b; Döbert, Habermas u. Nunner-Winkler, 1977) und Oevermann (1979; Oevermann u.a., 1979; vgl. auch Aufenanger, 1989). Nach Habermas müssen in jedem Kommunikationsprozeß drei Weltbezüge verhandelt werden: Die Bedeutung des Mitgeteilten in bezug auf die objektive Welt der Dinge, in bezug auf die Welt der sozialen Normen und Interaktionsverhältnisse und in bezug auf die Subjektivität des Sprechers. Jede kommunikative Handlung sagt etwas über Sachverhalte in der Welt, über die Beziehung zwischen Sprecher und Hörer und über die Person des Sprechers aus (vgl. auch Bühler, 1969). Die Vermutung liegt nahe, daß auch im Rezeptionsprozeß die Aspekte Sach-, Sozial- und Selbstauseinandersetzung eine zentrale Rolle spielen. Unsere Sichtung der dialogtheoretischen Ansätze in der Massenkommunikationsforschung (s. Neumann und Charlton, 1988) hat diese Hypothese sehr deutlich bestätigt.

In den genannten sozialisationstheoretischen Arbeiten von Habermas und Oevermann wird aufgezeigt, daß sich die Entwicklung des Kindes mit drei breitverstandenen Kompetenztheorien beschreiben läßt, die mit diesen Weltbezügen korrespondieren: die Theorie der kognitiven Entwicklung in der Tradition von Piaget, die Theorie der sozialen Entwicklung in der Tradition von Mead und Kohlberg sowie die Theorie der Ich-Entwicklung als handlungs- und subjekttheoretische Weiterentwicklung der Psychoanalyse Freuds. Der in den drei Bereichen erreichte Entwicklungsstand bildet die Grundlage für die kommunikative Kompetenz des Kindes. Wichtig ist den Autoren die Feststellung, daß es sich bei dieser Konzeption nicht um eine lose, eklektizistische Theoriensammlung handelt, sondern daß die Theorie des kommunikativen Handelns eine Koordination der angeführten Teilkompetenzen begründet und voraussetzt.

Die Freiburger Längsschnittuntersuchung behandelt also die Frage, wie Kinder Medien benutzen a) in Abhängigkeit von ihren kognitiven Fähigkeiten und im Zuge der Entwicklung ihrer Sachkompetenz, b) im Kontext ihrer sozialen Fähigkeiten und als Mittel zur Entwicklung befriedigender Sozialbeziehungen und c) im Zusammenhang mit ihren entwicklungsbedingten Affekten und Ich-Leistungen, wobei die Ich-Struktur zugleich als Bedingung und als Entwicklungsziel der Medienrezeption angesehen wird. Diese Fragen lassen sich nur auf dem Hintergrund eines fundierten Kontextwissens über kindlichen Entwicklungsstand, Persönlichkeit und soziale Situation des Kindes untersuchen. Neben den Mediengebrauchsroutinen und den Erziehungseinstellungen der Familie wurde daher mit Hilfe der teilnehmenden Beobachtung die Interaktionsstruktur in der Familie analysiert (vgl. Schütze, 1977), z.B. die Familienthemen (Hess und Handel, 1975), die Rollenverteilung und der Bindungsmodus. Die Anforderungen an das Kind wurden als ‚Entwicklungsaufgaben' beschrieben (vgl. Havighurst, 1953; Oerter, 1986), die spezifischen Bewältigungsformen des Kindes wurden rekonstruiert. Jede einzelne Mediengebrauchshandlung wurde darüberhinaus in ihrem aktuellen Kontext (z.B. Tagesereignisse, Beziehung zu den anwesenden Beobachtern und Familienmitgliedern) bewertet. Die salienten Themen und die Psychodynamik des Kindes wurden mittels klinisch-psychologischer Methoden (z.B. Sceno-Test, v. Staabs, 1978) erfaßt.

Die Untersuchung wurde an sechs Kindern im Alter zwischen 2½ und 6½ Jahren durchgeführt. Die Kinder wurden im Verlauf von fast zwei Jahren in einem Abstand von etwa drei Wochen von jeweils zwei Beobachter(innen) für mehrere Stunden besucht. Die Beobachtungen während der Teilnahme am Familienalltag, beim Spiel mit dem betreffenden Kind und bei der gemeinsamen Mediennutzung (Bilderbücher, Tonband-Kassetten, Fernsehsendungen) wurden aufgezeichnet und in einem sehr aufwendigen, mehrschrittigen Interpretationsverfahren ausgewertet (s. Tabelle).

Tabelle*: Erhebungs- und Auswertungsschritte in der Freiburger Längsschnittuntersuchung

Erhebungs-/Auswertungsschritte	Anzahl/Häufigkeit	Bezeichnung/Ziel	Analysematerial/Auswertungsbögen
(1)	6 Kinder im 3-Wochen-Rhythmus jeweils ein Nachmittag lang besucht von 2 Beobachter(innen) für die Dauer von 18 – 24 Monaten; Summe der Kontakte = 107	Feldbeobachtung; Spielkontakt mit Kind	Tonbandaufz., Photos von Spielsituationen (Scenotest), Kopien von benutzten Medien, hergestellten Kinderzeichnungen u.ä., Ablaufprotokoll durch Beobachter(innen)
(2)	3 – 6 Gesprächsabende mit den Eltern, zuzügl. teilnehmende Beobachtung des Familienalltags	Elterngespräche nach Leitfaden	Tonbandaufz., Gesprächsprotokolle, Dokumentation der Medienausstattung in der Familie, Medientagebuch für Kind, Medienfragebögen
(3)	Wöchentlich	Teamsupervision, vorläufige Interpretation des Feldkontakts, Erarbeitung von Vorschlägen für Spielimpulse	Transkripte und Material aus (1), (2), Supervisionsprotokoll
(4)	rd. 20	Spielimpuls: geplantes Arrangement im Spielkontakt zur Überprüfung einer Leseart/Interpretation	wie (1), (2)
(5)	2mal (zu Beginn und Ende der Feldphase) je ein halber Tag pro Fall	Externe Fallsupervision durch Familientherapeut zur Gegenübertragungsanalyse	wie (1), (2), (3)

* In Anlehnungen an Charlton und Neumann, 1986

Fortsetzung: Tabelle: Erhebungs- und Auswertungsschritte in der Freiburger Längsschnittuntersuchung

Erhebungs-/ Auswertungs-schritte	Anzahl/Häufigkeit	Bezeichnung/Ziel	Analysematerial/Auswertungsbögen
(6)	6	Falldokumentationen: Beschreibung der Familienthemen und -dynamik, Entwicklungslogik und -dynamik des Kindes, Grobanalyse der Rezeptionsituationen in bezug auf die Entwicklung des Kindes	wie (1), (2), (3), thematisch einheitliches Raster für die Einzelfälle
(7)	rd. 200	Strukturgeneralisierung zur Rezeptionssituation: Interaktionsanalyse der Begleitumstände der Rezeption (Übergänge Spiel – Mediennutzung – Spiel, familiale Dynamik, Kind-Beob.-Dynamik, Medienspuren in späteren Kontakten)	Text-Kontext-Korpus (s. Braun et al. 1989)
(8)	rd. 200	Strukturgeneralisierung zum Rezeptionsprozeß: Formen der Auseinandersetzung mit und der Distanzierung vom Medium, Bedeutung für die Selbst-, Sach-, Sozialauseinandersetzung des Kindes	Text-Kontext-Korpus (s. Braun et al. 1989)
(9)	6	Rekonstruktion der Medienbiographie des Falles, Neuformulierung von (6) aufgrund der Ergebnisse aus (7) und (8)	(6), (7), (8)

Die rekonstruktive Methode unterscheidet sich von der traditionellen Logik der Forschung (Popper, 1969) in der Art und Weise, wie die Beziehung zwischen Theorie und Beobachtung verstanden wird. Während im hypothetisch-deduktiven Modell empirische Sachverhalte zur Falsifikation von Hypothesen verwendet werden, läßt sich der logische Schluß bei der Rekonstruktion von Kompetenztheorien eher als Abduktion[3] verstehen. Die Interpretengruppe entscheidet aufgrund ihres impliziten Regelwissens, welcher Handlungsregel eine beobachtete Interaktionssequenz folgt. Erst in einem zweiten Schritt kann dann überprüft werden, ob die vorausgesetzte Kompetenztheorie den analysierten Fall deckt, oder ob – abduktiv – zur Erklärung eine Korrollar-Regel eingeführt werden muß. Wissenschaftliche Hypothesen haben also keinen zentralen Status im Erkenntnisprozeß, da die ‚Sache selbst' zum Reden gebracht werden soll (vgl. Oevermann, 1983). Die spezifische Fragestellung findet nicht in einem konkreten Kategoriensystem oder Beobachtungsinstrumentarium ihren Ausdruck. Sie dient lediglich der Festlegung, welche Beobachtung als Kontext und welche als Ausdruck der definierten Fallstruktur zu werten ist.

Im vorliegenden Fall bildeten sowohl die Soziodynamik in der Familie als auch die vom Kind thematisierten Bedürfnisse nur die Folie, auf deren Hintergrund der eigentliche ‚Fall', nämlich der Rezeptionsprozeß in seinen Teilphasen und die Folgen der Rezeption für die kindliche Lebensbewältigung und Identitätsbildung, herausgearbeitet werden konnte. Beobachtungsobjekte waren also die 200 Rezeptionsprozesse einschließlich ihrer Voraussetzungen und Folgen. Ziel der Analyse waren generalisierte (z.T. universelle, z.T. typische) Prozeßelemente und Teilstrukturen dieses Geschehens (für eine ausführliche Darstellung siehe Charlton, 1987; Charlton und Neumann, 1988).

Ergebnisse der Freiburger Untersuchung: Offenstehende Handlungsmöglichkeiten im Rezeptionsprozeß

In der vorliegenden Arbeit können nicht alle Ergebnisse der Längsschnittuntersuchung dargestellt werden. Wir werden lediglich einige wichtige Aspekte des Rezeptionsprozesses beschreiben. Die theoretische Einordnung dieser und weiterer Ergebnisse, die Verdeutlichung und Dokumentation der Fallrekonstruktionen an ausgewählten Beispielen sowie die wichtige Frage der sozialisationstheoretischen Bedeutung der Mediennutzung im frühen Kindesalter sollen an anderer Stelle ausführlich behandelt werden. (Das vollständige Beobachtungsmaterial ist in Braun, Charlton, Neumann u.a., 1989 zugänglich. Eine umfassende Darstellung der Ergebnisse findet sich in Charlton, Neumann u.a., in Vorb./1990).

Ergebnis des siebten und achten Auswertungsschrittes (vgl. Tabelle) ist eine Liste von *Entscheidungspunkten*, die im Verlauf eines normalen Rezeptionsprozesses durchlaufen werden. Trotz wechselnder äußerer Umstände, kindlicher Bedürfnisse, Kompetenzen usw. gibt es eine ganze Reihe von Wahlsituationen, die dem Rezipienten die Entscheidung zwischen zwei und mehr Optionen eröffnen. Diese Entscheidungspunkte oder „Schaltstellen" im Handlungsverlauf wollen wir nachfolgend etwas ausführlicher behandeln.

Von den insgesamt etwa 200 Rezeptionssituationen, die von der Beobachtergruppe im Verlauf der Untersuchung der sechs Kinder protokolliert worden sind, konnten je nach Fragestellung 78 bis 110 Situationen in ihrer Handlungsstruktur rekonstruiert werden.

Initiative zum Mediengebrauch

Wie und auf wessen Initiative hin kam es zu der Entscheidung, am Spielnachmittag ein bestimmtes Medium zu benutzen? In 81 % der Situationen (65 von 80) ging die Entscheidung für eine Mediennutzung vom Kind aus. Dieses Ergebnis ist sicherlich als situationsspezifisch zu interpretieren: sowohl die Familienmitglieder als auch die Beobachter hielten sich in der non-direktiven Spielsituation mit Vorschlägen zurück. Auch die im Alltag gewohnheitsmäßig zu einer bestimmten Zeit (z.b. Nachmittagsprogramm des Fernsehens) oder in einer bestimmten Situation (z.B. Gute-Nacht-Vorlesegeschichten) genutzten Medien spielten in der Beobachtungssituation eine geringe Rolle.

Die Verteilung der Nutzungsinitiativen auf die anwesenden Personen war also untersuchungsbedingt. Dieses Ergebnis kann daher kaum auf andere

Situationen verallgemeinert werden. Auch ist das weitergehende Ergebnis trivial, daß der Entschluß zum Mediengebrauch ein logischer Bestandteil der Nutzungssituation ist. Wird damit bereits eine gravierende Begrenzung der Reichweite der Ergebnisse durch den spezifischen Untersuchungsrahmen angezeigt? Wir glauben dies nicht. Wie wir im folgenden zeigen wollen, lassen sich auch weniger triviale Entscheidungsmomente identifizieren, ferner bezieht sich der Einfluß der Beobachtungssituation in der Regel auf die *Häufigkeit*, mit der eine Option realisiert worden ist, weit weniger oft dagegen auf die grundsätzlich *möglichen Varianten.*

Soziale Bedeutung des Mediengebrauchs

Die Entscheidung für eine Mediennutzung verändert das Handlungsfeld in zweierlei Hinsicht. Zum einen wird die Interaktion mit den Anwesenden neu geordnet, zum anderen verändert sich häufig der inhaltliche Fokus der Tätigkeit. Mit Blick auf den ersten Aspekt der sozialen Interaktion wird der Medienkonsum von den Vertretern des Nutzen-Ansatzes häufig als Surrogat für einen fehlenden Sozialkontakt angesehen (Rosengren und Windahl, 1977). Auch in diesem Punkt läßt unser Forschungsvorgehen eine Überprüfung dieser Hypothese nicht zu: die Beobachter waren für alle Kinder sehr geschätzte Spielpartner. Es läßt sich jedoch deutlich zeigen, daß der Partnerersatz nicht die einzige soziale Funktion des Mediengebrauchs darstellt. Bei der sinnlogischen Rekonstruktion der Rezeptionsverläufe stießen wir auf drei, voneinander relativ unabhängige Dimensionen von sozialen Interaktionsformen, die durch den Medienkonsum beeinflußt werden (vgl. Neumann und Charlton, 1989):

DIMENSION I: „HANDLUNGSKOORDINATION“

In 59 % (65 von 110) aller ausgewerteten Situationen führte das betreffende Kind durch die Mediennutzung eine Veränderung (oder eine Bestärkung) vorhandener Kooperationsformen herbei. Sehr oft (35 mal) veränderte oder bekräftigte das Kind den gemeinsamen *Aufmerksamkeitsfokus* durch die Rezeption. Das Medium diente hier also als Stichwortgeber für eine Neugestaltung der Zusammenarbeit. Recht häufig wurden Medien auch zur *Dialogsteuerung* eingesetzt. Insgesamt 23 mal trat das

Kind durch einen Hinweis auf eine Mediengeschichte in einen laufenden Dialog ein oder forderte einen der Anwesenden auf, sich zu einem (Medien-) Thema zu äußern. Gelegentlich diente die Mediennutzung auch zum Aufbau oder Erhalt *situationsübergreifender, zumeist familiärer Rollenverteilungen* (7 mal).

DIMENSION II: „MACHT UND SELBSTBEHAUPTUNG"

In 57 % der beobachteten Fälle (63 von 110) benutzte das Kind Medien zur Selbstbehauptung oder Unterordnung. In einem Fall wurde das Geschehen von einem Erwachsenen kontrolliert, in den restlichen Fällen war die gegenseitige Kontrolle ausgeglichen. Fünf Formen kindlicher Kontroll- bzw. Unterordnungsstrategien konnten unterschieden werden: a) *Kompetenz* oder Überlegenheit beweisen (19 mal), b) *Stimmung* kontrollieren (mood control, vgl. Brown, 1979; 14 mal), c) *sozialen Druck* ausüben (19 mal), d) sich im Zusammenhang mit der Mediennutzung dem Einfluß der anderen *entziehen* (9 mal), e) *sich* dem Beobachterinteresse an Medien *fügen* (2 mal).[4]

DIMENSION III: „AFFEKTIVE BEZIEHUNGSGESTALTUNG"

Überraschend regelmäßig (in 93 % der Fälle, 102 von 110 Beobachtungssituationen) fanden sich Elemente einer emotionalen Beziehungsregulierung im Verlauf der Rezeption. Die Kinder haben die Medienrezeption dazu benutzt, um a) körperliche *Nähe herzustellen* (21 mal), b) *Nähe zu vermeiden* (2 mal), c) *sich selbst* mit Bezug auf das Thema *mitzuteilen* (29 mal), d) von sich bzw. vom eigenen Thema *abzulenken* (3 mal), e) *emotionale Gemeinsamkeit herzustellen* (23 mal), sowie f) sich mit Mediengeschichten *versorgen* (verwöhnen) zu lassen (24 mal).[5]

Die drei Dimensionen der Interaktionsformen und ihrer Reorganisation im Mediengebrauch sind theoretisch gut zu begründen (vgl. Neumann und Charlton, 1989) und empirisch z.B. in den zahlreichen Arbeiten der Arbeitsgruppe von Bales (Bales 1950, 1970; Bales und Cohen, 1979) auch für viele weitere Lebensbereiche, in denen Kleingruppen miteinander kooperieren, nachgewiesen worden. Durch Gespräche während der Mediennutzung, besonders aber auch durch die Hinwendung zu bzw. Abwendung von Medien, können die Rezipienten ihr Beziehungsverhältnis untereinander neu definieren. Medienkonsum läßt sich aus dieser Perspektive als ein Mittel zur sozialen Steuerung verstehen.

Diese Aussage darf nicht mißverstanden werden: Wir sind keineswegs der Auffassung, daß Medienkonsumenten, zumal wenn es sich dabei um Kinder handelt, Medien *bewußt* als Steuerungsinstrumente etwa zur Regulierung der Rollenverteilung in der Familie einsetzen. Dennoch gibt es zahlreiche Nutzungsstrategien, die zumeist unbewußt realisiert werden (etwa wenn sich jemand hinter seiner Zeitung ‚versteckt'), die faktisch eine Neugestaltung der Interaktion mit sich bringen. Wie wir in unseren ausführlichen Falldarstellungen gezeigt haben (Braun, Charlton, Neumann u.a., 1989), verwenden Kinder dieses intentional.

Bedeutung des Mediengebrauchs für die Auseinandersetzung mit den eigenen Entwicklungsthemen

Menschen betrachten die Welt perspektivisch. Sie fassen Situationen unter dem Blickwinkel ihrer persönlichen Bedürfnisse und Wünsche auf, sie sind thematisch voreingenommen. Der Begriff des persönlichen ‚Themas' zur Beschreibung dieser Perspektivität des Wahrnehmens und Handelns im Alltag hat in der Psychologie eine längere Tradition (vgl. Charlton, Neumann u.a., in Vorb./1990). Gerade im Kindesalter ist es notwendig, sich mit den immer neuen Anforderungen des Lebens auseinanderzusetzen: mit persönlichen oder normativen ‚Entwicklungsaufgaben' (s.o.). Solche Aufgaben stellen z.B. die Loslösung und Individuation, der Erwerb einer Generations- und Geschlechtsrolle oder das Einleben in die Institution Kindergarten dar. Auch in ihren Spielen zeigen sich Kinder von diesen Themen fasziniert und „gefangen" (Vater-Mutter-Kind-Spiel, Abenteuer-Spiel usw.).

Wir haben in unserer Studie beobachtet, ob die Initiative zu einer Mediennutzung, die Auswahl des Sujets, die personenspezifische Weise des Verständnisses der Mediengeschichte, aber auch der Abbruch einer Rezeption mit diesen Entwicklungsthemen in Zusammenhang gebracht werden können (vgl. auch Charlton und Neumann, im Druck/1990). Zu diesem Zweck wurden die thematischen Zusammenhänge zwischen dem Spiel des Kindes und den ausgewählten Mediengeschichten untersucht.

Die Auswertung ergibt das folgende Bild: Zeigt sich im Spielverlauf *vor* der Mediennutzung die persönliche Thematik des Kindes? In 84 % der Fälle (67 von 80 Rezeptionssituationen) ist dies der Fall. Wird durch die Auswahl des Medienthemas die bislang vorherrschende Thematik fortgesetzt? Eine Frage, die in 75 % der Fälle (60 von 80 Rezeptionssituationen) bejaht werden kann. Entspricht die Mediengeschichte aus der Sicht der Interpreten dem Entwicklungsthema des Kindes? Die Antwort fällt für 51 % der Fälle (41 von 80 Rezeptionssituationen) mit „ja, sehr deutlich" aus, für 26 % der Fälle (d.h. weitere 21 von 80 Situationen) mit „ja, teilweise". Entspricht die Mediengeschichte aus der Sicht des Kindes seinem eigenen Entwicklungsthema? In 80 % der Fälle (64 von 80 Rezeptionssituationen) ist dies „sehr deutlich" gegeben, in 13 % der Fälle (d.h. weitere 10 von 80 Situationen) „teilweise".

Eine genauere Analyse der thematischen Auffassungen des Sujets durch die Kinder zeigt, daß in insgesamt 31 Situationen die Mediengeschichten von den Rezipienten der eigenen Thematik näher zugeordnet wurden, als dies aus Beobachtersicht eingeschätzt worden war. Formen der assimilierenden Wahrnehmung sind ein in der kognitiven Psychologie bekanntes Phänomen (Neisser, 1979), sie lassen sich in alltagsnahen Untersuchungen jedoch nur schwer nachweisen. Mit Hilfe des rekonstruktiven Vorgehens konnte die thematische Voreingenommenheit aus der Verwendung des Medienmaterials, in den rezeptionsbegleitenden Äußerungen oder aus den Spielen des Kindes erschlossen werden.
Wie der Rezeptionsbeginn kann auch das *Rezeptionsende* wieder als ein prominenter „Entscheidungsknoten" für die thematische Gestaltung der Situation aufgefaßt werden. In 38 von 80 analysierten Situationen (48 %) wird das Medienthema auch *nach* der Rezeption fortgeführt. In 29 Fällen (36 %) wird ein neues Thema eingeführt bzw. das bislang vorherrschende unterbrochen, nur in 13 Fällen (16 %) ist keine thematische Steuerung mit dem Rezeptionsende verbunden.

Nicht nur punktuell begrenzt auf die Übergangssituation, sondern auch mittelfristig bleibt das (subjektiv wahrgenommene) Medienthema für das nachfolgende Spiel bestimmend. In 62 von 80 Fällen (78 %) wird das Medienthema mehr oder weniger deutlich im Spiel aufgegriffen. Nur in den verbleibenden 18 Fällen ließ sich eine thematische Kontinuität nicht nachweisen.

Wenn man über den gesamten Rezeptionszyklus hin verfolgt, welchen Veränderungen das Thema des Kindes unterliegt, so ist die häufigste Verlaufsform dadurch gekennzeichnet, daß vor, während und nach der Rezeption gleichermaßen das kindliche Entwicklungsthema im Vordergrund steht (insgesamt 14 thematisch homogene Verläufe, das sind 18 % der 80 Situationen). Als zweithäufigstes Rezeptionsmuster findet sich eine Beschäftigung mit dem eigenen Thema, die nur an einer Stelle, nämlich unmittelbar beim Rezeptionsende, kurz unterbrochen wird (insgesamt 12 Verläufe oder 15 %). Wir haben dieses Phänomen so interpretiert, daß die Kinder in diesem Fall eine kurze ‚Verschnaufpause' eingelegt haben, bevor sie sich wieder der Auseinandersetzung mit ihrer eigenen Lage stellen konnten oder wollten. Dritthäufigster Verlauf ist die Verfolgung einer kontinuierlichen, selbstbezogenen Thematik, wobei das Medienthema entsprechend den eigenen Bedürfnissen subjektiv uminterpretiert worden ist, da es aus objektiver Warte das Thema des Kindes nicht oder nicht eindeutig repräsentiert hat (5 Fälle, d.h. also 6 %). Alle weiteren Verlaufsmuster finden sich nur in weniger als 3 Fällen (weitere Verlaufsmuster siehe: Charlton und Neumann, im Druck/1990).

Strategien der Rezeptionssteuerung

In der Diskursanalyse stellen die Strategien der Sprecher zur Gesprächssteuerung einen wichtigen Untersuchungsbereich dar (Schwitalla, 1976; Henne und Rehbock, 1982). Auch der Hörer kann seinerseits Einfluß auf den Sprecher ausüben, zum Beispiel durch Hörersignale, die Zustimmung oder Widerspruch ausdrücken, oder indem er einen Sprecherwechsel initiiert. Rezipienten als die auf den ersten Blick eher ‚passiven' Teilnehmer an der Massenkommunikation haben es da ungleich schwerer, den Kommunikationsvorgang zu beeinflussen. Neben der seltenen Form der Partizipation durch Leserbriefe besteht die wesentlichste Steuerungsform wohl in der selektiven Zuwendung zum Medienangebot. Vermittelt über die von den Medien„machern" stark beachteten Verkaufs- bzw. Seherzahlen können Rezipienten auf diese Weise einen zwar indirekten und zeitverzögerten, aber doch sehr wirkungsvollen Einfluß auf das Medienangebot ausüben.

Der Versuch einer Einwirkung auf den Produzenten ist allerdings nicht der einzige Grund, warum Rezipienten eine Kontrolle über das Kommunikationsgeschehen erlangen wollen. Viel wichtiger sind die ‚privaten' Gründe. Der Rezipient muß sich in seinem Alltag mit einer Vielzahl von Aufgaben beschäftigen. Besonders elektronische Medien lassen sich gut nebenher konsumieren, während der Hörer bzw. Seher mit dem Hauptteil seiner Aufmerksamkeit einer anderen Tätigkeit nachgeht (vgl. für die kommunikationssoziologische Diskussion dieses Phänomens Fritz, 1984; für den Aspekt ‚Kinderspiel und Fernsehen' Reid und Frazer, 1980). Hinzu kommt ein zweiter Grund, warum Medien nicht immer die ungeteilte Aufmerksamkeit der Rezipienten erfahren. Wie wir schon bei der Analyse der thematischen Voreingenommenheit gesehen haben, ist für die Rezipienten das dargestellte Thema und dessen Bezug zu den eigenen Handlungsmöglichkeiten und Aufgaben von zentraler Bedeutung. Neben der Qualtität der Inhalte muß auch die Intensität der Anstöße zu einer Selbstauseinandersetzung dosiert werden. Nachdem wir oben die Funktion der kindlichen Kontrollstrategien analysiert haben, wollen wir uns im folgenden mit den Formen der Rezeptionssteuerung durch Kinder näher befassen.

Der formalen Analyse liegen 78 Rezeptionssituationen zugrunde. Untersucht werden die Formen des Übergangs zur Rezeption (Einstieg) und zur nachfolgenden Tätigkeit (Ausstieg) sowie des Sich-Einlassens und Sich-Distanzierens während der Rezeption. Der Blick auf den *Beginn der Rezeptionsphase* zeigt, daß die Einigung auf ein bestimmtes Rezeptionsmedium keineswegs immer problemlos gelingt. In 24 von 78 Situationen (31 %) erfolgt der Einstieg in die Rezeption *schrittweise*. Kind und Beobachter müssen miteinander aushandeln, ob ein Medium genutzt werden soll und welche spezifische Thematik von Interesse ist.

Wenn sich beide Teile auf ein bestimmtes Medium einigen konnten, stehen dem Kind mehrere Möglichkeiten zur Verfügung, sich auf die angebotene Thematik einzulassen. Rapp (1973) hat für den Zuschauer im Theater zwei Formen der inneren Beteiligung am Bühnengeschehen beschrieben: den *illusiven* und den *in-lusiven Rezeptionsmodus*. Der Zuschauer kann sich entweder vom Spiel gefangen nehmen lassen, er kann ganz und gar in dem Spielgeschehen aufgehen (Illusion). Oder er kann sich mit dem Spiel reflexiv auseinandersetzen, indem er sich der Distanz zwischen sich und seiner Person zu dem Dargestellten bewußt bleibt (Inlusion).

Wir haben versucht, diese beiden Aspekte auf den Medienrezeptionsbereich zu übertragen. Bei der Rekonstruktion des Rezeptionsverlaufs zeigte es sich, daß eine in-lusive Haltung des Kindes zumeist mit einer *Fokussierung* auf einzelne Handlungs- oder Bedeutungsstränge des Mediengeschehens einherging. Wenn das Kind seine eigene Erfahrung zur Mediengeschichte ins Verhältnis setzen will, dann nimmt es das Gesehene oder Gehörte unter einer bestimmten Perspektive wahr. Für uns als Beobachter wurden die Fokussierungsleistungen aufgrund der Kommentare des Kindes zum Filmgeschehen (in 41 von 78 Fällen, das sind 53 %) erkennbar. In weiteren Fällen zeigte sich die Fokussierung darin, daß das Kind parallel zur Rezeption ein Rollenspiel inszenierte, in das Strukturelemente der Mediengeschichte eingearbeitet waren (16 Fälle, 20 %). So hat zum Beispiel ein vierjähriges Mädchen mit den Sceno-Puppen parallel zu dem Märchenhörspiel von „Hänsel und Gretel“ eine Aufbruchsgeschichte gespielt: Das Puppenkind geht in die Schule, braucht seine Eltern nicht mehr, ist schon groß usw. Insgesamt haben die Kinder in 78 ausgewerteten Rezeptionssituationen also 57 mal (73 %) einen fokussierend-in-lusiven Rezeptionsstil gezeigt, 17 mal (22 %) haben sie die Geschichte nicht-selektiv, generell aufmerksam verfolgt, 1 mal (1 %) beobachteten wir ein passiv-regressives Rezeptionsverhalten. In weiteren 3 Fällen (4 %) konnte die Art der Medienauseinandersetzung nicht eindeutig rekonstruiert werden.

Neben den verbalen Kommentaren zum Mediengeschehen und dem inlusiven Spiel konnten wir noch eine Reihe von weiteren kindlichen Reaktionen registrieren, die uns die Rekonstruktion des Rezeptionsmodus erleichtert haben: Mimische und expressive Signale, Schmusen mit den Beobachtern oder Stofftieren, Lutschen, An-sich-Herumnesteln, Herumspringen, Toben.

Das wohl wichtigste Instrument zur Rezeptionssteuerung durch die Zuschauer ist die Unterbrechung bzw. der Abbruch der Rezeption. In den 78 rekonstruierten Situationen fanden sich die folgenden *Distanzierungs-*

formen: Keine Distanzierung (30 Fälle, 38 %); vollständiger Rezeptionsabbruch vor Beendigung der Geschichte (12 Fälle, 15 %); Zwischenspiel mit nachfolgender Rückkehr zur Rezeption (9 Fälle, 12 %); Parallelhandlung ohne Medienbezug (15 Fälle, 19 %); Manipulation des Mediums (also von Buch, Kassettenrekorder, TV-Apparat: 10 Fälle, 13 %); Abziehen der Aufmerksamkeit (durch Gespräche, Einschlafen: 2 Fälle, 3 %). Wir können feststellen, daß die Rezeption *ohne* Distanzierung in den beobachteten Fällen nicht die Regel gewesen ist. Weit häufiger haben die Kinder auf die eine oder andere Weise das Ausmaß an (emotionaler) Beeinflussung durch das Medium dosiert bzw. reguliert (in insgesamt 62 % der Situationen).

Der Handlungsspielraum des Kindes in der Nutzungssituation drückt sich auch in der *Initiative zur Beendigung der Rezeption* aus: 35 mal (45 %) hat das Kind von sich aus die Mediennutzung beendet, 18 mal (23 %) ging die Initiative vom Beobachter aus. In 25 Fällen (32 %) wurde eine Beendigung durch den technischen oder inhaltlichen Verlauf der Mediendarbietung ausgelöst (Kassette abgelaufen, Fernsehfilm zu Ende, Buch bis zum Ende gelesen usw.). In 27 von 78 Fällen (35 %) wurde nach Beendigung der Rezeption eine weitere Rezeption begonnen (neues Buch etc.), in 42 Fällen (54 %) gingen Kind und Beobachter zum Spielen über, in 9 Fällen (11 %) war die Zeit für die Spielsitzung zu Ende gegangen.

Diskussion der Untersuchungsergebnisse

In unserer Untersuchung haben wir soziale und personale Verwendungsmöglichkeiten der Medienrezeption aufgezeigt und wir haben einige Techniken vorgestellt, die Kinder bei der Verfolgung dieser Ziele einsetzen können.

Schon Vorschulkinder gebrauchen die Massenmedien als soziale Regulatorien. Sie setzen Medien ein, um ihre aktuelle soziale Situation zu beeinflussen, um frühere soziale Erfahrungen neu zu durchdenken, um sich auf künftige Interaktionen vorzubereiten. Kultur dient ganz wesentlich den sozialen Bedürfnissen des Menschen. Sie ist von Menschen für Menschen gemacht und wer an ihr teilhaben will, muß dies in einer dialogischen Einstellung tun.

Natürlich verkennen wir nicht, daß man den Massenmedien auch Informationen über nicht-soziale Sachverhalte entnehmen kann und daß sich dieses Wissen auch ganz individualistisch nutzen läßt. Dennoch vermuten wir, daß der Anreiz zur Beschäftigung mit symbolischer Kultur gerade darin besteht, daß hier sozial vorinterpretierte Erfahrungen vermittelt werden und nicht nur ein technisches Handlungswissen, wie es auch schon vom vorsprachlichen Kind in der nicht-symbolischen Interaktion mit der Sachwelt erworben werden kann. Weil diese interpretierte Welt neben den Informationen über Sachverhalte auch die Stellungnahmen des Autors zu diesen Dingen und Ereignissen sowie sein Beziehungsangebot an den Leser umfaßt, wird der Rezipient auf die Teilhabe an der sozialen Realität vorbereitet. Er begegnet in der symbolischen Darstellung einer perspektivisch vorgedachten Welt, die die Welt der Sachen, die sozialen Beziehungen des Menschen und den ihm selbst zugewiesenen Platz in dieser Gesellschaft mit einschließt.

Gegenüber dem Handeln in Face-to-face-Situationen unterscheidet sich der para-soziale Dialog mit Medien vor allem durch die Begrenztheit der Einflußnahme des Rezipienten gegenüber dem Kommunikator (Autor, Produzenten, Sprecher usw.). Aber: Diese Begrenzung bringt auch Vorteile mit sich. Von besonderer Bedeutung ist die Entlastung des Lesers von kommunikativen Verpflichtungen. Der Leser muß sich nicht selbst darstellen, er kann seine Meinung für sich behalten und riskiert dennoch nicht, daß sein Gegenüber ebenfalls aufhört, sich selbst zu erklären. Die Einflußmöglichkeiten des Autors auf den Leser sind begrenzt. Er hat schließlich seine Wort- oder Bildsymbole zur Verfügung, um das Bewußtsein des Rezipienten zu steuern – wenn wir einmal von den Sanktionsmöglichkeiten absehen, die im sozialen Kontext der Rezeption stattfinden können, also etwa wenn der Lehrer seine Schüler dafür belohnt, daß sie nach seinen Vorstellungen mit einem Buch gearbeitet haben. Schriftlichkeit als ‚Sprache der Distanz' (Koch und Österreicher, 1985) unterscheidet sich von der mündlichen ‚Sprache der Nähe' unter anderem nach dem Ausmaß der sozialen Verpflichtung des Lesers und der Sanktionsmacht des Autors.

Diese doppelte Entlastung des Lesers ermöglicht jenem nun aber auf ganz andere Weise Distanziertheit aufzugeben – nämlich im Umgang mit sich selbst, mit seiner eigenen Stellung im gesellschaftlichen Handlungsgefüge. Wenn Sprache dem Menschen zu seiner exzentrischen Positionalität verhilft (Plessner, 1976), so gilt dies im besonderen Maße für die Sprache der Medien. In seinen weitgehend selbstbestimmten Stellungnahmen zu den Deutungsangeboten des Autors kann der Leser zu sich selbst finden, kann sich im Spiegel der Medienaussage erfahren.

Eine subjektbezogene, längsschnittliche Analyse der Ergebnisse zeigt – soviel sei hier nur angedeutet –, wie bedeutsam der Einfluß der Medienrezeption auf die Identitätsbildung des Kindes ist. Dies gilt ganz besonders angesichts der steigenden Anforderungen, die moderne Gesellschaften an die Individuierung ihrer Mitglieder stellen (vgl. Neumann, 1989).

Über die bloße Darstellung der Untersuchungsergebnisse hinaus ging es in der vorliegenden Arbeit auch darum, die Möglichkeiten eines strukturanalytischen Ansatzes für die Medienforschung aufzuzeigen. In der hier vorgestellten Form haben die Ergebnisse eine gewisse Ähnlichkeit mit kategorialen Beschreibungen von Interaktionsverläufen, wie sie etwa aus der Sozialpsychologie bekannt sind. Bei genauerem Hinsehen zeigt sich jedoch, daß die beschriebenen Elemente und Entscheidungsknoten im Rezeptionsverlauf weder mit der klassischen Methode der Befragung von Rezipienten noch mit Hilfe einer traditionellen Verhaltensbeobachtung mit vorgegebenen Auswertungskategorien oder Schätzskalen hätten identifiziert werden können.

Nur durch die rekonstruktive Methode lassen sich Handlungsregeln identifizieren, die – obwohl sie faktisch den Interaktionsverlauf strukturieren – weder vom Forscher hypothetisch vorformuliert noch vom Handelnden selbst bewußt reflektiert werden können. Auch die in der Sozialwissenschaft überlicherweise zur Parameterschätzung in komplexen Situationen eingesetzten Beurteiler („rater") müssen hier versagen, wenn es darum geht, (eben mal) anzugeben, um welche Handlungsweise es sich in einem vorgegebenen Beobachtungsausschnitt handelt. Erst wenn die Beurteiler zu strukturanalytischen Hermeneutikern werden, indem sie sich auf der Grundlage eines breiten Kontextwissens darum bemühen, die Logik des sequentiellen Interaktionsverlaufs, die offenstehenden Handlungsmöglichkeiten an jedem Entscheidungspunkt argumentativ zu begründen, wird diese Aufgabe lösbar. Erst die mühsame sinnlogische Rekonstruktion, in der jeder Einzelfall zuerst einmal nur auf die ihm eigenen Regeln hin abgefragt wird, läßt *in einem späteren Schritt* eine Strukturgeneralisierung zu. Wir sind der Ansicht, daß sich diese Mühe lohnt.

Anmerkungen

1 Diese Untersuchung wurde aus Mitteln der DFG im Rahmen des Schwerpunktprogramms „Publizistische Medienwirkungen“ (AZ: Ch 73/2 – 4) sowie, in einer zweiten Phase, als Teilprojekt B7 des Sonderforschungsbereichs 321 („Mündlichkeit und Schriftlichkeit“) gefördert. – An der Durchführung der Untersuchung waren neben den Autoren Barbara Braun, Ruth Franck, Ruthild Rapp und Waltraud Orlik beteiligt, letztere hat auch die quantitative Auswertung des Materials vorbereitet.

2 Eine ausführliche Darstellung dieser Argumentation findet sich bei Charlton (1987).

3 Im Anschluß an Überlegungen von Pierce verstehen Oevermann et al. (1979) unter dem abduktiven Schluß ein Verfahren, bei welchem der Erkenntnisfortschritt in der empirisch geleiteten Fortentwicklung und Erweiterung eines Systems von Regeln zur Beschreibung der sozialen Wirklichkeit besteht.

4 Die einzelnen beobachteten Strategien übersteigen die Gesamtzahl der kindlichen Handlungsformen, weil manche Kinder zwei Strategien gleichzeitig verfolgt haben.

5 siehe Anmerkung[4]

Literatur

Aufenanger, St.: Entwicklungspädagogik – die soziogenetische Perspektive. Habilitationsschrift. Mainz 1989.

Bachmair, B.: Symbolische Verarbeitung von Fernseherlebnissen in assoziativen Freiräumen. 2 Bde. Kassel: Gesamthochschul-Bibliothek 1984.

Bales, R.F.: Interaction process analysis. Reading, Mass: Addison-Wesley 1950.

Bales, R.F.: Personality and interpersonal behavior. New York: Holt, Rinehart u. Winston 1970.

Bales, R.F.; Cohen, St.P.: Symlog. A manual for the case study of groups. New York: The Free Press, 1979 (dt.: Symlog. Stuttgart: Klett-Cotta 1982).

Bohn, R.; Müller, E.; Ruppert, R. (Hg.): Ansichten einer künftigen Medienwissenschaft. Berlin: Edition Sigma 1988.

Bonfadelli, H.: Die Sozialisationsperspektive in der Massenkommunikationsforschung. Berlin: Spiess 1981.

Böhme-Dürr, K.: Die kleinen Plastikleute im Fernsehen: Wie Kinder Fernsehrealität wahrnehmen. In: Kreisjugendring Nürnberg-Stadt (Hg.): Medienwirklichkeit – Wirklichkeit. Nürnberg: Selbstverlag 1988, S. 61 – 80.

Brandstädter, J.: Apriorische Elemente in psychologischen Forschungsprogrammen. In: Zeitschrift für Sozialpsychologie, 13/1982/–, S. 267–277.
Brandstädter, J.: Apriorische Elemente in psychologischen Forschungsprogrammen. Weiterführende Argumente. Zeitschrift für Sozialpsychologie, 15/1984/–, S. 151–158.
Braun, B.; Charlton, M.; Neumann, K.; Orlik, W.; Rapp, R.: Freiburger Längsschnittuntersuchung der Medienrezeption durch Vorschulkinder im familialen Kontext (Text-Kontext-Korpus). Forschungsberichte des Psychologischen Instituts der Universität Freiburg. No. 53. 7 Bde. Freiburg 1989.
Brown, J.R.: Wie Kinder das Fernsehen nutzen. In: Sturm, H.; Brown, J.R. (Hg.): Wie Kinder mit dem Fernsehen umgehen. Stuttgart: Klett-Cotta 1979, S. 177–197.
Bühler, K.: Die Axiomatik der Sprachwissenschaft. Frankfurt: Klostermann 1969.
Buß, M.: Die Vielseher. Zur Theorie und Praxis der Fernseh-Zuschauerforschung in der BRD zu Beginn der 80er Jahre: Dissertation. Universität Hohenheim 1983.
Charlton, M.: Möglichkeiten eines sozialwissenschaftlichen Handlungsbegriffs für die psychologische Forschung. Zeitschrift für Sozialpsychologie 18/1987/–, S. 2–18.
Charlton, M.; Rapp, R.; Siegrist, B.: Vielsehen: Wie eine Familie versucht, sich sprachlos nahe zu sein. In: Charlton, M.; Neumann, K.: Medienkonsum und Lebensbewältigung in der Familie. München-Weinheim: Psychologie Verlags Union 1986, S. 161–188.
Charlton, M.; Neumann, K.: Medienkonsum und Lebensbewältigung in der Familie. Methode und Ergebnisse der strukturanalytischen Rezeptionsforschung – mit fünf Falldarstellungen. München-Weinheim: Psychologie Verlags Union 1986.
Charlton, M.; Neumann, K.: Mediensozialisation im Kontext: Der Beitrag des Kontextualismus und der Strukturanalyse für die Medienforschung. Publizistik 33/1988/2–3, S. 297–315.
Charlton, M.; Neumann, K.: Medienthemen und Rezipiententhemen. Einige Ergebnisse der Freiburger Längsschnittuntersuchung zur Medienrezeption von Kindern. In: Schulz, W. (Hg.): Publizistische Medienwirkungen. Weinheim: Verlag Chemie (im Druck/1990).
Charlton, M.; Neumann, K. u.a.: Medienrezeption und Identitätsbildung. Schriftenreihe: SkriptOralia. Tübingen: Narr (in Vorbereitung/1990).
Collins, W.A.: Fernsehen: Kognitive Verarbeitungsprozesse. Unterrichtswissenschaft, 15/1987/4, S. 410–432.
Davidson, D.: Action, reasons, and causes. Journal of Philosophy, 60/1963/–, S. 685–700.
Deutsche Forschungsgemeinschaft (Hg.): Medienwirkungsforschung in der Bundesrepublik. 2 Bde. Weinheim 1986.
Döbert, R.; Habermas, J.; Nunner-Winkler, G.: (Hg.): Entwicklung des Ich. Köln: Kiepenheuer u. Witsch 1977.
Fritz, A.: Die Familie in der Rezeptionssituation. München: Minerva 1984.
Früh, W.; Schönbach, K.: Der dynamisch-transaktionale Ansatz. Publizistik, 27/1982/1–2, S. 74–88.
Gerbner, G.; Gross, L.: The scary world of TV's heavy viewer. Psychology Today 9/1976/–, S. 41–45.
Habermas, J.: Was heißt Universalpragmatik? In: Apel, K.O. (Hg.): Sprachpragmatik und Philosophie. Frankfurt: Suhrkamp 1976, S. 174–272.
Habermas, J.: Theorie des kommunikativen Handelns. Bd. 1: Handlungsrationalität und gesellschaftliche Rationalisierung. Frankfurt: Suhrkamp 1981a.

Habermas, J: Theorie des kommunikativen Handelns. Bd. 2: Zur Kritik der funktionalistischen Vernuft. Frankfurt: Suhrkamp 1981b.
Habermas, J.: Moralbewußtsein und kommunikatives Handeln. In: Habermas, J.: Moralbewußtsein und kommunikatives Handeln. Frankfurt: Suhrkamp 1983, S. 127 – 206.
Habermas, J.: Notizen zur Entwicklung der Interaktionskompetenz. In: Habermas, J.: Vorstudien und Ergänzungen zur Theorie des kommunikativen Handelns. Frankfurt: Suhrkamp 1984a, S. 187 – 225.
Habermas, J.: Aspekte der Handlungsrationalität. In: Habermas, J.: Vorstudien und Ergänzungen zur Theorie des kommunikativen Handelns. Frankfurt: Suhrkamp 1984b, S. 441 – 472.
Habermas, J.: Nachmetaphysisches Denken. Frankfurt: Suhrkamp 1988.
Hamlyn, D.W.: Behaviour. Philosophy, 28/1953/ – , S. 132 – 145.
Harré, R.; Madden, E.H.: Causal powers. A theory of natural necessity. Totowa, N.J.: Littlefield Adams 1975.
Havighurst, R.J.: Developmental tasks and education. New York: McKay 1953.
Henne, H.; Rehbock, H.: Einführung in die Gesprächsanalyse. 2. Aufl. Berlin: De Gruyter 1982.
Hess, R.D.; Handel, G.: Familienwelten – Kommunikation und Verhaltensstile in Familien. Düsseldorf: Schwann 1975.
Hörmann, H.: Meinen und Verstehen. Frankfurt: Suhrkamp 1977.
Horten, D.; Wohl, R.R.: Mass communication and para-social interaction. Observations on intimacy at a distance. Psychiatry 19/1956/ – , S. 215 – 229.
Huth, L.; Krzeminski, M.: Zuschauerpost – ein Folgeproblem massenmedialer Kommunikation. Tübingen 1981.
Kenny, A.: Will, freedom, and power. Oxford: Basil Blackwell 1975.
Koch, P.; Oesterreicher, W.: Sprache der Nähe – Sprache der Distanz. Romanistisches Jahrbuch. Berlin: de Gruyter, 1985, S. 15 – 43.
Lenk, H.: Handlung als Interpretationskonstrukt. In: H. Lenk (Hg.): Handlungstheorien interdisziplinär. Bd. 2/1. München: Fink 1978a, S. 279 – 350.
Lenk, H.: Motive als Interpretationskonstrukte. Zur Anwendung der interpretationstheoretischen Handlungsphilosophie in der Sozialwissenschaft. Soziale Welt 29/1978/ – , S. 201 – 216.
Mahler, M.; Pine, F.; Bergman, A.: Die psychische Geburt des Menschen. Frankfurt: Fischer 1978.
Melden, A.I.: Free action. London: Routledge and Kegan Paul 1961.
Neisser, U.: Kognition und Wirklichkeit. Stuttgart: Klett-Cotta 1979.
Neumann, K.: Kindlicher Medienkonsum im 20. Jahrhundert. Über die These der Gleichzeitigkeit von Universalisierung und Individualisierung. In: Erlinger, H.D. (Hg.): Kinderfernsehen II. Reihe: Siegener Studien, No. 45. Essen: Verl. Die Blaue Eule 1989, S. 55 – 93.
Neumann, K.; Charlton, M.: Massenkommunikation als Dialog. Zum aktuellen Diskussionsstand der handlungstheoretisch orientierten Rezeptionsforschung. Communications, 14/1988/3, S. 7 – 38.
Neumann, K.; Charlton, M.: Massen- und interpersonale Kommunikation im Alltag von Kind und Familie. Ergebnisse der Freiburger Längsschnittuntersuchung zur Medienrezeption von Kindern. In: Kaase, M.; Schulz, W. (Hg.): Massenkommunikation. Sonderheft der Kölner Zeitschrift für Soziologie und Sozialpsychologie. Opladen: Westdeutscher Verlag 1989, S. 364 – 378.

Oerter, R.: Developmental tasks through the life-span: a new approach to an old concept. In: Baltes, P.B.; Featherman, D.L.; Lerner, R.M. (Hg.): Life-span development and behaviour. Vol. 7. Hillsdale, N.J.: Erlbaum 1986. S. 233 – 271.
Oevermann, U.: Sozialisationstheorie. Kölner Zeitschrift für Soziologie und Sozialpsychologie. Sonderheft 21: Lüschen, G. (Hg.): Deutsche Soziologie seit 1945. Opladen: Westdeutscher Verlag 1979, S. 143 – 168.
Oevermann, U.: Zur Sache. Die Bedeutung von Adornos methodologischem Selbstverständnis für die Begründung einer materialen soziologischen Strukturanalyse. In: Friedeburg, L.v.; Habermas, J. (Hg.): Adorno Konferenz, 1983, S. 234 – 289.
Oevermann, U.: Kontroversen über sinnverstehende Soziologie. In: Aufenanger, S.; Lenssen, M. (Hrsg.): Handlung und Sinnstruktur. München: Kindt 1986, S. 19 – 83.
Oevermann, U.; Allert, T.; Konau, E.; Krambeck, J.: Die Methodologie einer ‚Objektiven Hermeneutik' und ihre allgemeine forschungslogische Bedeutung in den Sozialwissenschaften. In: Soeffner, H.G. (Hg.): Interpretative Verfahren in den Sozial- und Textwissenschaften. Stuttgart: Metzler 1979, S. 352 – 434.
Peters, R.S.: The concept of motivation. London: Routledge and Kegan Paul 1958.
Plessner, H.: Der Mensch als Lebewesen. In: Plessner, H.: Die Frage nach der conditio humana. Frankfurt: Suhrkamp 1976, S. 111 – 123.
Popper, K.R.: Logik der Forschung. Tübingen: Mohr 1969.
Rapp, U.: Handeln und Zuschauen. Untersuchungen über den theatersoziologischen Aspekt in der menschlichen Interaktion. Darmstadt: Luchterhand 1973.
Reid, L.N.; Frazer, C.F.: Television at play. Journal of Communication, 30/1980/4, S. 66 – 73.
Rosengren, K.E.; Windahl, S.: Mass media use: causes and effects. Communications, 3/1977/3, S. 336 – 352.
Schütze, Y.: Innerfamiliale Kommunikation und kindliche Psyche. Eine exemplarische Analyse der Kommunikations- und Rollenstrukturen zweier Familien. Berlin: Schriften des Max-Planck-Instituts für Bildungsforschung 1977.
Schwitalla, J.: Dialogsteuerung. Vorschläge zur Untersuchung. In: Berens, F.-J.; Jäger, K.H.; Schank, G.; Schwitalla, J.: Dialogstrukturen. München 1976.
Smith, M.J.: Persuasion and human action. Belmont, Ca.: Wadsworth 1982.
Spitz, R.: Nein und Ja. Die Ursprünge der Kommunikation. 2. Aufl. Stuttgart: Klett 1970.
Staabs, G. von: Der Scenotest. Bern: Huber 1978.
Thalberg, J.: Perception, emotion, and action. Oxford: Basil Blackwell 1977.
Toulmin, S.: Reasons and causes. In: Borger, R.; Cioffi, F. (Hg.): Explanation in the behavioral sciences. Cambridge: Cambridge Univ. Press 1970, S. 1 – 26.

Ben Bachmair

Alltag als Gegenstand von Fernsehforschung

Mit der Alltäglichkeit des Fernsehens Ende der 60er und Anfang der 70er Jahre ließ sich Fernsehen nicht mehr in einfachen Ursache-Wirkungs-Modellen wie dem vom mediengesteuerten Informationstransport beschreiben. Die Normalität und Selbstverständlichkeit des Fernsehens im Handlungsfluß alltäglicher Ereignisse und Beziehungen begann, den Forschungsgegenstand „Fernsehen" zu verändern. Wie darauf methodologisch reagieren? Es galt und gilt eine Forschungsmethodologie zu entwickeln, die der Komplexität und der Sinnhaftigkeit des Alltags und des darin integrierten Fernsehens angemessen ist.

Der folgende Beitrag beginnt mit einem historischen Rückblick auf zwei methodologische Beiträge aus den beginnenden 70er Jahren. So versuchte Teichert, die Fernsehrezeption handlungstheoretisch zu erfassen. Daneben stellte die „Langzeitstudie" das gegenseitige „Einklinken" von Fernsehen und Handeln als die Normalität der Fernsehnutzung heraus. Mit dem Rückgriff auf Schütz' Theorie des Handelns in einer sozialen Welt wird daran anschließend der Gegenstand „Alltag" systematisch mit Hilfe der Konzepte „Handeln" und „Wirklichkeit" abgesteckt.

1. Konzeptionelle Antwort auf die Veralltäglichung des Fernsehens

1.1 Das Bedürfnis nach der Integration von Handlungstheorie und Theorie der Massenkommunikation

1972/73 beschäftigt sich Teichert mit den Ansätzen der Rezipientenforschung, die er programmatisch mit dem Titel „'Fernsehen' als soziales Handeln" überschreibt. Sein Anspruch ist, die „Wirklichkeitsvermittlung durch Medien" (1972, S. 421) zu untersuchen, was die damals vorhandenen Ansätze wegen ihrer konzeptionellen Begrenztheit und ihrer fragmentarischen Zugangsweise (1972, S. 424) nicht leisten. Soziales Handeln – so seine Kritik – wird in seiner Bedeutung für das „aktuelle soziale System“ (1972, S. 421) und für die „soziale Persönlichkeit des Rezipienten“ (1972, S. 421) nicht mit Fernsehrezeption zusammen gesehen. Diese konzeptionelle Enge zeigt sich nach Teicherts Überlegungen u.a. an der Vorgehensweise der „professionellen Hörer- und Zuschauerforschung“, die den Rezipienten nur „als statistische Assoziation, d.h. als Träger bestimmter Merkmale“ klassifiziert (1972, S. 422). Damit fällt die „soziale Realität der Rezipienten“ aus der Wahrnehmung von Forschung, statt dessen werden medienorientierte Typisierungen vorgenommen. Als „einzig verbindendes Merkmal“ zur Beschreibung der Beziehung „Kommunikator und Rezipient“ steht „nur der Umstand der Teilhabe am Fernseh-Empfang“ zur Verfügung (1972, S. 423). Forschungsstrategisch folgt daraus, „über soziographische Daten wie Geschlecht, Alter, Beruf etc. oder über psychologische Faktoren wie kognitive und affektive Prädispositionen die disperse Masse des Publikums zu strukturieren“ (1972, S. 424). Die Beziehung zum Kommunikator bzw. zum Medium wird dann mittels „linear kausaler Ursache-Wirkungs-Vorstellung“ (1972, S. 424) erklärt. Dabei werden die Vermittlungszusammenhänge („ ‚dialektische‘ Ursache-Wirkung-Beziehung“, 1972, S. 425) durch die „linear kausale Konzeptionierung verdeckt“ (1972, S. 425). Verschärfend kommt hinzu, daß die „analytische Trennung“ von Ursache- und Wirkungsfaktoren zum systematisch konzeptionellen Bezugsrahmen selber wird. Das führt dazu, daß die Untersuchungen trotz Faktenfülle wenig hilfreich sind.

Dagegen entwirft Teichert ein Modell,[1] das „Mediennutzungsverhalten einbettet in eine umfassende Interaktionstheorie“, bei der das „Angebot massenmedialer Inhalte als ein Angebot von Wirklichkeitsmaterial verstanden (wird), das die Rezipienten im subjektiven Zugriff zur Wirklichkeitsbewältigung und Identitätsfindung nutzen“ (1972, S. 439).

Dieses Programm verband Handlungstheorie (implizit A. Schütz, M. Weber), Kommunikationstheorie (symbolischer Interaktionismus, G.H. Mead, H. Blumer) mit einem gesellschaftlichen Konzept von Massenkommunikation und Wirklichkeit (insbesondere das Wirklichkeitskonzept von Berger und Luckmann). Damit war auch der Bezug der Fernsehrezipientenforschung zum sog. interpretativen Paradigma der Sozialforschung hergestellt.[2]

1.2 Selbstverständliche Alltäglichkeit und der theoretische Versuch, das ‚Einhaken von Handeln' und Massenkommunikation zu beschreiben und zu erklären

Die Rundfunkanstalten hatten in den Jahren 1964, 1970 und 1974 Studien zur Mediennutzung durchführen lassen. Bemerkenswert für die 74er Studie bzw. die Publikation der Ergebnisse (Berg, Kiefer 1978) ist, daß sie Hand in Hand geht mit einer methodologischen Standortbestimmung „zur Notwendigkeit einer Neukonzeption der Massenkommunikationsforschung in der Bundesrepublik" (Langenbucher u.a. 1978). Sie läuft auf die Adaptation des „Uses and Gratifications Approach" hinaus. (Explizit wird auf Blumler, Katz 1974 verwiesen.)

Hinter der empirischen Untersuchung der Fernsehnutzung stand die Frage nach der Konkurrenz der Medien Fernsehen und Zeitung, wie sich Nutzung und Bewertung des Fernsehens durch die Rezipienten auf Nutzung und Bewertung der Tagespresse und des Hörfunks auswirkten. Diese Leitfrage wurde direkt in empirische Kategorien umgesetzt, indem nach Zeitaufwand für die Mediennutzung, nach Reichweite des Mediums, nach dem Verhältnis zur politischen Information (Kiefer 1978, S. 45 f) und nach Einstellungen, Erwartungen, persönlicher Bedeutung gegenüber dem bzw. des Mediums (= „funktionale Bedeutung der Medien", Kiefer 1978, S. 47) gefragt wurde.

Normalität und Selbstverständlichkeit des Fernsehens bzw. der Fernsehrezeption

Die 74er Studie konnte von einer „Vollversorgung" (Kiefer 1978, S. 50) der Haushalte mit Fernsehen ausgehen, im Vergleich zu 1964 mit einer „gut 50%igen Haushaltsabdeckung". Das Zeitbudget für die Mediennutzung insgesamt war in den 10 Jahren von 1964 bis 1974 auf knapp 4 1/2 Stunden täglich gestiegen. Die Verdrängung eines der zur Untersuchung anstehenden Medien (Fernsehen, Zeitung, Hörfunk) hatte nicht stattgefunden. Vielmehr hatte sich eine komplementäre Mediennutzung herausgebildet mit über zwei Stunden Fernsehen, knapp zwei Stunden Hörfunk, etwas mehr als einer halben Stunde Zeitung.

Wichtig ist, daß mit dieser zahlenmäßigen Ausbreitung des Fernsehens auf nahezu alle Haushalte und mit über zwei Stunden täglicher Nutzungszeit (nach Schlaf und Berufsarbeit der nächst größere Zeitanteil pro Tag; Kiefer 1978, S. 60) ein „Wandel in den Einstellungen zum Fernsehen" (Kiefer 1978, S. 60) eingetreten ist, den Kiefer als „Ernüchterung" beschreibt: „Das offensichtlich überhöhte Vorstellungsbild von der publizistischen Funktionsfähigkeit des neuen Mediums ist mit zunehmender Gewöhnung an seine tägliche Verfügbarkeit und seinen täglichen Gebrauch einer differenzierten Einstellung gewichen" (Kiefer 1978, S. 60).

Dieses deutsche Ergebnis wird parallel gesehen zum Ergebnis einer amerikanischen Untersuchung (Bower 1973, S. 14) bei der, wie Kiefer feststellt, Fernsehen 1970 im Vergleich zu 1960 „deutlich weniger als ‚aufregend', ‚interessant', ‚wundervoll', insgesamt ‚exzellent' eingestuft – und wohl auch erlebt" wurde (Kiefer 1978, S. 60). Für die Bewertung der Informationsfunktion des Fernsehens zeigt sich für Kiefer, parallel zur amerikanischen Untersuchung, eine „wachsende Bedeutung für den Rezipienten" (Kiefer 1978, S. 61), bei gleichzeitiger „allgemein abgekühlter Einstellung dem Medium (Fernsehen) gegenüber" (Kiefer 1978, S. 61).

Bringt man dieses Ergebnis auf den Punkt, so zeigt sich Fernsehen 1974 als *normale Angelegenheit*, die mehr oder weniger selbstverständlich mit hohem Zeitanteil für die Rezeption in den Alltag integriert ist.

Die Verbindung von Massenkommunikation, Rezeption und Alltag

Dieses alltäglich Normale und Unauffällige des Fernsehens seit Anfang der 70er Jahre ließ und läßt sich nun nicht mehr mit einfachen oder komplexen Informationstransportmodellen der Massenkommunikation angemessen beschreiben. Das ist auch die methodologische Schlußfolgerung, die an den Anfang des Forschungsberichtes gestellt wurde: „Zur Notwendigkeit der Neukonzeption" ... (Langenbucher u.a. 1978). Das Lasswell'sche Konzept bzw. dessen Formulierung (Who says what in which channel to whom with what effect?) ist dem Forschungsgegenstand nicht mehr angemessen. Solange ein neues Medium ergänzend und bereichernd nur an den Alltag angesiedelt ist, läßt sich das Neue mittels solch eines einfachen Ursache-Wirkungs-Modells in den Konsequenzen für den Menschen beschreiben. Das hat zwei Gründe: Zum einen setzt eine Innovation wie Fernsehen etwas in Bewegung, das sich auch – solange die Innovation greift – als verursachte Wirkung ausmachen läßt. Zum anderen entspricht das Ursache-Wirkungs-Denken der Logik der Massenkommunikation als Informationstransport. Diese Beziehung läßt sich in Ursache-Wirkungs-Kategorien erfassen und erklären.

Aber wie lassen sich völlig andere Funktionen des Fernsehens als die der Wiedergabe von Bild- und Toninformation beschreiben? Alltägliches Fernsehen ist in den Fluß der Alltagsereignisse und der Alltagserlebnisse integriert und bekommt in diesem Fluß kommunikative Funktionen für die Menschen, die aus einem Informationstransport- und Ursache-Wirkungs-Schema herausfallen. Um sich daran anzunähern, wurde u.a. auf den Nutzenansatz und die Agenda-Setting-Hypothese zurückgegriffen: Was machen die Menschen mit dem Fernsehen? Welche Themen setzt oder strukturiert das Fernsehen? Dabei geht es um einen grundlegenden theoretischen Perspektivenwechsel, den Renckstorf (1978) in Kategorien eines neuen Forschungsgegenstandes beschreibt: Vom „medienzentrierten" zum „publikumzentrierten Modell vom Prozeß der Massenkommunikation" (Renckstorf 1978, S. 325 ff). Entscheidend ist hier eine Sichtweise, die die Menschen und die Handelnden in den Mittelpunkt von Massenkommunikationsforschung stellt: „Die Rezipienten entscheiden, ob, wann und wie sie mit den massenmedial verbreiteten Kommunikationen umgehen, die sie im Rahmen ihrer Zielsetzung, Bedürfnisse und Interessen benutzen und verwenden" (Renckstorf 1978, S. 327 f). Zu ergänzen ist: weil die Menschen jetzt, nach Veralltäglichung des Fernsehens, so mit dem Fernsehen umgehen, wie sie es sonst in ihrem Alltag mit anderen selbstverständlichen Dingen und Ereignissen auch tun.

Im theoretischen Versuch des Perspektivenwechsels, von den Medien zu den Menschen, erscheint die Alltäglichkeit des Fernsehens bzw. der Medien als ein Vorgang, der im Handlungs- und Erlebnisbereich der Menschen angesiedelt ist. Die Verknüpfung von Handeln mit der spezifischen Kommunikationsform des Fernsehens (Sender-Empfänger-Organisation) wird jedoch nicht benannt oder erklärt, sondern hat mit der Blickwendung zum handelnden Mediennutzer ihr vorläufiges Bewenden.

1.3 Analogien, Argumente und Konzepte zum alltäglichen Verhältnis Subjekt – Massenkommunikation

Es gab bzw. gibt jedoch eine Reihe von Versuchen, den Zusammenhang von Massenkommunikation und Handeln theoretisch zu beleuchten und zu erklären. Sie werden, zumindest anfänglich, auf ähnlich konkretem Reflexionsniveau formuliert wie der „Uses and Gratifications"-Ansatz, und zwar indem Analogien als argumentativer Bezugsrahmen gebildet werden.

So stellt z.B. Hengst mit „Wirklichkeit aus zweiter Hand. Kindheit in der Erfahrungswelt von Spielwaren und Medienprodukten" (Bauer, Hengst 1980) die unterschiedlichen Konstitutionsbedingungen im Objektbezug der Kinder als Subjekte heraus, den er metaphorisch am Verhältnis von Erfahrung und Wirklichkeit festmacht. Radikalisiert wird die erfahrungsbezogene Subjekt-Objekt-Beziehung in Bildern wie denen vom „Verschwinden der Wirklichkeit" (v. Hentig 1981[2]), das zugleich eine grundlegende Bedrohung des Subjektes durch Massenkommunikation herausstellt. Die Metapher von der „Droge im Wohnzimmer" (Winn 1984) erklärt diese Bedrohung als Suchtgefährdung in einer durch Fernsehen im Alltag verfügbaren Realitätsflucht mittels Bildkonsum.

Das abstrakt formulierte Konzept der symbolischen Vermittlung (Bachmair 1989a) bezieht sich auf eine spezifische Subjekt-Objekt-Beziehung, die mit dem Fernsehen einhergeht. Der Gedanke der symbolischen Vermittlung greift jedoch über den erfahrungskonstituierten und vernunftbezogenen Wirklichkeitsbegriff hinaus und stellt Fernsehen in den Zusammenhang jedweder kulturellen symbolischen Vermittlung von Subjekt und Wirklichkeit. Die symbolische Beziehung von Subjekt und Wirklichkeit schließt Erlebnisse, Emotionen, Phantasien, assoziative Äußerungen und Aktivitäten usw. ein. Auf die Verdinglichungsmöglichkeit einer massenmedienbezogenen symbolischen Vermittlung verweist die Metapher des „Medien- und Konsumnetzes“, dessen Leitmedium Fernsehen ist. Die Handlungsmöglichkeiten von Kindern in einer netzartigen Alltagswelt lassen sich, in lockerer Beziehung zur aktiven bzw. passiven Mediennutzung, als Verstricken bzw. als Sich-daraus-Befreien beschreiben (sich im Medien- und Konsumnetz verstricken und sich daraus befreien). Eurich (1980) erweitert die Metapher vom Netz und spricht vom „verkabelten Leben“. Diese Metapher läßt den Gedanken der Entfremdung als unmittelbar und evident erscheinen.

Die Metaphern, die eine medienbezogene Subjekt-Objekt-Beziehung herausstellen, geben wenig Raum bzw. Chancen, um über den Sinn von ‚fernsehen‘ als alltäglichem Handeln nachzudenken. Dies stellt jedoch die Kategorie der „Lebensbewältigung“ heraus, wie sie von Charlton und Neumann (1986) als Konzept zur Interpretation einer Familienstudie verwendet wurde. Dieser zu explizierende Sinn aller fernsehbezogenen Familienhandlungen ergibt sich aus der Verbindung des Familienlebens mit dem Fernsehen, das deshalb mit dem Sinn des Familienhandelns ebenfalls eine Einheit bildet.

2. Alltag als Handeln und als Wirklichkeit – handlungstheoretische Skizzen zum alltäglichen Fernsehen

Mit der Theorieentwicklung zum alltäglichen Fernsehen bzw. zur alltäglichen Massenkommunikation gab es von der Soziologie ausgehend eine intensive Auswertung von ‚vergessenen‘ Handlungs- und Kommunikationstheorien. Der Anstoß kam dabei u.a. von der Bielefelder Arbeitsgruppe Soziologie (1973).[3] Es geht um Theorien aus der ersten Hälfte dieses Jahrhunderts, die sich mit Handeln und Kommunikation in der modernen Gesellschaft beschäftigt hatten. Zentral war hier die Beschäftigung mit den Arbeiten von Alfred Schütz, die auch hilfreich sind, die im Alltag stattfindende Verknüpfung von Fernsehen und Handeln als etwas zu verstehen, das Wirklichkeit konstituiert. Wichtig sind zwei Gedanken: Alltag ist das Feld, in das man sich handelnd einschalten kann und Alltag hat als soziale Wirklichkeit herausragende Bedeutung.

Für die Beziehung Mensch/Fernsehen bedeutet die Alltäglichkeit des Fernsehens (als Sendung und als Rezeption), daß sich zwei sehr verschiedene Kommunikationsstrukturen ‚ineinandergehakt' haben. Dieses Ineinanderhaken geschieht im wesentlichen in der Rezeptionssituation, aber auch zunehmend mehr in Interaktionssituationen, in denen über Fernsehen z.B. geredet wird. Speziell in der Rezeptionssituation treffen die technologische Kommunikationsstruktur des Informationstransportes mit dem symbolisch vermittelten interaktiven Handeln und Erleben der Menschen zusammen. Das Ineinanderhaken zweier ungleicher bis widersprüchlicher Kommunikationsstrukturen hat zu praktischen wie zu theoretischen Schwierigkeiten geführt. Mit den praktischen Schwierigkeiten befaßt sich u.a. die Medienpädagogik, die sich z.B. mit veränderten Wirklichkeitsbeziehungen von Kindern im Kontext des Fernsehens beschäftigt. Sie fragt u.a. nach den qualitativ verschiedenen Erfahrungsweisen, die einer direkten Erfahrung und die einer fernsehvermittelten Erfahrung zugrunde liegen und wie pädagogisch intervenierend und kompensierend einzugreifen ist. Die theoretische Schwierigkeit wurde bzw. wird deutlich an der Diskussion, welche Kommunikationsmodelle für Fernsehrezeption und für die Verarbeitung von Fernseherlebnissen angemessen sind.[4]

Das Schütz,sche Konzept von Alltag und Alltäglichkeit gibt den Bezugsrahmen, die Phänomene, Probleme und theoretischen Entwürfe zusammen zu schauen. „Die Welt des Alltags" ist nach Schütz (G.A.I, S. 238 f) eine „intersubjektive Welt. . ., die als eine geordnete Welt erlebt und gedeutet worden ist. Sie ist unserem Erleben und unserer Deutung vorgegeben. Alle Deutungen dieser Welt sind in einem Vorrat früherer Erfahrungen begründet." Diese erfahrene und gedeutete Welt wird „durch unser Handeln verändert" oder sie beeinflußt unser Handeln.

Diese pragmatische Beziehung zum Alltag führt dazu, daß der Alltag als „Welt des Wirkens" (G.A. I, S. 260) einen besonderen Stellenwert als Wirklichkeit hat. Der Sinn des Handelns, der Erfahrung, des Erlebens in der Alltagswelt ergibt sich deutend aus einer ‚reflexiven Einstellung' auf die Entwicklung in der alltäglichen Wirklichkeit. Die Beziehung zwischen geordneter und gedeuteter Wirklichkeit des Alltags und dem Handeln, Erleben muß nun für den Zeitpunkt des alltäglichen Fernsehens untersucht werden. Jetzt geht es also bei der Fernsehforschung um Ordnung, Deutung, Erfahrung, Reflexion, Sinn und Wirklichkeit.

Dies ist einmal eine empirisch zu erledigende Aufgabe, zu der der vorliegende Band Forschungsergebnisse vorstellt. Es ist zudem eine historisch analytische Aufgabe, die sich im wesentlichen erst noch stellt.[5]

Zur empirischen Untersuchung des Fernsehens als Teil des Alltags führen sowohl der Aspekt des Handelns und Erlebens, als auch der der Alltagswirklichkeit.

2.1 Alltag und Handeln

Aus der Fülle theoretischer Aspekte zum Handeln und Erleben, die Schütz entwickelt, werden zwei zum Verständnis von Fernsehen unmittelbar hilfreiche Gedanken herausgegriffen: die Selbstverständlichkeit und die Vertrautheit des Alltags (vgl. „Strukturen der Lebenswelt", G.A.III, S. 153 ff); Handeln und seine Konstitution im Alltag (vgl. „Der sinnhafte Aufbau der Welt", Handeln: S. 74 ff, Konstitutionsanalyse: S. 49ff, Erleben: S. 62 ff).

Selbstverständlichkeit und Vertrautheit

Für die aktuelle Forschergeneration ist in bezug auf das Fernsehen der Kinder, Jugendlichen und Familien ein Aspekt von Alltag schwer zu verstehen: Fernsehen als „das fraglos Gegebene" der aktuellen Alltagswelt, wurde doch Fernsehen erst im Lebenslauf der Forscher zu einem Teil der Alltagswelt. Erst die jetzige Generation der Kinder und Jugendlichen bzw. der jungen Erwachsenen ist mit Fernsehen als ganz normaler und selbstverständlicher Angelegenheit aufgewachsen. Kinder und Jugendliche bewegen sich in dieser ihrer Alltagswelt, also im allgegenwärtigen Medien-und Konsumnetz, mit der gleichen Selbstverständlichkeit, wie sich die Elterngeneration mit dem Auto ihr Leben aufgebaut und eingerichtet hat. Diese Alltagswelt von Medien und Konsum vermittelt als „das fraglos Gegebene" wie eh und je die eigene Welt als etwas Konstantes und Gültiges. Schütz spricht von der Selbstverständlichkeit der Alltagswelt als einer allgemeingültigen Konstante: Die „Weltstruktur", die „Gültigkeit unserer Erfahrungen von der Welt" und unsere Möglichkeit, auf die Welt einzuwirken, wird als etwas Gültig-Konstantes angenommen.

Diese Konstanz des Erlebens und Handelns, die heute Fernsehen und die Art damit umzugehen einschließt, stellt den Medienpädagogen vor erhebliche Probleme: Wie etwas problematisieren, bedeutsam und „relevant" machen (G.A.III, S. 154), das dies seiner alltäglichen Struktur nach nicht ist? Die Konstanz des Fernseh-Alltags in seiner Erscheinungsform als Selbstverständlichkeit muß ebenfalls der Forscher in seinem Forschungsplan grundlegend berücksichtigen. Das reicht über Verfahrensfragen hinaus, z.B. die, daß die selbstverständliche Gegebenheit von Fernsehen einfache Fragetechniken ausschließt: Man weiß nicht, ‚was Sache ist'. D.h. man kann Fragen zum Alltäglichen nur auf der Oberfläche erläutern, indem man etwas von Routinen, z.B. Einschaltzeiten, mitteilt. Entscheidend für Forschung ist dagegen, sich beobachtend mit dem Handeln und dem, was die Menschen den Forschern mitteilen, als Repräsentation ihrer komplexen Alltagswelt auseinanderzusetzen. Strategisch formuliert bedeutet das, aus den Beobachtungs- und Mitteilungsdokumenten der Forschung die verschiedensten Schichten des Alltags und der Vermittlungsprozesse von Erleben und Handeln in bezug auf Massenkommunikation in ihrer alltäglichen Selbstverständlichkeit freizulegen. Das führt zu Interpretationsverfahren, bei denen Texte, die auf den ersten Blick einfach und unbedeutend erscheinen (sie sind ja alltäglich verständlich), aus sehr abstrakter theoretischer Perspektive, die den Alltag fragwürdig macht, analysiert werden. Da ist dann z.B. zu fragen, inwieweit sich bekannte Fernsehgenres und Handlungsabfolgen von Jugendlichen dramaturgisch entsprechen.

Handlungs- und Deutungsmuster

Um sich an die symbolische Qualität von Fernsehen und deren Integration in den Alltag heranzutasten, eignet sich Schütz' Argument, daß „Ausdrucks- und Deutungsschemata" (G.A.III, S. 156) den Alltag strukturieren: Obwohl fraglos gegeben, ordnen wir die „Sozialwelt" des Alltags mittels der „sozial-bedingten Ausdrucks- und Bedeutungsschemata der Gruppe, der wir angehören." Diese Ausdrucks- und Deutungsschemata bestimmen auch mit, „was in unserer Kulturwelt fraglos gegeben, was als fraglich, was als fragwürdig zu gelten hat" (G.A.III, S. 156 f). Diese Ausdrucks- und Deutungsschemata haben über diese reflexive Bedeutung hinaus für den Alltag die allgemeine Funktion eines „gemeinsamen Interpretationsschemas der gemeinsamen Welt" und sind „Mittel gegenseitiger Verständigung". In das Verhältnis eines Subjektes zur Welt und zu den anderen Menschen, das immer über Deutungssmuster vermittelt ist, greift heute auch das Fernsehen mit einer Deutungsfunktion ein. Der Stellenwert der Deutungsfunktion des Fernsehens läßt sich nun empirisch bestimmen. Diese Deutungsfunktion ergibt sich aus dem Entstehungszusammenhang von Deutungsmustern, die reflexiv Handeln und Erfahrung zusammenbringen. So gehen heute Fernseherlebnisse und damit verbundene Erfahrungen, z.B. mit dem Familienalltag, in strukturierende Deutungsmuster ein, wobei dieser Zusammenhang sich, weil alltäglich fraglos, der Reflexion nicht stellt. Man kann sich selber nicht fragen, in welcher Art und Weise und warum dieser Prozeß der Verbindung von Fernseherlebnissen, Familienalltag, Handeln, Erfahrung und Deutung zusammenhängt (vgl. „Aufbau", S. 109).

Die Deutungsmuster entstehen, weil Erlebnisse und Erfahrungen „in den vorgegebenen Gesamtzusammenhang der Erfahrungen („Aufbau", S. 104, S. 111) eingeordnet werden. In diesem reflexiven Prozeß von Deutung, Erfahrung und Erlebnis im jeweiligen Bezugsrahmen der Lebensgeschichte hat Fernsehen, in unterschiedlichen Abfolgen, seine eigene Funktion, z.B. als ein Erlebnis, das eingeordnet wird, oder z.B. als Deutungsmuster, das Erfahrungen einordnet. Darüberhinaus dürfte Fernsehen als Ordnungsschemata (Aufbau, S. 1o9) komplexe Erfahrungszusammenhänge strukturieren.Es hat also die kulturelle Funktion der Einordnung von alltäglichen Handlungs- und Deutungsmustern und deren Entwicklung in Form ordnender Schemata. Mit diesem komplexen Gefüge von Deutungen, Erlebnissen, Deutungsmustern und ordnenden Schemata als Forschungsgegenstand ist nicht leicht methodisch umzugehen, da diese Prozesse reflexiv aufeinander bezogen sind und nicht den Charakter eindeutiger Ereignisse haben, die, weil eindeutig, sich auch abbilden lassen. Die Beziehung ist nicht nur von der jeweiligen individuellen und kulturellen Situation abhängig, sondern als reflexiver Prozeß ist sie immer neu und auch einmalig im Fluß. Ein einzuordnendes Erlebnis bestimmt selbst das Deutungsschema, das zu seiner Einordnung dient (vgl.„Aufbau“, S. 113).

Für die Forschung heißt das, den reflexiven Charakter der Deutungsprozesse und des in sie integrierten Fernsehens (seine Themen, Bilder, Zeichen, Darstellungsweisen usw.) nachzuzeichnen und funktionelle Beziehungen zwischen Deutungsprozessen und Fernsehen bzw. Massenkommunikation freizulegen. Dabei läßt sich auch am einzelnen Fall, sei es ein Ereignis, sei es der Deutungsprozeß eines einzelnen Menschen oder einer Gruppe von Menschen, Allgemeines erkennen, nämlich die Dynamik dieser reflexiven Beziehung. Die allgemeinen Zusammenhänge lassen sich deshalb erkennen, weil die Entwicklung zur alltäglichen Vermittlung von Erfahrungen, Erlebnissen, Deutungs- und Ordnungsschemata immer eine soziale Angelegenheit ist; weil sie mehr ist als nur die Perspektive und die Erfahrungen eines einzelnen. Die Prozesse finden immer schon in einer intersubjektiv vorhandenen Welt statt, deren allgemeine und symbolische Ordnung die jeweiligen Handlungs- und Deutungszusammenhänge mitkonstituiert (G.A.I, S. 360ff).[6]

2.2 Symbolische Objektivationen und die Wirklichkeit des Alltags

Die bisherige Skizze wichtiger Aspekte der Schütz'schen Theorie des Handelns in der Alltagswelt soll nun durch „wissenssoziologische“ Argumente von Berger und Luckmann (englisch 1966, deutsch 1970[1]) näher an das Medien- und Rezeptionsproblem sowie an den pädagogisch relevanten Generationszusammenhang herangeführt werden.[7] Jetzt geht es um Alltagswirklichkeit und Handeln unter dem Aspekt der symbolischen Objektivationen. Worin liegt die Beziehung zu den Medien? Die Kommunikationstechnologischen Medien der Industriegesellschaft verbinden sich mit Wirklichkeit, Alltag und Handeln, weil sie ebenfalls solche symbolischen Objektivationen sind. Und, sie sind als solche in den kulturellen Vermittlungsprozeß der Konstruktion und Aneignung von Wirklichkeit substantiell eingebunden. Mit Hilfe des Konzepts der „gesellschaftlichen Konstruktion der Wirklichkeit“, so Titel und Programm der Arbeit von Berger und Luckmann, läßt sich die Veralltäglichung eines kommunikativen Instrumentariums wie des Fernsehens aus der Perspektive der Dynamik, die den Alltag, die Kultur und die Kommunikation konstituiert, theoretisch einordnen. Dazu sind Überlegungen zur Funktion von Objektivationen in der „subjektiven" und „objektiven Wirklichkeit" maßgeblich.

Symbolische Objektivationen

Berger und Luckmann gehen von der u.a. von Schütz herausgestellten besonderen Wirklichkeit der Alltagswelt aus. Diese Wirklichkeit ergibt sich zwar aus der Selbstverständlichkeit und Gewißheit der Alltagswelt (S. 21 f, 23). Sie bekommt diese Eigenschaft jedoch, weil das Handeln in einer „intersubjektiven Welt" geschieht, die aus den „Objektivationen subjektiv sinnvoller Vorgänge" entsteht. Dabei erfahren wir nicht so sehr die Wirklichkeit als von uns gemacht und objektiviert, sondern als etwas Vorgegebenes: „Die Wirklichkeit der Alltagswelt erscheint bereits objektiviert, das heißt konstruiert durch eine Anordnung der Objekte, die schon zu Objekten deklariert worden waren, längst bevor ich auf der Bühne erschien" (S. 24). Die Objekte, die handelnd als „Objektivation menschlicher Subjektivität" (S. 37) entstanden sind, verleihen der Alltagswelt ihren Wirklichkeitscharakter: „Die Wirklichkeit der Alltagswelt ist nicht nur voll von Objektivationen, sie ist vielmehr wegen dieser Objektivationen wirklich" (S. 37).

Da diese Alltagswirklichkeit der Objektivationen menschlicher Subjektivität eine intersubjektive, mit andern geteilte Welt ist, haben die Objektivationen neben einer dinglichen Seite konstitutiv auch eine zeichenhafte (S. 37 ff). Deshalb kommt der Sprache in der Alltagswelt als Objektivation eine besondere und herausragende Bedeutung zu: „Die Sprache, die im alltäglichen Leben gebraucht wird, versorgt mich unaufhörlich mit den notwendigen Objektivationen und setzt mir die Ordnung, in welcher diese Objektivationen Sinn haben und der die Alltagswelt mir sinnhaft erscheint" (S. 24).

Diese Aussage gilt immer, auch dann, wenn Sprache ihre enge Beziehung zu Geschriebenem oder Schreibbarem lockert und sich mit den Bildern und der Dramaturgie des Fernsehens verbindet.

Um auf den Gedanken der Veralltäglichung des Fernsehens zurückzukommen: Alltägliches Fernsehen heißt, daß sich Fernsehen in die Verbindung von Handeln und Objektivationen eingeordnet hat und sich deshalb auch mit dem leitenden symbolischen Objektivationssystem des Menschen, der Sprache, verbindet. Die Verbindung ist insbesondere deswegen möglich und prinzipiell angelegt, weil sich die kommunikationstechnologischen Medien in die für die Industriegesellschaft typischen Objektivationen einpassen und damit Teil deren Wirklichkeit sind. Das haben sie mit Maschinen, Autos usw. gemeinsam. Darüber hinaus sind sie als Objektivationen vorrangig symbolischer Natur und damit integrationsfähig mit Sprache oder vergleichbaren Systemen symbolischer Objektivationen (z.B. Kunst). Das trägt dazu bei, in vielen kulturellen und gesellschaftlichen Bereichen Wirklichkeit zu schaffen.

Durch das Fernsehen und in seiner Verbindung mit Sprache und anderen traditionellen Systemen symbolischer Objektivationen konstituiert sich heute schon Alltagswirklichkeit und Kultur. Um seine Entstehung im Alltag zurückzuverfolgen, sind psychohistorische und kulturhistorische Analysen sinnvoll; z.B. wie die Industriekultur über die Objektivation ‚Auto' und, indem sie die Trivialliteratur des 19. Jahrhunderts übernommen hat, spezifische Subjekt-Objekt-Beziehungen konstituiert. Forschung kann Fragen stellen wie z.B. die, welche emotionale Funktion Gewaltdarstellungen für das Ich-Erleben haben und wie dabei Realitätserfahrung vorbereitet oder kompensiert wird; wie Individualisierungs- und Egalisierungsmechanismen in zunehmender Systemkomplexität durch Fernsehen unterstützt werden u.ä.m.[8]

Fernsehen und die Aneignung von Wirklichkeit im Generationenzusammenhang

Die Entstehung einer objektiven Welt läßt sich auf Handeln zurückführen. Die Integration dieser objektiven Welt im subjektiven Handeln ist die zweite, immer wieder geschehende Seite der Wirklichkeit. Hier ist die bisher entwickelte Annahme von der kommunikativen Beziehung von Mensch und Welt entscheidend. Sie erklärt insbesondere das Hineinwachsen der Kinder und Jugendlichen in die Welt der Erwachsenen: „Das Erfassen der Welt" „ist nicht das Ergebnis selbstherrlicher Zielsetzungen seitens isolierter Individuen, sondern es beginnt damit, daß der einzelne eine Welt ‚übernimmt', in der andere schon leben" (S. 140). Die Welt, in der Kinder leben, ist also immer eine Welt der symbolischen Objektivationen, also eine Welt der Dinge und Ereignisse, die ihren Sinn und die Art und Weise, wie dieser zu entschlüsseln oder zu verändern ist, in sich selber mittragen. Den kommunikationstechnologischen Medien kommt dieser Sinnbezug in besonderer Selbstverständlichkeit zu, weil sie als Kommunikationsmittel entstanden sind. Dabei sind Entstehungs- und Aneignungsprozesse technologisch strukturiert: Die Entstehung des Fernsehens ist als industrieller Produktionsbetrieb organisiert, der auf Konsum und hohe Nutzung ausgelegt ist. Die Aneignung ist immer durch die uns geläufige Rezeptionssituation – mehr oder weniger stumm vor dem Bildschirm sitzen – geprägt. Dies erzwingt die ‚Logik' des Fernsehens, d.h. die Struktur der kommunikationstechnologischen Organisation als Informationstransport. Mit der Alltäglichkeit des Fernsehens als symbolischer Objektivation, die die Wirklichkeit des Alltags in der Industriegesellschaft mit prägt, hat sich aber auch die Aneignung des Fernsehens von der Rezeption im Sinne der Endabnahme von Informationen weg entwickelt zur integrierten Aneignung und Verwendung des Fernsehens. Angeleitet wird diese bildschirmunabhängige Aneignung und Verwendung des Fernsehens z.B. als Erklärungsmöglichkeiten in Interaktionssituationen, durch generations-, alters- und kulturspezifische Aneignungsformen. Themen, Bilder, Sprache, Dramaturgie des Fernsehens verbinden sich in einem subjektiven Integrationsprozeß der Kinder und Jugendlichen mit all den anderen ‚kulturellen Botschaften' der Alltagswelt. Dieser subjektive Integrationsprozeß wird durch Interpretations- und Handlungsmuster, die sich Kinder schon angeeignet bzw. die sie selber entwickelt haben, strukturiert. Sie zu entdecken und zu beschreiben, ist eine wichtige Aufgabe von Forschung. Sie ist jedoch nicht leicht zu lösen, weil sie die subjektiven Handlungs- und Interpretationsmuster nur als amalgamierte Einheit von Fernsehen mit dem Familienleben bzw. mit dem Leben in Gleichaltrigengruppen auffinden kann. Auch wenn bei dieser theoretischen Sichtweise des Forschungsgegenstandes ‚Fernsehen' alles mit allem zusammenhängt, so läßt sich doch auch Medienspezifisches in diesem Amalgam von symbolischen Objektivationen und Handeln identifizieren. Es sind Fernseherlebnisse und Fernsehsymbolik, die in der Sprache, in den Handlungssituationen usw. der Kinder und Jugendlichen erscheinen bzw. zu entdecken sind. Fernseherlebnisse und Fernsehsymbolik im Handeln von Kindern und Jugendlichen sind Indikatoren, die auf einen fernsehbezogenen Funktionszusammenhang zwischen der Wirklichkeit des Alltags und der Kultur einerseits und dem Erleben sowie dem Fernsehen mit subjektiven Interpretations- und Handlungsmustern andererseits hinweisen. Diese subjektive Aneignung von Wirklichkeit im Handlungszusammenhang und in der Einbindung mit Fernsehen läßt sich als Dynamik symbolischer Vermittlung beschreiben.

Um nun als Forscher trotz unauflöslicher Komplexität beschreibungs- und analysefähig zu bleiben, sind zwei Konkretisierungsschritte notwendig: Fernsehen als Medium und als subjektive Aktivität ist kommunikative und sinnbezogene Tätigkeit im Fluß der Alltagsereignisse, der Alltagserlebnisse und der Alltagsbeziehungen. Dieser Fluß läßt sich mit Hilfe folgender allgemeiner Kategorien, die sich auf die „subjektive" und „objektive Wirklichkeit" beziehen, angemessen analysieren und beschreiben: (+) Medienerlebnisse und Mediensymbolik (einschließlich der erlebnismäßigen Aneignung der Mediensymbolik); (+) Mediensymbolik in den subjektiven symbolischen Darstellungen und in den subjektiven Ausdrucksformen; (+) die Verbindung von subjektiven Interpretations- und Handlungsmustern (insbesondere der handlungsleitenden alterstypischen Themen) mit Medienerlebnissen und Mediensymbolik; (+) die Verbindung von Situationskontext mit Handlungs- bzw. Interpretationsmustern, Medienerlebnissen und Mediensymbolik.

Diese Kategorien sind funktional durch ein Modell der subjektiven Aneignung und Kommunikation verbunden. Entscheidend ist hierfür folgender Gedanke, daß handlungsleitende Themen im Situationskontext mit Hilfe erlebter Mediensymbolik oder anderer symbolischer Objektivationen einer Kultur dargestellt werden. (Der symbolische Vermittlungsprozeß wird hierbei als Innen-Außen-Beziehung und als Eindrucks-Ausdrucks-Beziehung beschrieben.) Die Funktion von Fernsehen in der Dynamik symbolischer Vermittlung von Kultur, Alltag und Handeln läßt sich identifizieren, indem die Rezeption, die Verarbeitung und die kommunikative Verwendung von Fernsehen als System symbolischer Objektivationen einer Kultur auf der Basis subjektiver Deutungsmuster im alltäglichen Handlungsfluß und Deutungsfluß untersucht wird, wobei Fernsehen in Sprache und Erlebnisse verwoben ist.

Anmerkungen

[1] Zusammenfassung bei Teichert 1973, S. 382 ff

[2] Vgl. Arbeitsgruppe Bielefelder Soziologen, 1973. Hier insbesondere das sogenannte interpretative Paradigma, Wilson 1973.
Überblick über wissenschaftshistorische Arbeiten zu Paradigmen der Kommunikations- und Fernsehforschung u.a. bei Rogge, Renckstorf 1978, Langenbucher u.a. 1978. Überblicksliteratur zur Forschung vor dem interpretativen Paradigma z.B. Auffermann, Schramm, Bessler

[3] Überblicksliteratur zur Handlungstheorie, z.B. Soeffner, 1983.

[4] Die Diskussion erstreckt sich vom Reiz-Reaktions-Ansatz bis zum symbolischen Interaktionismus, vgl. dazu Überblick bei Kübler, Schenck, Renckstorf 1985, Horn 1985, Habermann 1985, Bledjian 1985)

[5] Vgl. Müller-Doohms Konzept der Konstitutionsanalyse in diesem Band. Bekannte theoretische Versuche zu dieser historischen Aufgabe vgl. Horkheimer/Adorno, Anders, Benjamin.

[6] Bei diesem Konstitutionsprozeß sind Relevanzstrukturen wichtig, die Schütz u.a. als „thematisch relevant" beschreibt. Thematische Relevanz stellt jedoch das heraus, was zur Aufgabe, zum Problem wird. Damit eignet sich das Konzept der thematischen Relevanz wenig, um die inhaltliche Seite der alltäglichen Deutungs- und Handlungsprozesse zu beschreiben, weil diese ja zum selbstverständlichen Bestand des Alltags gehören. Hilfreich ist hier eine eher psychologische Fragerichtung, die von handlungsleitenden Themen bzw. von altersspezifischen Themen oder Lebensthemen ausgeht.

[7] Die Beziehung von Berger und Luckmann zu Schütz stellt Plessner in der Einleitung zur deutschen Ausgabe von Berger/ Luckmann dar.

[8] Vgl. Bachmair: 1989b und 1990

Literatur

Anders, Günther: Die Welt als Phantom und Matrize. In: Die Antiquiertheit des Menschen. Bd. 1: Über die Seele im Zeitalter der zweiten Industriellen Revolution. München 1987, 7. Aufl., S. 97 – 211.

Auffermann, Jörg; Bohrmann, Hans; Sülzer, Rolf (Hrsg.): Gesellschaftliche Kommunikations und Information, 2 Bde., Frankfurt 1973.

Arbeitsgruppe Bielefelder Soziologen (Hrsg.): Alltagswissen, Interaktion und gesellschaftliche Wirklichkeit. 2 Bde., Reinbek 1973.

Bachmair, Ben: From the Motor Car to the Television. Media Culture and Society 1990.

Bachmair, Ben: Entwicklungslinien für Kindheit – Argumente für kulturspezifische Entstehung medienvermittelter Lebensformen. In: Deutsches Jugendinstitut (Hrsg.): Kinderfernsehen und Fernsehforschung in Japan und in der Bundesrepublik Deutschland. München 1989(b), S. 165 – 183.

Bachmair, Ben: Symbolische Vermittlung – Argumente, Beispiele und Stichworte zu einer Handlungs-, Kommunikations- und Medientheorie. In: Conrady, P. (Hrsg.): Literatur-Erwerb. Kinder lesen Texte und Bilder. Frankfurt 1989(a), S. 130 – 162.

Bauer, Karl W.; Hengst, Heinz: Wirklichkeit aus zweiter Hand. Kindheit in der Erfahrungswelt von Spielwaren und Medienproduktionen. Reinbek 1980.
Benjamin, Walter: Das Kunstwerk im Zeitalter der technischen Reproduzierbarkeit. Frankfurt 1981, 12. Aufl.
Benz, Karl: Alltagswelten von Jugendlichen. Eine empirische Studie über jugendliche Handlungstypen. Frankfurt 1986.
Berg, Klaus; Kiefer, Marie-Luise (Hrsg.): Massenkommunikation. Eine Langzeitstudie zur Mediennutzung und Medienbewertung, Mainz 1978.
Berger, Peter L.; Luckmann, Thomas: Die gesellschaftliche Konstruktion der Wirklichkeit. Eine Theorie der Wissenssoziologie. Englische Originalausgabe 1966, Deutsche Ausgabe Frankfurt 1970[1], 1977[5]
Bessler, Hans-Jörg: Hörer- und Zuschauerforschung. München 1980.
Bledjam, Frank: Theoretische Ansätze über den Einfluß der präkommuniaktiven Einstellungsstruktur der Rezipienten auf Bildung und Änderung von Einstellungen. In: Prokop, Dieter 1985, S. 75 – 113.
Blumler, Jay G.; Katz, Elihu (Hrsg.): The Uses of Mass Communications. Current Perspectives on Gratifications Research. Beverly Hills, London 1974 (Sage Annual Reviews of Communication Research, Vol. III)
Bower, Robert T.: Television and Public. New York 1973.
Charlton, Michael; Neumann, Klaus: Medienkonsum und Lebensbewältigung in Familien 1986. München 1986.
Coenen, Hermann: Diesseits von subjektivem Sinn und kollektivem Zwang. München 1985.
Eurich, Klaus: Das verkabelte Leben 1980. Wem schaden und wem nutzen die Neuen Medien. Reinbek 1980.
Habermann, Peter: ‚Television and Behavior‘. Teil 2: Kognitive und emotionale Verarbeitungsprozesse. In: Prokop, Dieter 1985, S. 64 – 74.
Hentig, Hartmut von: Das allmähliche Verschwinden der Wirklichkeit. Ein Pädagoge ermutigt zum Nachdenken über die neuen Medien. München, Wien 1981[2]
Horkheimer, Max; Adorno, Theodor W.: Kulturindustrie, Aufklärung als Massenbetrug. In: Horkheimer, Max; Adorno, Theodor W.: Dialektik der Aufklärung. New York 1944, Frankfurt 1969, S. 128 – 176.
Horn, Imme: ‚Television and Behavior‘. Teil 1. Wirkungen von Fernsehinhalten. In: Prokop, Dieter 1985, S. 55 – 63.
Kiefer, Marie-Luise: Massenkommunikation 1964 – 1970 – 1974. In: Berg, Klaus; Kiefer, Marie-Luise (Hrsg.): Massenkommunikation 1978, S. 41 – 322.
Kübler, Hans-Dieter: Kinder und Fernsehen. Ein Literaturbericht. Zeitschrift für Literaturwissenschaft und Linguistik, Beiheft 11, 1980, S. 136 – 204.
Langenbucher, Wolfgang R.; Räder, Georg; Weiß, Hans-Jürgen: Zur Notwendigkeit einer Neukonzeption der Massenkommunikationsforschung in der Bundesrepublik. In: Berg, Klaus; Kiefer, Marie-Luise 1978, S. 9 – 39.
Prokop, Dieter (Hrsg.): Medienforschung. Band 2: Wünsche, Zielgruppen, Wirkungen. Frankfurt 1985.
Renckstorf, Karsten: Zur Hypothese des ‚Two-step-flow‘ der Massenkommunikation. In: Prokop, Dieter 1985, S. 29 – 52.
Renckstorf, Karsten: Tagesablaufstudien und die Gewinnung neuer Datenqualitäten in der Massenkommunikationsforschung. In: Berg Klaus; Kiefer, Marie-Luise 1978, S. 323 – 343.

Rogge, Jan-Uwe: Zur Kritik der Wirkungsforschung. In: Dichanz, Horst; Kolb, Günter (Hrsg.): Beiträge zur Medienforschung, S. 116 – 142.
Schenk, Michael: Wirkungsforschung, Tübingen 1987.
Schramm, Wilbur: Grundfragen der Kommunikationsforschung. München 1973[5], 1964[1], englisches Original 1963.
Schütz, Alfred: Gesammelte Aufsätze III. Studien zur phänomenologischen Philosophie, (deutsch) Den Haag 1971, (engl.) 1953 – 1958.
Schütz, Alfred: Gesammelte Aufsätze I. Das Problem der Sozialen Wirklichkeit (deutsch) Den Haag 1971.
Schütz, Alfred: Der sinnhafte Aufbau der sozialen Welt 1932, Frankfurt 1974 (1. Aufl. 1932).
Schütz, Alfred: Das Problem der Relevanz. Frankfurt 1971.
Soeffner, Hans-Georg: Alltagsverstand und Wissenschaft – Anmerkungen zu einem alltäglichen Mißverständnis. In: Zedler, Peter; Moser, Heinz (Hrsg.): Aspekte qualitativer Sozialforschung. Studien zur Aktionsforschung, empirischer Hermeneutik und reflexiver Sozialtechnologie. Opladen 1983, S. 13 – 50.
Teichert, Will: ‚Fernsehen' als soziales Handeln. Zur Situation der Rezipientenforschung; Ansätze und Kritik. In: Rundfunk und Fernsehen 20/1972/4, S. 421 – 439; Entwürfe und Modelle zur dialogischen Kommunikation zwischen Publikum und Massenmedien. In: Rundfunk und Fernsehen 21/1973/4, S. 356 – 382
Wilson, Th. P.: Theorien der Interaktion und Modelle soziologischer Erklärung. In: Arbeitsgruppe Bielefelder Soziologen 1973, Bd. 1, S. 54 – 79.
Winn, Marie: Die Droge im Wohnzimmer. Reinbek 1984.

Stefan Müller-Doohm

Medienforschung als Symbolanalyse

Methodische Konsequenzen der Einheit von Kommunikations- und Kultursoziologie

„Die Sozialwissenschaft, die wir betreiben wollen, ist eine *Wirklichkeitswissenschaft*. Wir wollen die uns umgebende Wirklichkeit des Lebens, in welches wir hineingestellt sind, *in ihrer Eigenart* verstehen – den Zusammenhang und die Kultur*bedeutung* ihrer einzelnen Erscheinungen in ihrer heutigen Gestaltung einerseits, die Gründe ihres geschichtlichen So-und-nicht-anders-Gewordenseins andererseits."

Max Weber

1. Kommunikation, Kulturindustrie und symbolische Ordnung

Die modernen Medien der Massenkommunikation, die Horkheimer und Adorno aufgrund der Verknüpfung von kultureller Kommunikation und kapitalistischer Ökonomie und der damit einhergehenden Standardisierungen und Schematisierungen ihrer seriellen Produkte als „Kulturindustrie" (1944, S. 144) klassifiziert haben, sind Bestandteile des kulturellen Systems der Gesellschaft. Sie verbreiten und gestalten Kultur, sie sind mitverantwortlich für das kulturelle Milieu in der Gesellschaft, sie vermitteln durch die massenkommunikativen Prozesse kulturelle Deutungen, Weltbilder, Lebensstile, Werte, Meinungen etc.

So gesehen liegt eine kultursoziologische Betrachtungsweise der Massenmedien, ihrer textuellen, visuellen und akustischen Produktionen und Distributionsformen ganz offensichtlich auf der Hand (Soeffner 1988, S. 6 ff.). Daß die Kulturindustrie, daß Presse, Rundfunk und Fernsehen bedeutsame Träger dessen sind, was in modernen Gesellschaften allgemein als Kultur angesehen wird, das gilt hinsichtlich ihres beanspruchten und/oder gesetzlich fixierten Bildungsauftrags, der da lautet, in allgemein verständlicher Form die unterschiedlichen Bevölkerungsgruppen publizistisch aufzuklären, wie in bezug auf die typischen Inhalte der Massenmedien, die unter den gängigen Rubriken Information, Kommentar, Unterhaltung, Kultur, Wissen etc. veröffentlicht werden. Bei der publizistischen Präsentationsweise solcher Inhaltsformen wird sowohl dem Kriterium der Popularität wie dem des massenhaften Zuspruchs Rechnung getragen. Was massenmedial vermittelt wird, soll populär in einem doppelten Sinne sein: für viele ansprechend dargeboten und somit für jeden nachvollziehbar, zugleich für ein Millionenpublikum von Interesse. Wegen dieses zweifachen Selektions- und Gestaltungskriteriums sind die Produktionen von Presse, Rundfunk und Fernsehen synonym mit dem, was üblicherweise *Populärkultur* und *Massenkultur* genannt wird. „Bezieht sich Kulturindustrie auf die Produktionsseite . . ., so Massenkultur auf die Rezeptionsseite. Massenkultur ist die von der Kulturindustrie . . . unterwanderte Subjektivität, eine Intersubjektivität, die tendenziell ihres kommunikativen Potentials beraubt ist" (Lövenich 1987, S. 85).

Damit ist die mit dem kritischen Begriff der Kulturindustrie gemeinte negative Seite der Beziehung von Massenkommunikation und Kultur näher eingekreist. Sie wird heute im Anschluß an Horkheimer und Adornos Analysen (Kausch 1988) namentlich von jener apokalyptischen (Eco 1984) Medienkritik thematisiert, die den desaströsen Kulturverfall in der Postmoderne kausal auf den rapiden Anstieg und die Verbreitung der Unterhaltungselektronik, auf die Rezeption ihrer trivialen Darstellungsmuster und emotional aufgeladenen Deutungsstereotypen zurückführt. Der Siegeszug der multimedialen Telekommunikationssysteme, die heute auf dem Niveau expandierender, monopolistischer und transnationaler Großkonzerne organisiert sind, der Siegeszug dieser „transnationalen korporativen Kulturmaschine" (Schiller 1989, S. 784) wird für den primären Erfahrungsverlust, für die Passivität und Apathie des Publikums, für den Eskapismus und den Phantasieverfall der ersten TV-Generation, schließlich für das gänzliche „Verschwinden der Kindheit" (Postman 1983), ja das privatistische Amüsement vorm Bildschirm mit psychischer Todesfolge (Postman 1985) verantwortlich gemacht. Darüber hinaus gilt die Verdrängung der Kultur der Mündlichkeit und Schriftlichkeit durch die Bild-Ton-Kultur, gilt das elektronische Mixtum compositum aus sprachlichen, visuellen und musikalischen Zeichenpartikeln als hauptsächliche Ursache für das „Zerfallen logozentrierter narrativer Strukturen", damit für die „Umbrüche im Modus kultureller Reproduktion westlicher Gesellschaften“ insgesamt (Schulte-Sasse 1988, S. 433 f.).

Wenn man von der pejorativen Konnotation des Terminus Massen- und Populärkultur absieht, was angesichts des erschreckenden qualitativen Niveaus des überwiegenden Teils kulturindustrieller Erzeugnisse auf dem Weltmarkt der Kulturproduktion und -distribution schwerfällt, stößt man auf eine weitergehende Verbindung von Kommunikation und Kultur. Sie impliziert einen tiefergehenden Begründungsaspekt dafür, weshalb Medienforschung zwingend in den Horizont kultursoziologischer Forschung rückt, die sich diesen globalen kulturstrukturellen Veränderungen nicht verschließt. Denn Kommunikation, deren prototypische und entwickelte Elementargestalt sich im Medium der Sprache vollzieht, ist nicht nur für den Identitätsbildungsprozeß der Subjekte (Lüscher 1982) von Einfluß, sondern verweist konstitutiv auf Kultur. Kommunikation auf der Grundlage sprachlicher und anderer nichtsprachlicher symbolischer Ausdrucks-, Darstellungs- und Bedeutungsformen (Cassirer 1960, S. 152 ff.) ist eine kulturelle Errungenschaft und zugleich die Bedingung der Möglichkeit von Kultur. Umgekehrt ist *Kultur*, die abstrakt als ein vielschichtiges Gefüge symbolischer Bedeutungs- und Sinngehalte verstanden werden kann, nichts anderes als sedimentierte *Kommunikation* (Leach 1978). Die symbolischen Bedeutungs- und Sinngehalte haben ihren Ursprung in kommunikativen Verständigungsakten und sind auf Kommunikation bezogen, insofern „die komplexe Verknüpfung der Vorgänge in einer Kultur den an ihnen Beteiligten Informationen (vermittelt)“ (ebd., S. 8).

2. Kultur und Gesellschaft

Dieser *erste Begründungsschritt* von Medienforschung als Kulturforschung, der auf das Faktum kulturindustrieller Produktion und auf die enge Beziehung zwischen Kultur und Kommunikation aufmerksam gemacht hat, bedarf in einem *zweiten Schritt* der Klärung des Verhältnisses von Kultur und Gesellschaft. Denn damit erst wird der postulierte kultur*soziologische* Zugang zu den Massenmedien und ihren Produktionen plausibel, der nicht nur Konsequenzen hat bezüglich der Gegenstandsbestimmung der Medien- und Kommunikationsforschung, sondern auch im Hinblick auf ihre spezifische Methodik.

Was ist Kultur genauer, deren kommunikative Eigenschaften bereits erwähnt wurden? Als eigenständiger Bestandteil der Gesellschaft ist sie ein externer und interner *Orientierungsrahmen* der Individuen im Prozeß sozialen Handelns. Dieser Orientierungsrahmen bzw. die kulturelle *Sinnstruktur beinhaltet* sowohl kognitive als auch normative und expressive *Deutungsschemata* (Rosengren 1984). Sie nehmen in der Rede, in Texten oder Handlungen, in Institutionen oder Ideen, in Ereignissen oder Empfindungen reale Gestalt an. Gemäß diesem Verständnis ist Kultur ein Komplex „von Bedeutungen, die in symbolischer Gestalt auftreten, ... ein System, mit dessen Hilfe die Menschen ihr Wissen ... mitteilen, erhalten und weiterentwickeln" (Geertz 1987, S. 46). *Kultur ist die Gesamtheit symbolischer Formen*, zu denen neben Sprache als primärer Form etwa Kunst, Wissenschaft, Recht, Religion, Ökonomie zu zählen sind. Dabei ist das Symbolische die Sphäre jener Aktivitäten, „durch die der Mensch seine eigene Erfahrung in ein System von Inhalten organisiert, dem ein Ausdruckssystem entspricht. Das Symbolische ist die Aktivität, durch die Erfahrung nicht nur koordiniert, sondern auch kommuniziert wird" (Eco 1985, S. 199). Die in Gesellschaften ausdifferenzierte Kultur bezeichnet den in symbolischen Formen verkörperten „Wissensvorrat, aus dem sich die Kommunikationsteilnehmer, indem sie sich miteinander über etwas verständigen, mit Interpretationen versorgen" (Habermas 1988, S. 96 f.).

Durch Aktualisierung dieser Deutungsschemata in sprachlich vermittelten, alltagspraktischen Interaktionen tragen sie zur Veränderung und Erweiterung kultureller Bestände bei. Kultur als die symbolische Sphäre einer mehr oder weniger institutionalisierten externen Sinnstruktur wird im Prozeß des Alltagshandelns der Subjekte in ein internes Orientierungsschema transformiert, indem diese in Gesellschaften sozialisiert, mit deren Wissensvorrat vertraut gemacht werden. Dieser Prozeß der Sozialisation, durch den sich die Einzelnen zu sprach- und handlungsfähigen Subjekten bilden, Handlungskompetenzen erwerben, wird von Sozialisationsagenturen gesteuert, zu denen neben Familie, Schule, Peer-Gruppe die verschiedenen Medien der Massenkommunikation zählen. Ihre Bedeutung, insbesondere die des Fernsehens und der sog. neuen Medien ist in den letzten Jahrzehnten weltweit immer weiter gewachsen. Das demonstriert zum einen das steigende Zeitbudget für alltäglichen Medienkonsum (Television and Behavior 1982) und zum anderen die Diversifikation und Expansion der audiovisuellen Medien in modernen Industriegesellschaften, in denen sich ein „Wandel von einer Lese- oder Schriftkultur zu einer visuell orientierten, telekommunikativen Kultur“ (Schulte-Sasse 1988, S. 435) vollzieht. Unter funktionalen Gesichtspunkten sind die Massenmedien Institutionen der Sozialintegration, d.h. sie machen die heranwachsenden und erwachsenen Subjekte mit den jeweils gültigen kognitiven, normativen und evaluativen Standards der Gesellschaft aktuell vertraut, führen sie in den sozio-kulturellen Zusammenhang des Symbolischen ein. Es versteht sich von selbst, daß die entwickelten Massenmedien, die ein ausdifferenziertes System darstellen, bei der Wahrnehmung dieser Sozialisationsfunktionen sich zielgruppenspezifisch orientierter textueller, visueller und akustischer Formen der symbolischen Vermittlung bedienen.

Wenn wir vor dem Hintergrund des vorausgegangenen Klärungsversuchs auf das Verhältnis von Kultur und Gesellschaft zurückkommen, so wird augenfällig, daß der eingeführte Kulturbegriff eine „Erweiterung des Sozialitätsbegriffs“ (Knorr-Cetina/Grathoff 1988, S. 29) impliziert. Sein systematischer Wert in Abgrenzung zum Begriff von Gesellschaft als System besteht darin, daß er die prinzipielle kommunikative Vermitteltheit und symbolische Vorstrukturiertheit sozialen Handelns exponiert. Vergesellschaftung ist ein kultureller Prozeß, der als Sinnverständigung durch Symbolbildung und die Entwicklung von Sprachfähigkeit gedacht werden muß. Dabei ist davon auszugehen, daß die Subjekte sich in Gesellschaften als einer für sie symbolisch vorstrukturierten Lebenswelt immer schon vorfinden. Das intersubjektive Verhältnis im sozialen Lebenszusammenhang ist gleichursprünglich mit der Verwendung symbolischer Ausdrücke durch sprach- und handlungsfähige Subjekte. Worauf es wegen ihrer gegenstandslogischen und methodologischen Konsequenzen für eine kultursoziologische Medienforschung an dieser Stelle ankommt, ist die Akzentuierung folgender Tatsache: Die kulturelle Sphäre der symbolischen Ausdrucks-, Darstellungs- und Bedeutungsformen stellt eine Realität eigener Dignität dar.

Aus dieser Prämisse folgt nach der Verortung der Massenkommunikation in der symbolisch strukturierten Sphäre der Kultur ein *dritter Argumentationsschritt:* Kommunikationsforschung, die den Sachverhalt ernst nimmt, daß Massenmedien als Faktor der Wissensdistribution, als Vermittler der symbolischen Ordnung einer Gesellschaft wirksam sind, muß als Kultursoziologie und diese präziser als Symbolanalyse konzeptualisiert werden. Eine aus dieser kultursoziologischen Forschungsperspektive entwickelte „Kulturanalyse setzt die symbolische Konstituiertheit sozialer Realität nicht nur voraus, sie erklärt sie zum spezifischen Interesse der kulturanalytischen Perspektive" (Knorr-Cetina/Grathoff 1988, S. 30).

Mit diesem zweifachen Präzisierungsversuch, daß Gegenstand soziologischer Kulturanalyse die „Kultur als symbolisch konstituierte Lebensform" (ebd. S. 29) ist und die Massenmedien selbst in der symbolischen Ordnung situiert und funktional auf ihre kulturelle Gestaltung bezogen sind, werden zentrale Gründe dafür benannt, Kommunikationsforschung als Symbolanalyse zu fundieren. Diese Fundierung hat sich bisher auf Argumente gestützt, die die Spezifik des Objektbereichs der Kommunikationsforschung – die kulturellen Ausdrucksformen des Kommunikativen in der Gesellschaft – begrifflich transparent zu machen versucht haben. Mit dieser Verortung der Kommunikationsforschung sind aber zunächst mehr Probleme aufgeworfen als gelöst. *Es stellt sich nämlich die methodologische Frage einer empirischen und forschungspraktischen Durchführung von kultursoziologischer Kommunikationsforschung als Symbolanalyse.* Die Medienforschung selbst leistet mit ihrem gebräuchlichen Instrumentarium der Inhalts-, Wirkungs- und Rezeptionsanalysen wenig zur praktischen Lösung dieses Methodenproblems, denn sie arbeitet auf einer ganz anderen grundlagentheoretischen Bezugsebene, die an der herkömmlichen Forschungstradition, einer deduktiv-kausalen und funktionalistischen Erklärungsweise orientiert ist. Als „normatives Paradigma" unterscheidet es sich vom „interpretativen Paradigma" (Wilson 1973) prinzipiell darin, daß hier nicht von einem Stimulus-Response-Verhalten, sondern von sinnhaftem sozialen Handeln, d.h. von der aktiven Rolle der Individuen ausgegangen wird, die ihre soziale Welt interpretieren und im Rahmen dieser Sinngebungsleistungen handeln. In der Soziologie, insbesondere in der Kultursoziologie von Pierre Bourdieu, aber auch in der Handlungstheorie von Jürgen Habermas, in dem genetischen Strukturalismus von Ulrich Oevermann und in der psychoanalytischen Interaktionstheorie von Alfred Lorenzer spielt der Begriff der symbolischen Realität bzw. der Textförmigkeit sozialer Wirklichkeit eine zentrale Rolle. Die theoretischen Ausarbeitungen zum Symbol- und Textbegriff in der Soziologie sind indes ebenso unterschiedlich, wie die methodischen Schlußfolgerungen divergieren, die forschungspraktisch mehr oder weniger konkret aus dem perspektivischen Brennpunkt der Analyse des Symbolischen gezogen werden. In einem Punkt stimmen diese soziologischen Begründungskonzepte allerdings überein: *Die Analyse des Symbolischen setzt eine deutend verstehende, eine rekonstruktiv interpretative Methodologie voraus, weil die symbolische Realität selbst sinnhaft ist.* Als grundlegendes Muster für einen solchen symbolisch fixierten und kulturell verkörperten Sinn gilt die Bedeutung eines Wortes oder eines Satzes. Das Verhältnis zwischen sprachlichen Ausdrücken und dem damit symbolisierten Sinn kann mit Hilfe spezifischer Methoden hermeneutischer Analyse anhand von dessen „Kulturbedeutung" (Weber 1982, S. 182) erfaßt werden: Sinn liegt der kulturellen Gestalt des Sozialen prinzipiell zugrunde und läßt sich im Modus des deutenden Verstehens bezüglich seiner Bedeutung, seiner *Kulturbedeutung* rekonstruktiv erschließen (Thyen 1989, S. 18 ff.).

Vor dem Hintergrund dieser Akzentuierung des interpretativen Paradigmas sei als Quintessenz der vorausgegangenen Überlegungen festgehalten: Zu dieser symbolischen Realität, um deren deutendes Sinnverstehen sich soziologische Hermeneutik bemüht, gehören somit zentral die sozialen Kommunikationsvorgänge verbaler und nicht-verbaler Art. Auch auf der kulturindustriellen Stufe der massenmedialen Vermittlung handelt es sich dabei durchaus um sinnhafte Vorgänge.

Die erwähnten soziologischen Konzepte, die von der Sinnstruktur des Symbolischen ausgehen, vermitteln zwar wesentliche Impulse für eine interpretative Methodik kultursoziologischer Forschung, die der Eigenart ihres Gegenstandsbereichs als symbolisch-sinnhaft strukturierter Realität adäquat ist. Aber die aus den jeweiligen Hermeneutik-Konzeptionen deduzierten Analysestrategien, sofern sie diese Stufe der Konkretion überhaupt erreichen, müssen erst noch zu einem einheitlichen Modell des Sinnverstehens integriert werden. Welcher Weg zu einer solchen Integration für eine kultursoziologische Kommunikationsforschung beschritten werden kann, soll nach einer Skizze jener Hermeneutik-Konzepte in der Soziologie erörtert werden, die trotz aller Differenzen den Sachverhalt ernst nehmen, daß „der in ihren symbolischen Zusammenhängen und Selbstauslegungen sedimentierte Sinn ... sich allein dem verstehenden Zugriff der Interpretation (öffnet)" (Habermas 1988, S. 84).

Dieser kulturellen Vermitteltheit des Gesellschaftlichen durch Symbolisation und Sprache – seiner Kulturbedeutung – werden analytisch nur jene soziologischen Konzepte gerecht, die nicht solipsistisch beim Einzelwesen Mensch als „homo cultura" oder „animal symbolicum" stehen bleiben. Denn die in Sprache eingelassene Sinnhaftigkeit ist auf die Intersubjektivität der Rede, auf dialogische Kommunikation, auf kommunikative Handlungspraxis bezogen, die ihrerseits auf ein Allgemeines verweist: Zum einen auf die *Basisregeln* eben dieser Sprachgebundenheit, zum anderen auf den historisch kulturellen Traditionshintergrund eines symbolischen Universums. Das System gemeinsamer signifikanter Symbole gründet auf einem vorgegebenen Regelsystem und rückt in den Sinnhorizont sozialer Realität vermöge symbolisch und umgangssprachlich vermittelten Handelns als fortgesetzter Interaktionsprozeß.

3. Die Struktur des Symbolischen als Textrealität

Das Bedingungsverhältnis zwischen der Mannigfaltigkeit des in der sozialen Welt symbolisierten Sinns, den sich in symbolischen Formen manifestierenden Kulturbedeutungen und den Basisregeln mit den davon bedingten und sie bedingenden Sprechakten bringt Ulrich Oevermann auf die aufschlußreiche Formel, daß die soziale Wirklichkeit prinzipiell textförmig ist und sich „aufgrund ihrer Textförmigkeit ... schon immer selbst beschreibt" (1986, S. 81). Dieser Begriff der Textförmigkeit akzentuiert den Sachverhalt, daß uns die soziale Wirklichkeit nur in ihrer symbolischen Strukturiertheit bzw. sprachlichen Gegebenheit zugänglich ist. Oevermann geht von einer strikten Trennung zwischen zwei Ebenen der Realität aus: der für soziologische Analyse primären Realität objektiver „Sinnstrukturen des Textes" als Ebene von Bedeutungsmöglichkeiten und der sekundären Realität „subjektiv intentional repräsentierter Bedeutungen eines Textes". Bei der Gültigkeit der Ausdrucksgestalt des Textes – und seiner hermeneutischen Analyse – steht die *Strukturlogik* absolut im Vordergrund. Die universellen, generativen Regeln, die als fallspezifische Strukturierungsgesetzlichkeiten des Textes wirksam sind und den latenten Sinnstrukturen zugrunde liegen, beschränken sich Oevermann zufolge auf „Grammatikalität, Logizität, Moralität, Vernünftigkeit" (1981, S. 12). Texte sind materielle Träger von Sinnstrukturen. In ihnen vergegenständlicht sich das Soziale. *Die soziale Realität ist beschaffen wie ein Text*, dem alle Regeln der Bedeutungskonstitution einer Gesellschaft inhärent sind und der sich im Prozeß sozialer Interaktionen gleichsam von selbst schreibt.

Worin besteht nun der Erkenntnisgewinn dieses soziologisch erweiterten Textbegriffs?

Ein soziologisch präzisierter Textbegriff zielt darauf, das *Symbolische am Sozialen als Strukturgegebenheit begrifflich faßbar zu machen*. An diese erste These schließt sich eine weitere These an: Eine und *nur eine symbolische Form für Bedeutungen ist der Text* und die auf ihn verwiesene Wortsprache. Das Regelsystem der Sprache und deren Vertextung sind zwar grundlegende Symbolsysteme, bei denen die Bedeutungsfunktion im Vordergrund steht, ein phylo- und ontogenetisch entwickelter, rationaler Bedeutungsmodus des Symbolischen. So erlaubt Sprache nicht nur, die „objektive Bedeutung der humanen Interaktion zu artikulieren", sondern die Symbolorganisation der Sprache sichert Oevermann zufolge „Kontextunabhängigkeit par excellence" (Oevermann 1979, S. 430). Aber die bereits von Ernst Cassirer ins Spiel gebrachten Ausdrucks- und Darstellungsdimensionen des Symbolischen, die die Bedeutungsdimension ergänzen, gehen im rationalen Medium der Sprache und des Textes, seiner diskursiven Bedeutungsfunktion keineswegs ganz auf. Vielmehr geht die Semiotik der symbolischen Ordnung über das Sprach- und Textmedium hinaus, sprachliche Zeichen sind nur ein „Sonderfall" der Signifikation (Eco 1987). Die entscheidende Einsicht von Cassirers Symboltheorie besteht gerade darin, daß sie die engen Grenzen des Bezugs auf Sprachverständigung und Textförmigkeit überschreitet: Die Sprache und die Textform ist nur eine Möglichkeit der Symbolisierung. Als symbolisches Mittel rationaler Verständigung gelten nicht nur verbale Äußerungen auf der Basis textueller Strukturlogik, sondern auch die für visuelle und auditive Kommunikationsprozesse fundamentalen Artikulationsweisen etwa in Form von Bildern, Geräuschen und körperlichen Gesten, Gebärden. So ist es folgerichtig, daß der amerikanische Kulturanthropologe Clifford Geertz (1987, S. 253) im Anschluß an den französischen Phänomenologen Paul Ricoeur (1969, S. 34) für eine Erweiterung des Begriffs des Textes plädiert. Damit befinden sie sich voll und ganz im Einklang mit Oevermanns genetischem Strukturalismus. Diese Übereinkunft hört freilich in dem Moment auf, wo beide in Übereinstimmung mit Dan Sperber (1975, S. 17) und gegen jedweden Sprachzentrismus auf einer Befreiung des Textes von seiner Reduktion auf Sprachlogik und Strukturgesetzlichkeit insistieren.

Oevermann geht davon aus, daß die prinzipielle Möglichkeit besteht, die nonverbalen Artikulationsweisen des Symbolischen zu versprachlichen, in Textform zu transformieren und damit diskursiv zugänglich zu machen. Dabei ist der Tatsache Rechnung zu tragen, daß es „nicht die sprachlichen Symbole selbst (sind), sondern die Interaktionen in ihrer *ganzen* Materialität, die den Bedeutungs*gehalt* konstituieren" (1979, S. 430). Zwar pointiert Oevermann bezogen auf Kunstwerke ihre „konstitutive Verwiesenheit auf die sinnliche Präsenz des Ausdrucksmaterials und die Nicht-Reduzierbarkeit auf eine andere ... Ausdrucksmaterialität (1986, S. 79). Aber ein solcher vorsprachlich realisierter Ausdruck kann dennoch in seiner objektiven Bedeutungsstruktur versprachlicht werden. „Die Versprachlichung bedeutet ... nur eine andere Realisierung dessen, was ... ohnehin durch Sprache konstituiert war" (ebd.). Ganz ähnlich hat schon Cassirer in seiner Philosophie der menschlichen Kultur und ebenso Arnold Gehlen in seiner Anthropologie (1970, S. 240 ff.) die Bedeutungsqualität der Sprache als höchste Entwicklungsstufe des Symbolischen dargestellt, die nach der „mimetischen" und „analogischen" Stufe sprachgeschichtlich erreicht wird. Wenn beide aber darauf bestehen, daß das Symbolische nicht nur aus diskursiven Sprachkomponenten besteht, sondern diese nur eine Erscheinungsform der „symbolischen Prägnanz", eine symbolische Form mit besonderen Nuancierungen von Ausdrucks-, Darstellungs- und Bedeutungsqualitäten (Cassirer 1960, S. 152) sind, dann wird damit auf ergänzende Eigenschaften des Symbolischen aufmerksam gemacht. Bei der vollentwickelten Sprache steht ihre begrifflich diskursive Bedeutungsfunktion zweifellos im Vordergrund. Dennoch bleibt die bildhafte, nonverbale Darstellungs- und Ausdrucksfunktion des Symbolsystems als Sphäre des Sinnverstehens erhalten. Susanne K. Langer hat im Anschluß an Cassirer zwischen der Diskursivität des verbalen Symbolismus und präsentativer Symbolik als einem eigenständigen Typ von Semantik unterschieden (1965). Die visuellen und akustischen Objektivationen der Kultur beinhalten in erster Linie solche präsentativen Darstellungs- und Ausdrucksqualitäten. Sofern Sprache eine spezifische Erscheinungsform von Zeichengebrauch und Sinnvermittlung ist, vollzieht sich die symbolische Kulturtätigkeit zwar primär im diskursiven Medium, aber sie enthält auch präsentative Anteile. Gerade jüngst hat sich Anthony Giddens gegen ein verkürztes Sinn- und Bedeutungskonzept in der Soziologie gewandt, indem er begrifflich zwischen symbolischen Ordnungen und Diskursweisen differenziert, die beide die kulturellen Aspekte sozialer Systeme konstituieren. Er verweist in diesem Zusammenhang auf die dem Symbol eigenen „Bedeutungsüberschüsse, die im polyvalenten Charakter der Zeichen stecken“ (1988, S. 86).

Mit dieser symboltheoretischen Erweiterung des kulturellen Sachverhalts von sprachlich vermittelter Kommunikation und Textform des Sozialen lassen sich strukturalistische oder sprachrationalistische Einseitigkeiten überwinden, die den Konzeptualisierungen von Text und Sprache sowohl durch Ulrich Oevermann als auch durch Jürgen Habermas gemeinsam sind. Trotz aller Divergenz der beiden Autoren teilen sie die Fixierung auf die regelhafte bzw. diskursive Bedeutungsfunktion der Text- bzw. Sprachförmigkeit sozialer Realität. „Unter dieser Vorannahme kann der Stellenwert nicht-signifikant-gestischer“ Interaktion im sozialen Verkehr nicht mehr hinreichend bestimmt werden (Busch 1985, S. 210 und 1988).

4. Das Nichtsprachliche als Verfallsform

In seiner Theorie der sprachlichen Kommunikation, die Jürgen Habermas auf der Basis von „fundamentalen Normen möglicher Rede“ in den letzten beiden Jahrzehnten begrifflich entfaltet hat (1971, S. 141) konzediert er zwar auf der einen Seite symbolische Darstellungs- und Ausdrucksformen nichtsprachlicher Natur, die einer genetisch älteren Stufe angehören, die als leibgebundene Expressionen affektiv aufgeladen und hochgradig kontextabhängig sind; sie verlieren ihren inhärenten Sinn, wenn sie in Sprache transformiert bzw. ihrer grammatikalischen Logik angepaßt werden. Insofern anerkennt Habermas ihre Bedeutungsqualität und gesteht zu, daß „das paläosymbolisch gebundene Bedeutungspotential . . . im kreativen Sprachgebrauch öffentlich eingeholt und für eine grammatikalisch geregelte Symbolverwendung verfügbar gemacht (wird)“ (1982, S. 355). Auf der anderen Seite bleibt diese Erweiterung symbolischer Ausdrucks-, Darstellungs- und Bedeutungsmöglichkeiten dann doch an das spezifische Medium sprachlicher Diskursivität gebunden. Denn einzig verständigungsorientiertes Handeln bringt Habermas zufolge den Prozeß der symbolischen Reproduktion einer Gesellschaft in Gang, der sich innerhalb der drei Dimensionen der kulturellen Tradierung, der sozialen Integration und der individuellen Sozialisation bewegt.

Texte im Sinne der eingangs explizierten erweiterten Begriffsdefinition sind Sedimente von Sprechakten bzw. von Verständigungshandeln. In ihnen kommen grundsätzlich drei gleichursprüngliche Bedeutungskomponenten zum Tragen: Neben der wörtlichen Aussage über Sachverhalte beinhalten sie Intentionen und schließlich interpersonale Beziehungsmodi. Mit dem im Text repräsentierten „Gesagten“ verbindet sich das textuell „Gemeinte“ und die „Art seiner Verwendung im Sprechakt“ (Habermas 1988a, S. 77 und S. 106). Wenn dementsprechend außer den semantischen Aussagen von Texten die in ihnen verkörperten intentionalen Absichten und die normativen Gehalte, wenn außer den propositionalen Bestandteilen ihr performativer Sinn analysiert werden soll, dann bedarf es in der Tat eines besonders entwickelten Typs sinnverstehender Interpretation, einer spezifischen „methodischen Anstrengung“ (ebd., S. 91). Habermas umschreibt diese methodische Anstrengung freilich nur im Kontext seiner Explikationen zur pragmatischen Erweiterung der Bedeutungstheorie, nicht jedoch mit der konkreten Anwendungsperspektive kultursoziologischer Forschungspraxis.

Als Ansatzpunkt geht er von der systematischen Verknüpfung von Bedeutungs- und Geltungsfragen (1981, S. 158 ff.) aus. Grundsätzlich insistiert er auf einer Hermeneutik als rationaler Deutung; ihr Ziel besteht im Sinnverstehen als kommunikativer Erfahrung, im Erschließen von Bedeutung aus der Innenperspektive des Sinnzusammenhangs einer Lebenswelt heraus. Soziologisches Textverstehen heißt, an der Erzeugung jenes lebensweltlichen Kontextes intersubjektiv und diskursiv teilzunehmen, der das raum-zeitliche Apriori sozialwissenschaftlicher Objektbereiche darstellt.

Bei dieser Form soziologischen Sinnverstehens ist der entscheidende *erste Schritt* die „Präsuppositionsanalyse", die auf der Basis der Formalpragmatik durchgeführt wird. Mit ihrer Hilfe soll, in der methodischen Einstellung des forschenden Soziologen der lebensweltliche Hintergrund als die „Tiefenschicht unthematischen Wissens" (1988, S. 90) rekonstruiert werden, jener Hintergrund, vor dem Bedeutungen als solche aus einer Teilnehmerperspektive erschlossen und als wahr, richtig oder wahrhaftig beurteilt werden können. Indem der Interpret des Sprechaktes bzw. eines Textes in performativer Einstellung eines virtuellen Interaktionsteilnehmers nachvollzieht, unter welchen kontextuellen Bedingungen er als gültig akzeptiert werden kann, erschließt sich ihm seine Bedeutung. *Verstehen* eines Textes zielt darauf zu *überprüfen, was ihn akzeptabel macht,* wobei die Akzeptabilität nach Maßgabe des Geltungsgrundes der Wahrheit, der Richtigkeit und der Wahrhaftigkeit beurteilt werden kann (1981, 1, S. 190 ff., 1983, S. 39 ff.). Im *nächsten Schritt* der Analyse geht es Habermas darum, die pragmatischen und semantischen Voraussetzungen zu klären, indem das „situationsbezügliche Horizontwissen" und das „themenabhängige Kontextwissen" expliziert werden (1988a, S. 89).

Da Habermas dem verständigungsorientierten Handeln, das für die symbolische Reproduktion des Horizonts intersubjektiv geteilter Hintergrundannahmen essentiell ist, eine rationale Binnenstruktur unterstellt, muß soziologisches Sinnverstehen als rationale Deutung durchgeführt werden. Ein Rückblick auf die vielfältigen Ausführungen von Habermas über Hermeneutik und interpretative Sozialforschung erweckt den Eindruck, daß er unschlüssig zwischen der Anerkennung des versteckten, aber unbestreitbar kommunikativen Sinns der Paläosymbole und der Kapitulation vor der partikular individualistischen, paradox ungewöhnlichen Zeichenverwendung grammatikalisch nicht bereits geglätteter symbolischer Artikulationsmodi eines „wilden Denkens" (Lévi-Strauss) oszilliert. Die Zeichenverwendung des wilden Denkens als einer auch von

Habermas als gültig anerkannten, sinnhaften Form der Interpretation von Welt wird der pragmatischen Bedeutungstheorie erst zugänglich, wenn in ihr neben der semantischen Funktion der Sprache die Darstellungs- und Ausdrucksform repräsentativer Symbolik systematisch berücksichtigt wird. Hingegen ist alles Nichtsprachliche, dessen reale Existenz Habermas keineswegs leugnet, letztlich Vor- oder Verfallsform diskursiver Symbolisation und als solche Paläosymbol oder Desymbolisierung: Der semantische Gehalt nichtsprachlicher Expression ist im Kern doch prinzipiell sprachlicher Natur, verweist Habermas zufolge auf Sprache (1984, 12, S. 501 f.). Sinn existiert nur als sprachlicher Sinn.

Diese Zentrierung des Sinnverstehens auf die sprachrationalen Elemente des Symbolischen (vgl. 1981, I, S. 197) ignoriert die „Bedeutung des Ausdrucksmodells des Handelns" (Joas 1988, S. 279), diese Zentrierung auf Sprache sieht von der Erzeugung sozialen Sinns durch gestische Kommunikation ab, blendet die motivationale Bedeutung von signifikanten Gesten und anderer nonverbaler Expressionen im Handlungstext aus; sie gelten wegen ihrer nichtsprachlichen, bloß präsentativ-visuellen Symbolqualität als partikularistisch und als Epiphänomen. Zu Recht kann deshalb dem Habermas'schen Sprachparadigma der Vorwurf gemacht werden, daß es, neben der Vernachlässigung leiblich-körperlicher Dimensionen sozialen Handelns und seiner Sedimente, die bildlich-visuellen, aber auch die musikalisch-akustischen Darstellungs- und Ausdrucksweisen der symbolisch vorstrukturierten Wirklichkeit unterschlägt (vgl. Honneth 1984, S. 310). Damit aber läßt Habermas Interpretationsmöglichkeiten einer sinnverstehenden Analyse von vornherein ungenutzt.

In der Theorie des kommunikativen Handelns begegnet er diesem Manko mit der Einführung einer „subjektive(n) Welt als die Gesamtheit der Erlebnisse, zu denen jeweils nur ein Individuum einen privilegierten Zugang hat" (1981, I, S. 84). Aber die expressive Dimension von Interaktionen und ihrer Objektivation erreicht nach Habermas nur dann das Niveau der Symbolisation, wenn sich die symbolischen Ausdrucksformen innerer Erlebnisse gemäß den Regeln verständigungsorientierter, argumentativer Rede konstituieren, um dann nach dem Geltungsgrund der Wahrhaftigkeit bzw. Authentizität beurteilt werden zu können. Folglich müssen expressive Ausdrucksformen, Erlebnissätze ebenso an der Elle konsensrationaler Geltungsansprüche gemessen werden wie assertorische Aussagen über die Welt existierender Sachverhalte und normative Aussagen über die Welt legitim geregelter interpersonaler Beziehungen. Wenn somit ein in der Bildlichkeit des Symbolischen versteckter Sinngehalt durch das Kriterium der Wahrhaftigkeit oder Authentizität der Expressionen expliziert werden soll, dann wird für diese Ausdrucksqualität eine grammatikalische Stimmigkeit und sprachliche Logik prätendiert, von der fraglich ist, ob sie ihr überhaupt adäquat ist. Es wird implizit unterstellt, daß sich aus der Methodologie des Verstehens sprachlich vermittelter Interaktionen eine kultursoziologische Analyse beispielsweise der Bilderwelt und ihrer primären präsentativ-visuellen Symbolik umstandslos deduzieren läßt.

Indes ist zu fragen, ob die Symbolisation beispielsweise im Traumgeschehen durch „Verdichtung" und „Verschiebung" sowie analoge ästhetisch verfremdende Darstellungen in der Kunst und die manipulativen Techniken in der Populärkultur, aber auch die unter der syntaktischen, semantischen und pragmatischen Sprachschicht und Redepraxis verborgenen, unbewußt bedingten, mehr- und vieldeutigen Zeichenbildungen, schließlich das Unsagbare, aber Symbolisationsfähige, ob all diese Ausdrucksqualitäten überhaupt als negative Abweichung vom normativen Modell argumentativer Rede analytisch erschlossen werden können. In dieser Perspektive bleibt beispielsweise die empirisch höchst *aktuelle Frage der Massenkommunikationsforschung* ausgeblendet, ob sich komplementär mit der Verlagerung der „Produktion aus dem Bereich der materiellen Güter zu dem der symbolischen Güter" (Touraine 1986, S. 23) eine Tendenz zur Entsprachlichung des Symbolischen im Zuge wachsender Visualisierung der soziokulturellen Sphäre durch die Populärkultur sowie die postindustrielle informations- und kommunikationstechnologische Entwicklungsdynamik nachweisen läßt. Es geht hier um die Beantwortung der eingangs aufgeworfenen Frage, welche Konsequenzen aus diesem Trend einer Art nicht-narrativen, sprachlosen, auf visuelle Versatzstücke und Zeichenpartikel reduzierte Kommunikation für die Sprach- und Identitätsentwicklung, für die Interaktions- und Kommunikationsverhältnisse, für den Modus der Sozialintegration resultieren. Diese Fragen sind einer in die Tiefe vordringenden kultur- und mediensoziologischen Forschung erst zugänglich, wenn das sprachlos Präsentative der Kultur symbolische Vermittlungsformen nicht ignoriert, sondern diese visuellen Materialien hinsichtlich ihrer kognitiven und psychoszialen Auswirkungen in den Blick genommen werden (Kuhns 1986).

5. *Tiefenhermeneutik*

In bezug auf diese Problemkomplexe bietet Alfred Lorenzers psychoanalytisches Theorem der „Desymbolisierung“ einen nützlichen begrifflichen Bezugsrahmen. Er bezeichnet die Verstümmelung des Symbols als „Desymbolisierung“. Solche desymbolisierten Repräsentanten sind zu „Klischees erniedrigt, aus der Sprache ausgeschieden“, üben aber gleichwohl als Klischees verhaltensregulierende Funktion aus (1971, S. 38). Seine psychoanalytisch ergänzte Handlungstheorie mit den Grundkategorien Symbol, Interaktion, Praxis (Lorenzer 1977) erhebt den Anspruch, die sinnlich-körperlichen Bestandteile, die affektiven Ausdrucksgebärden symbolisch vermittelter Interaktionsformen dem Sinnverstehen zugänglich zu machen. So liefert das Forschungsprogramm der Tiefenhermeneutik als methodisches Mittel szenischen Verstehens wegweisende Argumente für eine zweidimensionale, nämlich sprach- und bildhermeneutische Kulturanalyse. Auch sie ist um das Symbolische als einer Gegenstandsbestimmung des Sozialen zentriert und geht – inspiriert vor allem von Freuds „Traumdeutung“, seiner Unterscheidung zwischen Traumgedanken und Trauminhalt – von der Prämisse eines Zusammenspiels zwischen der sich sprachlich darstellenden manifesten Bedeutungsebene (diskursiv-denotativ) und der sich bildhaft darstellenden latenten Sinnebene (szenisch-bildhaft) aus: Jeder „Text lebt von der Doppeldeutigkeit des Textsinnes. Manifest-latent, das sind die beiden nicht voneinander abtrennbaren Seiten eines Symbolzusammenhangs“ (1986, S. 57).

Lorenzers „Hermeneutik des Leibes“ (1988b) macht sich die Einsicht zu eigen, daß die verdeckten Spuren des Unbewußten (Triebrepräsentanzen) zwar wirksame Sedimente des Symbolischen sind, aber „das Unbewußte ist das aus Sprache Ausgeschiedene“ (ebd., S. 848), ist also ein zeichenhaftes Darstellungsmittel der symbolischen Realität. Um diese unbewußten, sprachlich ungeformten, gleichwohl symbolisch geronnenen Sinnsubstanzen (Szenen) hermeneutisch zu dechiffrieren, bedarf es eines verstehenden

Deutungsprozesses, der von den offensichtlich diskursiven Sprachfiguren und ihren semantischen Inhalten zugleich zur *latenten Schicht der Bilderschrift*, jenen sinnlichen symbolischen Ausdrucksgestalten, bis hin zu *den unbewußten Praxisfiguren vorstößt*. Diese Tiefenhermeneutik im Sinne einer „Enträtselung der unbewußten Bedeutung eines Textes" (1986, S. 26) versteht sich als szenisches Entschlüsseln der Bilder, die in unterschiedlichem Ausmaß und Umfang den symbolischen Formen eingeschrieben sind und visuell-zeichenhaft zum Ausdruck gebracht werden.

6. Das Unbewußte als habitualisierte Geschichtlichkeit

Auf die strukturelle Vielschichtigkeit und Mannigfaltigkeit in der soziokulturellen Welt des Symbolischen nimmt Pierre Bourdieu in seiner Auseinandersetzung mit Erwin Panofskys kunstgeschichtlicher Methode ausdrücklich Bezug, indem er sich die Panofsky'sche Differenzierung zwischen einer primären Sinnschicht mit den beiden Dimensionen „Sachsinn" und „Ausdruckssinn" bzw. „faktuellem" und „expressivem" Sinn und einer sekundären Sinnschicht methodologisch zunutze macht.

Panofsky legt in der Tat das Fundament für eine die disziplinären Grenzen der Kunstwissenschaft sprengenden allgemeinen Methode der Kulturanalyse, die der komplexen symbolischen Gestalt, der Polymorphie von Bedeutungsebenen kultureller Objektivationen adäquat ist. Panofskys methodische Verfahrensart erfaßt zunächst einmal neben der tatsachenhaften Bedeutung die ausdruckshaften Sinngehalte beispielsweise von Bildmaterialien. Diese ikonographische Zugangsweise zielt sodann darauf ab, die metaphorische Gestaltungsweise von Bildkomponenten als eine historisch geronnene, konventionell geprägte visuelle Darstellungsform aufzudecken. Darüber hinaus soll die Tiefenstruktur der jeweiligen kulturellen Bedeutungsobjektivation im Korrespondenzverhältnis zu anderen kulturellen Objektivationen dechiffriert werden. Hier spricht Panofsky in Ergänzung zur Ikonographie von der Methode der Ikonologie. Dies ist eine Art multimethodisch-interdisziplinäre Synthese von Deutungen. Sie erlaubt es, die jeweils besonderen Aussagegehalte als Elemente des kulturellen Gesamtprozesses zu verstehen: als „ein Symptom von etwas anderem, das sich in einer unübersehbaren Vielfalt anderer Symptome artikuliert" (1978, S. 41).

Der ikonographisch und ikonologisch zu ergründenden Tiefenschicht des Symbolischen, deren Erkenntnis überhaupt die Voraussetzung für die Deutung der formalen und expressiven Oberflächenstruktur ist, gilt Bourdieus methodisches Hauptinteresse. Er geht davon aus, daß alle Erfahrungen der sozialen Welt grundsätzlich symbolisch vermittelt sind. Soziale Wahrnehmung resultiert zum einen aus dem Strukturzusammenhang ökonomischer, sozialer, kultureller Konstellation und zum anderen aus der impliziten und expliziten Einflußnahme auf die symbolische Ordnung: aus dem „Stand der symbolischen Kräfteverhältnisse" (1985, S. 16). Die symbolische Ordnung wird nicht alleine durch die Grammatik ihrer Textförmigkeit und die universelle Geltung von Regeln intersubjektiver Verständigung konstituiert, sondern das Entscheidende an ihr sind die unterhalb der Oberflächenstruktur angesiedelten nonverbalen symbolischen Praxis- und Ausdrucksformen, routinisierte Gesten, Körperhaltungen etc. Diese untere Bedeutungsschicht des Symbolischen erschließt sich erst mit Hilfe des von Panofsky übernommenen und von Bourdieu theoretisch ausgearbeiteten und empirisch erprobten Habitus-Begriffs, den er sich als explikatives Prinzip zunutze macht.

Der Habitus als System von Dispositionen, „als ein System verinnerlichter Muster . . ., die es erlauben, alle typischen Gedanken, Wahrnehmungen und Handlungen einer Kultur zu erzeugen" (1974, S. 143), verbindet unbewußt den symbolisch handelnden und sich dabei an Symbolen orientierenden sozialen Akteur mit der historischen Totalität eines objektiven Strukturzusammenhangs. Die Tiefenstruktur der sozial hochdifferenzierten Kultur symbolischer Lebensformen ist Resultat des Habitus: Die Tiefenstruktur wird dem Habitus von dem fortlaufenden Prozeß sozialer Interaktionen inkorporiert. Zugleich lenkt „diese generative Grammatik der Handlungsmuster" (ebd., S. 150) die Orientierungsleistungen und die Interaktionsprozesse. Demnach erklärt der Habitus-Begriff als Struktur-, Strukturierungs- und Vermittlungskategorie praktisch „die Lösung des Paradoxons von objektivem Sinn ohne subjektive Absicht" (1981, S. 170). Die unbewußten Denk-, Wahrnehmungs- und Handlungsschemata des Habitus korrespondieren mit der unbewußten Tiefenstruktur des Symbolsystems. Diese Vermittlung zwischen der Kultur des Symbolischen und der sozialen Handlungspraxis nennt Bourdieu deshalb unbewußt, weil durch diese Vermittlung das historisch Sedimentierte in Form kultureller Selbstverständlichkeiten und praktischer Lebensstile geschaffen wird. Demnach verwendet auch Bourdieu (ähnlich wie Oevermann und Habermas) einen von psychoanalytischen Bezügen ‚gereinigten' Begriff des Unbewußten. Es ist nicht durch sein triebdynamisches Eigengewicht, sondern seine historische Konstitution gekennzeichnet.

7. Anregungspotentiale

Die außerordentlich elaborierte Rekonstruktionsmethodologie der *strukturgenetischen Hermeneutik* trägt dazu bei, die Textförmigkeit der sozialen Realität in Begriffen ihrer latenten Sinnstruktur interpretativ aufzudecken. Entsprechend wird die kultursoziologische und kommunikationssoziologische Forschung angehalten, auf der Basis dieses forschungspraktisch erprobten Verfahrens der Bedeutungsrekonstruktion die Ebene des Textes, seine innere Regelhaftigkeit zum Ausgangspunkt hermeneutischer Analysen zu nehmen, um auf diese Weise das „Wie" der Codierung sozialer Realität zu entschlüsseln. Durch den forschungspraktischen Zugriff auf die Latenz handlungsleitender Textstrukturen vermittels des Verfahrens der sequentiellen Feinanaylse von Textmaterial des konkreten Falls, das in Form einer Interaktionssequenz vorliegt, werden die Sinnstrukturen aufgedeckt, die den Prozeß der Interaktion sinnlogisch determinieren. Dabei werden zunächst gedankenexperimentell eine Vielzahl von Kontexttypen konstruiert, die mit der latenten Sinnstruktur des Handlungstextes in Einklang stehen, um auf diese Weise den Normaltyp situationsadäquaten Alltagshandelns zu bestimmen. Durch dieses Vorgehen wird der Spielraum möglicher Bedeutungen von Handlungstext sukzessive eingeschränkt, um dann mit Hilfe eines abduktiven Schlusses durch den Forscher als „distanzierten Dritten" den latenten Sinn der Sequenz vollständig zu dechiffrieren.

Die Methodologie der rationalen Nachkonstruktion von Habermas rückt die Kultur symbolischer Vermittlung in den Forschungshorizont der Theorie des kommunikativen Handelns insofern, als das Symbolische die Rationalitätsform von propositionalen und gleichzeitig illokutionären Sprechakten angenommen hat. Auf Basis dieser Zentrierung auf die semantische und pragmatische Symbolform der Sprache, auf die Grundmodi der Sprachverwendung, macht Habermas verallgemeinerbare Prinzipien sinnverstehender Kulturanalyse plausibel. Sie lassen sich von der Prämisse leiten, daß die soziokulturelle Realität des Symbolischen „nur von innen erschlossen werden“ kann (1981, I, S. 165 und 1988, S. 84). Davon ausgehend ist nun freilich nach methodisch gangbaren Wegen zu suchen, wie Sinnverstehen „als kommunikative Erfahrung“ bzw. als Teilnahme am Prozeß der Verständigung forschungspraktisch umgesetzt werden kann. Dabei vermag das handlungstheoretische Modell der Geltungsgründe mit den Kriterien der propositionalen Wahrheit, der normativen Richtigkeit und der Authentizität oder Wahrhaftigkeit zentrale Interpretationskriterien zu liefern. Auf dieser Folie können kulturelle Objektivationen „unter drei Aspekten als ungültig kritisiert werden: als unwahr im Hinblick auf eine gemachte Aussage (bzw. die Existenzpräsuppositionen des Aussageinhaltes); als unrichtig im Hinblick auf bestehende normative Kontexte (oder die Legitimität der vorausgesetzten Normen); und als unwahrhaftig im Hinblick auf die Intention des Sprechers“ (1988a, S. 79). Soll die Bedeutung der Kultur symbolischer Vermittlungsformen nach diesen Beurteilungskriterien erschlossen werden, setzt solches umfassende Sinnverstehen allerdings voraus, daß sich der Forscher den soziokulturellen Gesamtzusammenhang symbolischer Formen zum einen durch interpretative Vergleichsanalyse ihrer internen Komponenten sowie zum anderen ihrer Konstellation im Ganzen eines geschichtlichen Raum- und Zeitabschnitts zugänglich macht.

Eben diese komplexe Zielsetzung haben sich die *kultursoziologischen Forschungen Bourdieus* zu eigen gemacht. Gemessen an der Breite der theoretischen Reflexionen und kategorialen Klärungen fallen die Aussagen zur Methodik allerdings relativ knapp aus. Ausdrücklich verweist Bourdieu nur auf die Methode der ethnographischen Beobachtung, das Intensivinterview und die Korrespondenzanalyse. Letzterer werden sämtliche erhobene Datenmaterialien unterworfen, weil sie am besten geeignet sei, „die Gesamtheit der Beobachtungen in den Griff zu bekommen und ihre Strukturen offenzulegen, ohne dem Material irgendwelche Voraussetzungen aufzuzwingen“ (1982, S. 403). Darüber hinaus inspiriert das Konzept der symbolischen Gewalt in Verbindung mit der Kategorie des Habitus die kultursoziologische Symbolanalyse in zweifacher Hinsicht. Zum einen läßt Bourdieu keinen Zweifel daran, daß die Analyse der Kultur symbolischer Vermittlungen auch in herrschaftssoziologischer, schichtspezifischer sowie geschlechtsspezifischer Perspektive als Regelsystem, als Inszenierung von Deutungsmustern durchgeführt werden muß. Zum anderen integriert er überzeugend die sozial- und psychohistorische Dimension der jeweils als legitim anerkannten Kultur symbolischer Selbstrepräsentation in die kultursoziologische Forschung. Gegenüber dem statischen Textbegriff Oevermanns und dem diskursiven Sprachbegriff von Habermas setzt Bourdieu insofern neue Akzente, als er erstens sein Augenmerk auf die sozialen Auseinandersetzungen um die politische Produktion des Symbolischen, die öffentliche Kontrolle der symbolischen Sphäre richtet und zweitens die raumzeitliche Ebene prinzipieller Geschichtlichkeit des Symbolischen thematisiert. Die generative Handlungsgrammatik des Habitus ist ihrerseits durch Historizität geprägt, bestimmt durch Variation in Zeit und Raum; sie ist nichts anderes als Absorption kollektiver Geschichte. Diese Geschichte ist nicht schlicht Kulturgeschichte im Sinne eines Wandels symbolischer Wahrnehmungs- und Interpretationsweisen, sondern die kulturellen Lebensformen repräsentieren symbolische Gewalt durch die regulativ wirksame Definition dessen, was als legitime Kultur zu gelten hat. Damit ruft er den dynamischen Aspekt des historischen Wandels methodologisch in Erinnerung, der weder in Oevermanns Theorie der Transformationsgesetzlichkeit noch im Konzept universaler Regeln argumentativer Rede systematisch ausgearbeitet zu sein scheint.

8. Konstellationsforschung

Die vorausgegangenen Erörterungen des methodologischen Potentials der unterschiedlichen Positionen des Sinnverstehens in der Soziologie haben ihren konstruktiven Ertrag darin, daß sie für das Modell einer kultursoziologischen Hermeneutik fruchtbar gemacht werden können. Für dieses kultursoziologische Forschungsprogramm wird der Begriff der *Konstellationsforschung* vorgeschlagen (Englisch 1989). Dieser Begriff wird nicht mit dem Anspruch eingeführt, eine terminologische Neuschöpfung geschaffen zu haben. Vielmehr erweckt er ganz bestimmte Assoziationen, die ihn schon deshalb erklärungsbedürftig machen, weil sie mit den diskutierten methodischen Begründungsprogrammen von Oevermann, Habermas, Lorenzer und Bourdieu keineswegs unmittelbar und direkt in einen Zusammenhang gebracht werden können. Es gibt gleichwohl interessante Verbindungslinien (Bonß 1982 und 1983, Uhle 1984) zwischen den – wie wir behaupten: sich ergänzenden – soziologischen Hermeneutikkonzepten und jenem Ziel verstehender Gegenstandserkenntnis als „unreduzierte Erfahrung", das Theodor W. Adorno nicht zuletzt deshalb als utopisch charakterisiert hat, um illusionslos klarzustellen, daß diese Form des Sinnverstehens eine enorme Herausforderung für die Sozialforschung darstellt. Dieses utopische Erkenntnisziel bezeichnet Adorno in der Einleitung der „Negativen Dialektik" abstrakt als den Versuch, „das Begrifflose mit Begriffen aufzutun, ohne es ihnen gleichzumachen" (1966, S. 19). Im zweiten Teil seines Hauptwerks wird diese „Utopie der Erkenntnis" präzisiert, indem sie durch Rekurs auf Max Webers Prinzip des soziologischen Verstehens durch die Bildung von Idealtypen auf den Begriff der „Konstellation" (ebd., S. 162 ff.) gebracht wird. Damit ist ein (nicht klassifizierendes, sondern) in die Sache sich versenkendes, immanentes Verstehen von Einzelerscheinungen gemeint. Dieses Verstehen wird aus der Konfrontation des partikularen Untersuchungsgegenstandes mit dem Ganzen seines Verweisungszusammenhangs gewonnen. Genauer geht es darum, das Spezifische des Singulären aus der Konstellation der Gesamterscheinungen des Gegenstandes verständlich zu machen: Durch eine zweifache ‚komparative' Analyse: 1. durch die Analyse der textinternen Bedeutungs- und Sinnelemente der kulturellen Objektivation, 2. durch Analyse ihres kontextuellen Bezugs zur Gesamtheit des ausgewählten Phänomenbereichs soll dieser dechiffriert werden. Das ist forschungspraktisch zweifellos ein konstruktiver oder rekonstruktiver Akt. Aus diesem Grund fordert Adorno eine Methodik, die es dem Forscher erlaubt, *in Modellen zu denken*, um am Ende des materialen Forschungsprozesses ein „Ensemble von Modellanalysen" (ebd., S. 37) erstellen zu können. Indem die mikrologische Analyse der Struktur des Gegenstandes in seiner Präsenz und Latenz, die „Versenkung ins Innere" in Verbindung gebracht wird zum Horizont des Bedeutungsganzen, in dem der Text steht, wird Adorno zufolge die Geschichtlichkeit des analysierten Gegenstandes evident. Denn „der Konstellation gewahr werden, in der die Sache steht, heißt soviel wie diejenige entziffern, die es als Gewordenes in sich trägt" (1966, S. 163).

Aus diesem für Adornos Erkenntnistheorie zentralen Gedanken der Erstellung von Konstellationen, der Modellanalysen und ihrer kontrastierenden Kombination ergeben sich methodologische Impulse (Thyen 1989) für ein generalisierbares empirisches Verfahren der kultursoziologischen Analyse, für die die bereits genannte Bezeichnung Konstellationsforschung vorgeschlagen wird. Konstellationsforschung impliziert eine Methodologie, die sich auf einen ausgewählten Gesamtbereich der Kultur symbolischer Vermittlungsformen bezieht. Sie analysiert dabei eine Konstellation von Variationsformen innerhalb des untersuchten kulturellen Sektors. Beispielsweise die verschiedenen Präsentationsweisen politischer Nachrichtenvermittlung in Presse, Rundfunk, Fernsehen etc. Mit Hilfe der ursprünglich von Glaser und Strauss (1973, 1984, S. 97 ff.) als qualitatives Forschungsverfahren eingeführten Kontrastierungstechnik läßt sich durch die Bildung multipler Vergleichsgruppen, durch Konfrontation des Materials mit sich selbst der Einblick in das sinnstiftende Ganze eines Gegenstandes (z.B. die politische Kultur öffentlicher Informierung durch die verschiedenen Pressetypen – Boulevardpresse, Lokalpresse, seriöse überregionale Tageszeitung, Wochenzeitung, die unterschiedlichen öffentlichrechtlichen und kommerziellen Rundfunk- und Fernsehveranstalter, die Magazine und Illustrierten usw.) vertiefen. In Analogie zur „konfigurationalen Analyse“ von Norbert Elias (1965) intendiert das Verfahren der Konstellationsforschung die Verknüpfung von Deutungen auf der Basis von Einzelbeobachtungen zu einem aussagekräftigen Komplex von Interpretationen, um so zu einer Gesamtdeutung des Phänomenbereichs (z.B. politische Kultur eines Landes) zu kommen. Neben dieser „Zusammenhangs-Forschung“ (Knorr-Cetina/Grathoff 1988, S. 33) zielt diese Erstellung von Konstellationen auf eine Methodik von einzelnen Modellanalysen, die der inhärenten Differenziertheit der Ausdrucks-, Darstellungs- und Bedeutungselemente des Symbolischen Rechnung trägt. Zugleich ermöglicht sie, der Korrespondenz zwischen der Oberflächenstruktur manifester Bedeutungs- und der Tiefenstruktur latenter Sinngehalte nachzugehen und prüft diese Einzelfallanalysen durch kontextuellen Rückbezug auf den soziokulturellen Gesamtzusammenhang der symbolischen Ordnung, der sich sukzessive durch die Erfassung der Einzelphänomene herauskristallisiert.

Die entscheidende *erste Vorphase* der Analyse jener komplexen Bedeutungs- und Sinndimensionen einzelner Phänomene der symbolischen Realität besteht im Verfahren der Konstellierung. Dazu wird eine sinnhafte kulturelle Objektivation durch die systematische Erfassung eines Korpus von Einzelexemplaren oder Gattungstypen zugänglich gemacht, wobei nach dem Prinzip verfahren wird, Merkmalsträger eines Untersuchungszeitraums nach einem operationalisierbaren Kriterium, etwa dem der sozialen Präsenz und Relevanz, auszuwählen. Die so gewonnene Konstellation ist gleichsam „das Kraftfeld . . ., durch das die Dinge mit Sinn beladen werden" (Bude 1989, S. 11). Eben deshalb ist die Konstellation der eigentliche Schlüssel für den folgenden Interpretationsprozeß, *der zwei weitere Phasen der Analyse* umfaßt. Die *erste* Hauptphase beinhaltet die detaillierte Strukturanalyse der Exemplare einer Merkmalsklasse mit Hilfe eines hermeneutischen Verfahrens, das sich die methodologischen Einsichten und empirischen Vorgehensweisen der sprach- und psychoanalytisch sowie habitustheoretisch fundierten Konzepte zunutze macht. Dieser Verfahrensschritt im Fortgang der Konstellationsforschung erstreckt sich erstens auf die interne regelhafte Strukturgesetzlichkeit des Symbolischen als einer Bedeutungsebene von Latenz; sie richtet sich zweitens auf die Erkenntnis der Doppelstruktur von Inhalts- und Beziehungsaspekten der symbolischen Handlungstexte und interpretiert sie in der Perspektive ihrer informativen, regulativen und expressiven Geltungsaspekte, ihrer diskursiven sowie präsentativen Gehalte; sie macht sich drittens den Habitus-Begriff zunutze, um die geschichtliche Gewordenheit sowie die dispositive und regulative Gewalt der symbolischen Ordnung aufzudecken; sie radikalisiert viertens die Analyse in Richtung psychoanalytischer Textinterpretation bzw. tiefenhermeneutischer Durchdringung symbolischer Formen, um Aussagen über das Korrespondenzverhältnis zwischen manifesten Bedeutungs- und latenten Sinngehalten machen zu können.

Die *daran anschließende Forschungsphase* führt von der text- und bildhermeneutischen Fallrekonstruktion zurück zur Konstellation, die nun im Lichte der Relationierung der Einzelfallanalysen, „durch genaues Aufzeigen der vielen Ähnlichkeiten und Unterschiede der verschiedenen Vergleichsgruppen" (Glaser/Strauss 1984, S. 97) beleuchtet wird und so ihr Strukturmuster deutlicher zu erkennen gibt: Ein bedeutender Ausschnitt aus der Kultur als Symbolsystem wird transparent; die so erzielten Forschungsresultate erlauben empirisch gehaltvolle, d.h. gegenstandsbezogene Theoriebildung über den inneren und äußeren Vermittlungszusammenhang der Bedeutungs- und Sinnrelationen auf der Ebene unterschiedlicher symbolischer, textueller und visueller Darstellungsweisen von Realität. Indem die symbolischen Ausdrucks-, Darstellungs- und Bedeutungsformen in eine kontrastierende Relation gebracht werden, wird jener „typologische Raum“ überhaupt erst empirisch greifbar, „in dem der einzelne Fall seine Typik entfaltet“ (Bude 1988, S. 423). Mit diesem für kultursoziologische Forschung geltend gemachten Verfahren wird gewiß ein hoher Anspruch erhoben. Denn es soll auf der Datenbasis nichtpartikularer, qualitativer Erhebungs- und Auswertungsprinzipien kultursoziologisch verallgemeinerbare Aussagen über die „kulturellen Strategien“ (Goffman) einer Gesellschaft erbringen.

Literatur

Adorno, Theodor W.: Kritik, Frankfurt 1971.

Adorno, Theodor W.: Negative Dialektik, Frankfurt 1966.

Barton, Allan H.; Lazarsfeld, Paul F.: Einige Funktionen von qualitativer Analyse in der Sozialforschung. In: Hopf, Christel; Weingarten, Elmar (Hg.): Qualitative Sozialforschung, Stuttgart 1984.

Bonß, Wolfgang: Empirie und Dechiffrierung von Wirklichkeiten. In: Friedeburg von, Ludwig; Habermas, Jürgen (Hg.): Adorno-Konferenz 1983, Frankfurt 1983.

Bonß, Wolfgang: Die Einübung des Tatsachenblicks, Frankfurt 1982.

Bourdieu, Pierre: Die Objektivität des Subjektiven. In: Merkur, 41. Jahrg., 1987, Heft 5, S. 459

Bourdieu, Pierre: Men and Machines. In: Knorr-Cetina, Karin; Cicourel, Aaron (Hg.): Advances in Social Theory and Methodology, Boston and London 1981. (Zit. n. Müller, Hans-Peter: Kultur, Geschmack und Distinktion. In: KZfSS, Sonderheft Kultur und Gesellschaft, S. 27.)

Bourdieu, Pierre: Sozialer Raum und ‚Klassen‘, Frankfurt 1985.

Bourdieu, Pierre: Die feinen Unterschiede, Frankfurt 1982.

Bourdieu, Pierre: Zur Soziologie der symbolischen Formen, Frankfurt 1974.

Braun, Hans-Jürg; Holzhey, Helmut; Orth, Ernst Wolfgang (Hg.): Über Ernst Cassirers Philosophie der symbolischen Formen. Frankfurt 1988.

Brown, Richard Harvey: Society as Text, Chicago and London 1987.

Bude, Heinz: Auflösung des Sozialen? In: Soziale Welt, 1988c, Heft 1.

Bude, Heinz: Deutsche Karrieren, Frankfurt 1988a.

Bude, Heinz: Der Fall und die Theorie. In: Gruppendynamik, 19. Jahrg., 1988b, Heft 1.

Busch, Hans Joachim: Wider die Auflösung von Psychoanalyse in (Sprach-)Soziologie. In: Belgrad, Jürgen et. al. (Hg.): Sprache – Szene – Unbewußtes, Frankfurt 1988.

Busch, Hans Joachim: Interaktion und innere Natur, Frankfurt 1985.
Cassirer, Ernst: Was ist der Mensch? Philosophie der menschlichen Kultur, Stuttgart 1960.
Cassirer, Ernst: Philosophie der symbolischen Formen, 3 Bde. 1973 – 1975.
Eco, Umberto: Semiotik, München 1987.
Eco, Umberto: Semiotik und Philosophie der Sprache, München 1985.
Eco, Umberto: Apokalyptiker und Integrierte. Zur kritischen Kritik der Massenkultur, Frankfurt 1984.
Elias, Norbert: The established and the outsiders, London 1965.
Englisch, Felicitas: „Konstellation" als Leitbegriff kultursoziologischer Forschung – eine Skizze. In: Müller-Doohm, Stefan; Neumann, Klaus (Hg.): Medienforschung und Kulturanalyse, Oldenburg 1989.
Geertz, Clifford: Dichte Beschreibung, Frankfurt 1987.
Gehlen, Arnold: Der Mensch, Frankfurt 1971.
Giddens, Anthony: Die Konstitution der Gesellschaft, Frankfurt 1988.
Glaser, Barney G.; Strauss Anselm L.: Die Entdeckung gegenstandsbezogener Theorie. In: Hopf, Christel; Weingarten, Elmar (Hg.): Qualitative Sozialforschung, Stuttgart 1984.
Glaser, Barney; Strauss, Anselm L.: The discovery of grounded theory, Chicago 1967.
Gross, Peter: Ist die Sozialwissenschaft eine Textwissenschaft?. In: Winkler, Peter (Hg.): Methoden der Analyse von Face-to-Face-Situationen, Stuttgart 1981.
Habermas, Jürgen: Nachmetaphysisches Denken, Frankfurt 1988a.
Habermas, Jürgen (1988b): Die neue Intimität zwischen Politik und Kultur. In: Merkur, 42. Jahrg., 1988b, Heft 2, S. 468.
Habermas, Jürgen: Vorstudien und Ergänzungen zur Theorie des kommunikativen Handelns, Frankfurt 1984.
Habermas, Jürgen: Theorie des kommunikativen Handelns, 2 Bde., Frankfurt 1981.
Habermas, Jürgen: Zur Logik der Sozialwissenschaften, Frankfurt 1982.
Habermas, Jürgen: Vorbereitende Bemerkungen zu einer Theorie der kommunikativen Kompetenz. In: Habermas, Jürgen; Luhmann, Niklas: Theorie der Gesellschaft oder Sozialtechnologie, Frankfurt 1971.
Heinrich, Klaus: Zur Geistlosigkeit der Universität heute, Oldenburg 1987.
Honneth, Axel: Kritik der Macht, Frankfurt 1985.
Informationszentrum Sozialwissenschaften: Kultur und Gesellschaft, Bonn 1988.
Joas, Hans: Praktische Intersubjektivität, Frankfurt 1980.
Joas, Hans: Die Antinomien des Neofunktionalismus. In: Zeitschrift für Soziologie, Jahrg. 17, 1988, Heft 4.
Kaemmerling, Ekhard (Hg.): Bildende Kunst als Zeichensystem, Köln 1979.
Kleinspehn, Thomas: Der flüchtige Blick, Reinbek b. Hamburg 1989.
Knorr-Cetina, Karin; Grathoff, Richard: Was ist und was soll Kultursoziologische Forschung?. In: Soeffner, Hans-Georg (Hg.): Soziale Welt, Sonderband 6, Kultur und Alltag, Göttingen 1988.
Kuhns, Richard: Psychoanalytische Theorie der Kunst, Frankfurt 1986.
Langer, Suzanne K.: Philosophie auf neuen Wegen, Frankfurt 1965.
Leach, Edmund: Kultur und Kommunikation. Zur Logik symbolischer Zusammenhänge, Frankfurt 1978.
Lévi-Strauss, Claude: Strukturale Anthropologie I, Frankfurt 1977.
Lövenich, Friedhelm: Integration durch Kultur. In: Ästhetik und Kommunikation, 1987, Heft 67/68.

Lorenzer, Alfred: Sozialisationstheorie und die Frage nach dem Unbewußten. In: Bergrad, et al. (Hg.): Sprache – Szene – Unbewußtes, Frankfurt 1988a.
Lorenzer, Alfred: Hermeneutik des Leibes. In: Merkur, 42. Jahrg., 1988b, S. 475/476.
Lorenzer, Alfred: Tiefenhermeneutische Kulturanalysen. In: Lorenzer, Alfred (Hg.): Kultur-Analysen, Frankfurt 1986.
Lorenzer, Alfred: Sprachspiel und Interaktionsformen, Frankfurt 1977.
Lüscher, Kurt: Medienwirkungen und Gesellschaftsentwicklung. In: Media Perspektiven 9/1982.
Müller-Doohm, Stefan: Soziologie ohne Gesellschaft? Notizen zum Gegenstandsverlust einer Disziplin, Ms, Oldenburg 1988 (Druck in Vorbereitung)
Oevermann, Ulrich: Kontroversen über Sinnverstehen der Soziologie. In: Aufenanger, Stefan et. al. (Hg.): Handlung und Sinnstruktur, München 1986.
Oevermann, Ulrich: Beiträge zur Fallrekonstruktion, Ms, Frankfurt 1981.
Oevermann, Ulrich: Zur Sache. In: Friedeberg, Ludwig v.; Habermas, Jürgen (Hg.): Adornokonferenz 1983, Frankfurt 1983.
Oevermann, Ulrich et. al.: Die Methodologie einer objektiven Hermeneutik und ihre allgemeine forschungslogische Bedeutung in den Sozialwissenschaften. In: Soeffner, Hans-Georg (Hg.): Interpretative Verfahren in den Sozial- und Textwissenschaften, Stuttgart 1979.
Panofsky, Erwin: Sinn und Deutung in der bildenden Kunst, Köln 1978.
Postman, Neil: Das Verschwinden der Kindheit, Frankfurt 1983.
Postman, Neil: Wir amüsieren uns zu Tode, Frankfurt 1985.
Ricoeur, Paul: Die Interpretation, Frankfurt 1974.
Schiller, Herbert J.: Disney, Dallas und der elektronische Informationsfluß. Die weltweite Kommerzialisierung der Kultur. In: Media Perspektiven 12/1988.
Schulte-Sasse, Jochen: Von der schriftlichen zur elektronischen Kultur. Über neue Wechselbeziehungen zwischen Mediengeschichte und Kulturgeschichte. In: Gumbrecht, Hans Ulrich; Pfeiffer, K. Ludwig: Materialität der Kommunikation, Frankfurt 1988.
Schluchter, Wolfgang: Gesellschaft und Kultur. In: Schluchter, Wolfgang (Hg.): Verhalten, Handeln, System, Frankfurt 1980.
Sperber, Dan: Über Symbolik, Frankfurt 1974.
Soeffner, Hans-Georg: Interaktion und Interpretation. In: Soeffner, Hans-Georg (Hg.): Interpretative Verfahren in den Sozial- und Textwissenschaften, Stuttgart 1979.
Soeffner, Hans-Georg: Kulturmythos und kulturelle Realitäten. In: Soeffner, Hans-Georg (Hg.): Soziale Welt, Sonderband 6: Kultur und Alltag, Göttingen 1988.
Television and Behavior. Ten Years of Scientific Progress and Implications for the Eighties. 2 Bde., National Institute for Mental Health (Hg.), Washington 1982.
Thyen, Anke: Negative Dialektik und Erfahrung. Zur Rationalität des Nichtidentischen bei Adorno, Frankfurt 1989.
Touraine, Alain: Krise und Wandel des sozialen Denkens. In: Berger, Johannes (Hg.): Die Moderne, Soziale Welt, Sonderband 4, 1986.
Uhle, Reinhard: Zur Erschließung von Einzelnem aus Konstellationen. In: Naeher, Jürgen (Hg.): Die Negative Dialektik Adornos, München 1984.
Weiß, Johannes: Kultur als soziale Lebenswelt. In: Soziologische Revue, 4/1981/4.
White, Hayen: Auch Klio dichtet oder Die Fiktion des Faktischen, Stuttgart 1986.
Wilson, Thomas P.: Theorie der Interaktion und Modelle soziologischer Erklärung. In: Arbeitsgruppe Bielefelder Soziologen (Hg.): Alltagswissen, Interaktion und gesellschaftliche Wirklichkeit, Opladen 1981.

Projekte und Untersuchungen

Ben Bachmair

Interpretations- und Ausdrucksfunktion von Fernseh-erlebnissen und Fernsehsymbolik

Untersuchungskontext

1982 wurde in einer dritten Klasse einer Grundschule mit neunjährigen Jungen und Mädchen das Unterrichtsprojekt „Weltraumreise“ durchgeführt.[1] Dieses Projekt war im Sinne eines assoziativen Phantasie-Raumes inszeniert,[2] der Kindern im Rahmen der Schule die Gelegenheit für gruppendynamische Entwicklungen und für eigene Phantasiegeschichten gab. An sechs Unterrichtsvormittagen bastelten die Kinder Requisiten für das Spiel „Weltraumreise“. Hierbei hatten sie viel Zeit und Gelegenheit für ihre eigenen Assoziationen, für beiläufige Gespräche und für die Entwicklung von Spielideen. Am vierten Unterrichtsvormittag führten die einzelnen Gruppen mit Hilfe der von ihnen gebastelten Requisiten ihr jeweiliges Spiel „Weltraumreise“ vor der Klasse auf. Am fünften Unterrichtsvormittag wurde in der Klasse über die Spiele geredet; am sechsten Unterrichtsvormittag, nach einer Ferienzeit von ca. 3 Wochen, klebten die Kinder Fotos von ihrem Spiel auf Wandplakate. Das Subjekt „Weltraumreise“ hatte die Aufgabe eines inhaltlichen Anknüpfungspunktes zur damals aktuellen Fernsehserie „Captain Future“. Bei „Captain Future“

handelt es sich um eine Zeichentrickserie, in der ein guter, strahlender Weltraumpolizist von bösen Menschen und Mächten existenziell bedroht wird. Indem er mit viel technischem Gerät kämpft und Krieg führt, kann er sich und seine Mannschaft, sogar die ganze Menschheit, aus der tödlichen Bedrohung befreien. Die Serie lief über den ganzen Winter, einmal wöchentlich am späten Nachmittag zu einer Kindern bekannten Sendezeit für Zeichentrickserien.[3]

Fragestellung

Aus den Beobachtungsergebnissen werden hier solche gruppendynamischen Entwicklungslinien herausgenommen und vorgestellt, innerhalb derer sich die *thematische Funktion* von Fernsehsymbolik und von Fernseherlebnissen identifizieren läßt. Die Kategorie der ‚thematischen Funktion' bezieht sich auf die handlungsleitenden Themen der Kinder. Hierbei handelt es sich um die inhaltlichen Handlungsdispositionen, die sowohl die Fernsehrezeption als auch die Beziehung in der Kindergruppe strukturieren bzw. die Verbindung zwischen Fernsehen und Gruppenbeziehung vermitteln.

Es wurden drei Beispiele ausgewählt (Punkte 2 – 4), die typische Aspekte symbolischer Vermittlung herausstellen. Im Mittelpunkt stehen Fragen nach

– Interpretation: u.a. Welche Bedeutung haben handlungsleitende Themen als Interpretationsfolie für Fernsehrezeption?
– Subjektivem Ausdruck und Gestaltung: u.a. Wie tragen Fernsehsymbolik und Fernseherlebnisse dazu bei, daß Kinder ihre handlungsleitenden Themen symbolisch darstellen?

Im einzelnen geht es dabei um die Beziehung von handlungsleitenden Themen, Gruppenbeziehungen und Symbol- bzw. Themenkomplexen der Fernsehserie „Captain Future".

1. Kommunikationstheoretische und methodologische Skizze: Symbolische Vermittlung, Darstellung und Gestaltung, Interpretation, Medienspuren

Mit den Kategorien der symbolischen Vermittlung bzw. der symbolischen Verarbeitung (als deren subjektiv handelnde Komponente) öffnet sich ein kommunikationstheoretisches und damit verbundenes methodologisches Programm. Es wendet sich – im ersten Schritt – gegen die theoretische Interpretation der Fernsehrezeption als Informationstransport von einem Sender zu einem Empfänger.[4] Mit der Definition des Forschungsgegenstandes als dialektische Vermittlungskategorie (= Symbolische Vermittlung) ist auch die Abwendung von einer Forschungsmethode gegeben, der ein Abbildungsmodell mittels vorgegebener Variablen zugrundeliegt. Statt dessen wird nach dem kulturellen und subjektiven Sinn von „Medienspuren" in symbolischen Darstellungen von Kindern gefragt.

1.1 Die symbolische Qualität des Fernsehens sowohl als kulturellem Medium als auch als subjektiver Aktivität

Für einen notwendigerweise am kulturellen und am alltäglichen Handeln von Kindern orientierten Pädagogen ist es selbstverständlich, auch Fernsehen als Aktivität zu verstehen, die in kommunikativer Beziehung von kultureller Objektivation (= Medium) und subjektivem Handeln eingebunden ist. Fernsehen als Bildschirmereignis reiht sich ein in die unendliche Zahl kultureller Objektivationen, die von der Sprache über die Lehrpläne bis zu den Häusern, in denen Kinder aufwachsen, reicht. Fernsehen als Hören und Sehen, also als Aktivität, ist dann auch Teil der kulturellen Aneignung, die immer symbolischer Natur ist und deshalb in die vielfältigen subjektiven Aneignungs- und Darstellungsprozesse integriert ist. Mit der Einordnung des Fernsehens als Medium in den Bereich kultureller Objektivationen und des Fernsehens als Hören und Sehen in den Bereich der subjektiven Aneignung und Darstellung öffnet sich der Blick für ein vielfältiges Feld von Phänomenen, zu deren Systematisierung es schon eine Fülle von theoretischen Hilfen gibt.[5] Die hier skizzierte Untersuchung bezieht sich auf Konzepte der symbolisch vermittelten Aneignung, die nach dem subjektiven Sinn des Handelns in einer objektiven Welt sozialer und kultureller Bedeutung fragt.[6] Wichtig ist hierbei, daß mit den Kategorien „Objektive Welt sozialer und kultureller Bedeutung“ und „Handeln und Erleben als symbolische Aneignung und Darstellung“ eine Subjekt-Realitäts-Beziehung formuliert ist, die substanziell symbolisch vermittelt ist: die soziale und kulturelle Welt hat diese sozialkulturelle Qualität nur, weil ihre Bedeutung symbolischer Natur ist. Handeln, Denken, Fühlen, Erleben dieser Welt braucht deren symbolische Objektivationen, um die Beziehung des Subjektes nach draußen, also zur Realität, und zu sich selbst und seinen symbolisch vermittelten Erlebnissen, Erfahrungen, Emotionen, Vorstellungen, Zielen herzustellen. Wie die Dynamik dieser Innen-/Außen-Beziehung[7] mittels kultureller Objektivationen funktioniert, hat u.a. Bettelheim[8] für das ‚archaische Medium‘ Märchen beschrieben. Märchenfiguren, Handlungsmuster des Märchens usw. bieten Kindern die Symbolik, um ihre Ängste, Wünsche, Widersprüche, Erlebnisse verfügbar zu machen und verfügbar zu haben. Das schließt die Chance ein, Ängste, Wünsche usw. auch phantasierend oder handelnd zu bearbeiten. Ein Märchen funktioniert dabei u.a. als Interpretationsmuster. So ist z.B. die Dramaturgie des Märchens (fast ausschließlich) auf das gute Ende ausgerichtet, was für Kinder und ihre Phantasien bzw. Handlungen ermutigend wirken kann. Für die Rezeption eines Märchens, wie für jedes andere Medium auch, ist die subjektive Handlungsdisposition von entscheidender Bedeutung. Diese Handlungsdisposition wird mit der Kategorie des Handlungsleitenden Themas inhaltlich gefaßt. Sie wird also nicht funktional definiert wie z.B. mit der Kategorie der Motivation oder des Bedürfnisses.[9] Bettelheim hat im Rahmen seiner Märchen- bzw. Medientheorie – psychoanalytisch und alltagssprachlich – von Themen wie ‚Groß-werden-Wollen‘, Autonomie gewinnen‘ usw. gesprochen.

Die symbolische Vermittlungsfunktion des Märchens unterscheidet sich selbstverständlich von der des Fernsehens. In dieser Dynamik symbolischer Vermittlung von kulturellen Objektivationen und Subjekt gibt es eine historische Entwicklung. Es macht natürlich einen wesentlichen Unterschied, ob ein Kind abends von der Großmutter ein Märchen erzählt bekommt oder ob es fernsieht. Die kulturellen Objektivationen bringen immer eine spezifische und wesentliche Eigendynamik in die Subjekt-

Realitäts-Beziehung. Für die Beziehung der Kinder zum Fernsehen spielt zur Zeit die Einbindung des Fernsehens in ein Medien- und Konsumnetz eine zentrale Rolle.[10] Fernsehen als Leitmedium des Medien- und Konsumnetzes hat Konsequenzen für symbolische Aneignungs- und Darstellungsformen, insbesondere für Interpretationsmechanismen sowie für Gestaltung und Ausdruck.

Interpretation sowie Gestaltung/Ausdruck sind Kategorien, die subjektive Handlungsmöglichkeiten in den Mittelpunkt stellen und die eine pädagogische Dimension eröffnen. Diese pädagogische Dimension schließt sich durch die alltagssprachlich formulierten Gegensatzpaare: Einbinden/Sich-Befreien; Gelingen/Scheitern. Diese beiden Gegensatzpaare versuchen den Gedanken der kommunikativen Verdinglichung einer fernsehvermittelten Subjekt-Objekt-Beziehung in ihrer praktischen Bedeutung aufzuzeigen und dafür empirische Belege zu finden.

1. Fragenbereich: Subjekt-Objekt-Beziehung als thematisch angeleitete Interpretation

Exemplarische Fragen

Welches Verhältnis besteht zwischen Fernsehen[11] und handlungsleitenden Themen? Werden Fernseherlebnisse oder die symbolische Struktur eines Fernsehfilms (Figuren, Handlungsmuster der Figuren, Dramaturgie des Films usw.) zu Interpretationsmustern für die Erlebnis- und Handlungsweise der Kinder? Bekommen die jeweiligen handlungsleitenden Themen der Kinder durch Fernseherlebnisse oder Fernsehsymbolik geänderte Bedeutung? Die dazu alternativen Fragen stellen die handlungsleitenden Themen in ihrer interpretatorischen Funktion für Fernsehrezeption und für Verarbeitung von Fernseherlebnissen als dominant heraus: Werden Fernseherlebnisse, Fernsehsymbolik, Fernsehrezeptionssituationen durch die handlungsleitenden Themen der Kinder interpretiert? Welche Rolle spielen dabei die Gruppenbeziehung und die Themen der Kindergruppe für die Bearbeitung der individuellen Fernseherlebnisse bzw. -symbolik?

Thesen

Diese Fragen konkretisieren folgende Thesen zur Interpretationsfunktion bzw. zu Interpretationspräferenzen von Fernsehen als objektiviertem kulturellen Interpretationszusammenhang bzw. zur Interpretationsfunktion und -präferenz handlungsleitender Themen als dynamischem Mittelpunkt subjektiver Interpretationsmuster:

(1) Die Interpretationsdynamik ergibt sich aus einem komplexen Gefüge sich gegenseitig verstärkender Elemente: Das sind Erlebnisse einschließlich der Medienerlebnisse und der Erfahrungen mit Mediendramaturgie/Sprache einschließlich der Mediensymbolik/situativer Handlungskontext einschließlich der Gruppenbeziehungen/handlungsleitende Themen. Vermittlungsfunktion haben dabei die handlungsleitenden Themen, die diese Elemente interpretierend und interdependent aufeinander beziehen.

(2) Die Gruppenbeziehung und der situative Kontext bilden die interpretatorische Folie für die subjektiven handlungsleitenden Themen und für die Verwendung von Fernsehsymbolik.

(3) Die Fernsehsymbolik hat inhaltliche Konsequenzen für die Interpretation handlungsleitender Themen.

(4) Die thematisch erfolgreiche Verwendung von Fernsehsymbolik stützt die Bedeutung des Leitmediums Fernsehen und bindet über die Gruppenbeziehung die Kinder – zumindest langfristig – in das Medien- und Konsumnetz ein.

2. Fragenbereich: Gestaltungs- und Ausdrucksfähigkeit im Medien- und Konsumnetz

Exemplarische Fragen

Sind Kinder in der Lage, ihre handlungsleitenden Themen trotz Fernseherlebnissen und trotz Fernsehsymbolik darzustellen und evtl. auszuagieren? Reproduzieren sie nur stereotype Handlungsmuster einer Fernsehserie? Sind sie in der Lage, gruppendynamische Entwicklung thematisch, d.h. von ihren handlungsleitenden Themen her zu gestalten? Bringt die den Kindern bekannte Fernsehserie „Captain Future" Kommunikationsmöglichkeiten, Gesprächsanlässe usw.?

Thesen

Im Mittelpunkt dieser Fragen stehen subjektiver Ausdruck und subjektive Gestaltung von Kindern. Ausdruck und Gestaltung sind konstitutiv auf kulturelle Symbolik für ihre symbolischen Darstellungen angewiesen. Fernsehsymbolik (einschließlich deren Dramaturgie) hat wichtige thematische Ausdrucks- und Gestaltungsfunktion,[12] insbesondere in Gruppensituationen:

(5) Die Symbolik des Leitmediums Fernsehen und deren Dramaturgie haben Ausdrucksfunktion für die Themen einzelner Kinder und die Themen von Kindergruppen.

(6) Die Kinder verwenden die Symbolik des Fernsehen und deren Dramaturgie kreativ-gestaltend innerhalb komplexer Kommunikationsprozesse.

(7) Symbolik und Dramaturgie des Fernsehens unterstützen eine gelingende symbolische Darstellung der handlungsleitenden Themen. Dadurch bildet sich eine erfolgreiche Verständigungsbasis (die dann Kinder in das Medien- und Konsumnetz einbindet).

(8) Scheitern Kinder bei der Darstellung ihrer handlungsleitenden Themen mittels Symbolik bzw. Dramaturgie des Fernsehens, so liegen die Ursachen dafür in ihrer individuellen Biographie.

(9) Fernseherlebnisse und Fernsehsymbolik fördern Interaktions- und Kommunikationsdichte in Kindergruppen (was die Leitfunktion des Fernsehens im Medien- und Konsumnetz stabilisiert).

1.2 Rekonstruktion symbolischer Vermittlung im Situationskontext

Lebensweltorientierung und die Suche nach Medienspuren

Lebensweltorientierung statt Medienorientierung sind die entscheidenden Stichworte für die Art, wie Fernsehrezeption untersucht wird. Als Bild formuliert heißt das, statt der Bestätigung eines Variablenmodells der Fernsehrezeption geht es darum, Fernsehspuren im Alltag von Kindern zu entdecken und zu fragen, auf welche kommunikative Bedeutung die Medienspuren verweisen. (Kommunikativ ist hier im weitesten Sinne gemeint und reicht von Interaktion in Gruppen über aktuelle situative Zusammenhänge zu biographischen Entwicklungslinien.)

Teilnehmende Beobachtung ist die Methode zur Analyse der Lebenswelt, die Ereignisse in ihrer komplexen Einbindung in die Medienwelt am ehesten entdecken und angemessen beschreiben kann, insbesondere wenn von diesen Zusammenhängen noch theoretisch wenig bekannt ist. Ziel der teilnehmenden Beobachtung ist, Situationsdokumente zu erstellen. Dazu werden Tonbandmitschnitte in den jeweiligen Kindergruppen gemacht, die dann in ausgewählten Teilen (sogenannte Episoden) transkribiert werden. Die transkribierten Episoden bilden das Analyse- sowie das Belegmaterial des Forschungsprozesses. Die Auswahl der zu verschriftlichenden Episoden basiert auf dem Referenzrahmen des Beobachters und dessen Situations- und Erlebnisbericht, sowie auf der Rückbindung dieses Berichtes und dessen Referenzrahmen an die Situationsdokumente. Gruppendiskussionen aller Beobachter sind hier eine wichtige Methode der Rückbindung.[13]

Forschungsgegenstand: Symbolische Darstellung im Kontext symbolischer Vermittlung[14]

Die Frage nach Gestaltung, Ausdruck und Interpretation der Kinder in einer Alltagssituation (Schule, Kindergruppe) ist in die Definition von Kommunikation als symbolischer Vermittlung eingebunden. Wichtig ist dabei die Annahme, daß sich in diesem Prozeß objektive, subjektive und situative Komponenten zu einem einmaligen und gerichteten Handlungsgefecht überlagern.[15] Die *objektive* Komponente dabei ist das Fernsehen als Leitmedium eines Medien- und Konsumnetzes, das in Form von Medienerlebnissen oder in Form von Mediensymbolik in den symbolischen Darstellungen der Kinder erscheint. Symbolische Darstellungen sind alle kommunizierbaren Äußerungen, z.B. Aussagen, Requisiten, Spielmuster.[16]

Die *subjektive* Komponente macht sich an den handlungsleitenden Themen der Kinder fest. Sie sind Ergebnis ihrer jeweiligen Biographie im Kontext der jeweiligen Lebens- und Alltagsumstände. Auch die handlungsleitenden Themen erscheinen objektiviert in den symbolischen Darstellungen der Kinder.

Der *situative* Kontext ist entscheidend für die Interpretation der symbolischen Darstellungen und der in ihnen erscheinenden subjektiv-objektiven Vermittlung. D.h. in offenen Unterrichtssituationen mit ihrer speziellen Gruppendynamik und didaktischen Zielsetzung lokalisieren sich die symbolischen Darstellungen der Kinder. Im Kontext des Unterrichts wurden nun die Interpretations- und Gestaltungsprozesse der Kinder anhand ihrer symbolischen Darstellungen identifiziert und auf Bezüge zum Fernsehen untersucht.

Ganzheitliche und analytische Auswertungsperspektive

Um die Bedeutung von Medienspuren in den symbolischen Darstellungen der Kinder zu bestimmen, müssen diese Spuren in den jeweiligen Handlungssituationen und Handlungsentwicklungen (Schule, Gleichaltrigengruppe, Unterrichtsprojekt mit assoziativem Freiraum, „Weltraumreise“ als Gestaltungs- und Handlungsangebot) ‚verortet‘ werden (Ganzheitliche Auswertungsperspektive). Dazu begibt man sich für die Auswertung in die Perspektive der Ereignisse bzw. des Handlungsverlaufs und ordnet die Ereignisse in ihrer Beziehung und Entwicklung mit Hilfe der Beobachtungsdokumente (Tonbandmitschnitte von Handlungssituationen bzw. deren Verschriftlichung in Form ausgewählter Episoden, Erlebnisprotokolle der Beobachter) funktional einander zu: Warum kommen die Jungen zu ihrem wilden Kriegsspiel? Welche gruppendynamische Situation geht voraus? Wie greift der Lehrer ein? Welche Spielfunktion hat die Aussage „Monster von Megara“? usw.

Im zweiten, analytischen Zugriff auf die Beobachtungsdokumente (analytische Auswertungsperspektive) werden die Beziehung von symbolischen Darstellungen, handlungsleitenden Themen und der Massenkommunikation mit dem Ziel untersucht, kommunikationstheoretisch relevante funktionale Beziehungen zu entdecken. Konkretisiert wird dies durch die Suche nach „Medienspuren“. Hierbei handelt es sich um Indikatoren, die auf Medienerlebnisse hinweisen. Daneben ist es wichtig, die Medienspuren als Hinweise auf Mediensymbolik und auf mediendramaturgische Komplexe in den symbolischen Darstellungen der Kinder zu identifizieren.

Methodische und assoziativ-impressionistische Auswertung

Die gezielte *methodische Auswertung* der Beobachtungsdokumente hat die Form einer Textanalyse. Die verschriftlichten Episoden werden unter dem Gesichtspunkt der funktionalen Beziehungen der relevanten kommunikationstheoretischen Elemente (z.B. handlungsleitende Themen, Mediensymbolik usw.) analysiert. Dabei werden die ausgewählten und verschriftlichten Episoden in Beziehung gesetzt zu Situationen und zum Handlungsverlauf. Hier spielt die Frage eine wichtige Rolle, ob die ausgewählten Episoden relevant und vollständig sind bzw. ob sie schon ausgedeutet sind. Diese Rückbeziehung der Ausdeutung der Dokumente sowie der Relevanz und Vollständigkeit von Dokumenten hat den Charakter einer Revision, die grundsätzlich neue Thesen und neue Belege in der Dynamik des Interpretationsprozesses zuläßt bzw. neue Thesen und neue Belege kontinuierlich in den Forschungsprozeß integriert.

Weiterhin werden die Episoden, die Verweise auf Medien enthalten (‚Medienspuren‘), mit den Medien, auf die sie sich beziehen könnten, verglichen. Hier sind Fragen wichtig, wie die, ob ein Kind eine Filmszene zitiert, ob es dramaturgische Gemeinsamkeiten zwischen symbolischen Darstellungen dieses Kindes und einem Film, auf den die Medienspuren verweisen, gibt.

Assoziativ impressionistische Auswertung

Neben dem Vergleich ausgewählter und verschriftlichter Beobachtungsdokumente mit Handlungssituationen und Medien gibt es eine subjektiv geleitete Gruppendiskussion der Beobachter und anderer Mitglieder der Forschungsgruppe. Sie setzt bei den Erlebnisberichten der Beobachter an. Über Parteinahme für einzelne Kinder, Vergleich von Handlungssituationen mit Lebenserfahrungen, Diskussion von Übertragungsmechanismen, Sympathiebewertungen usw. erscheinen dann die emotionalen Momente von Kommunikation im Forschungsprozeß und werden so auch intersubjektiv belegbarer Teil des Forschungsgegenstandes. Assoziativ-impressionistische Kommunikationselemente werden in den Forschungsprozeß integriert und per schriftlichem Dokument objektiviert.

Textanalytische bzw. textvergleichende Verfahren sind also mit impressionistisch-assoziativen Verfahren verknüpft. Unter dem Stichwort ‚Dynamik der Interpretation im Forschungsprozeß' wird die Beziehung beider Auswertungsweisen in ihrer Entwicklung im Rahmen des Forschungsprozesses beschrieben.

2. Weltraumpolizei – Spielend Bedrohung abwehren und aggressiv überlegen sein

2.1 Die Entstehung eines aggressiven Spielmusters im Konflikt zwischen Jungen und Mädchen

Zwei Jungen und zwei Mädchen sind von der Lehrerin zu einer Arbeitsbzw. Spielgruppe zusammengebracht worden. Es entwickelt sich schon am ersten Unterrichtsvormittag ein Konflikt zwischen den Jungen einerseits und den Mädchen andererseits, der deutlich durch die unterschiedlichen Arbeitsstrategien ausgelöst wird. Im Mittelpunkt des Konfliktes stehen sich Götz und Christa gegenüber. Götz ist spontan, impulsiv, läuft ständig zu anderen Gruppen, hat kein eigenes Arbeitsziel. Christa dagegen ist zielorientiert. Sie versucht Götz in die Gruppenarbeit einzubinden. Dazu setzt sie auch die Lehrerin als Autoritätsperson für ihre Zwecke ein.

(Götz läuft mit seinem Funkgerät umher und sucht Kontakt)*

Götz: (funkt) Christoph, bitte Christoph!

Christoph: Mein Funkgerät ist grad noch im Bau, das kann jetzt nicht funken.

(Götz läuft weiter mit seinem Funkgerät herum)

(Lehrerin nähert sich der Gruppe)

Christa: (vorwurfsvoll) Der baut nur Funkgeräte!

Lehrerin (L.): Das ist nicht gut! (zu Götz) Du kommst dauernd mit ner Schachtel, steckst einen Draht rein und bist fertig. Das ist schon das Dritte.

Christa: Ja, der baut nur –

L.: Machst sonst nichts?

Götz: Wenn ich kein Ding net hab, so ein Deckel

Christa: Ja, der hat gesagt, der würde das hier (sie weist auf die halbfertige Rakete) noch machen, und hat gedacht, er kann welche überspringen.

L.: Dann kann der nachher auch nicht vorspielen, dann kann er nicht mitmachen. (zu Götz) Wenn du wieder gar nichts machst! Götz! Du kannst nicht immer die anderen für dich arbeiten lassen.

Götz: Stimmt gar nicht! (er zeigt auf die Rakete)
Bis dahin hab ich alles gemacht!

Christa: Ja, da haste alle übersprungen. (Sie bezieht sich auf die Basteltechnik, Götz hat die Maschen nicht ausreichend befestigt.)

L.: Wer ist denn in eurer Gruppe, wer ist das? Christa, Christoph, Isa. Und ihr drei arbeitet und Götz nicht?

Götz: Na klar hab ich – weiß nur nicht, wo mein Ding jetzt ist!

L.: Du zeigst mir pausenlos ne Schachtel, steckst nen Draht rein und sagst: Guck mal, mein tolles Funkgerät!

Götz: Soll ich da son Ding dranmachen – so?

L.: Du kannst ja auch was anderes machen als ein Funkgerät.
(Lärm)

Isa: (zu Götz) Du kannst ja mal was anders machen, hätteste mal was anderes gemacht, zum Beispiel einen Roboter oder so . . .

Götz: (gekränkt) Das ist ja gut! Vorhin hab ich einen Roboter gemacht und da habt ihr gemährt. Und jetzt soll ich wieder nen Roboter machen!

Christa: Einen richtigen! Du hast ja nur deinen Erzwei, oder was das ist.

Götz: (betonend) Erzwodezwo, Erzwodezwo – ohweia!

* Wegen des Umfanges der gesamten Transkriptionen wurde auf eine äußerst einfache Übertragung Wert gelegt, weshalb u.a. auf Auslassungszeichen verzichtet wurde. Darüber hinaus wurde versucht, in der Regel Wörter nach Höreinheiten zusammenzufassen.

(Götz bastelt spontan ein paar Pappschachteln zusammen.)

Christa: Götz! Wir wollen nicht son komisches Ding da, wir wollen einen richtigen Roboter!

Götz: (hilflos) Wie soll ich denn bauen!

In dieser Episode geht es darum, daß Götz mit seinem schnell gebastelten Funkgerät (Schachtel mit einem Stück Draht) lustbetont spielt, andere Kinder anfunkt. Götz' Spielidee wie ‚R2D2' (Roboter aus „Krieg der Sterne") wurde von Christa abgelehnt. Um ihre Arbeitsweise durchzusetzen, benutzt sie die Lehrerin als Machtfaktor. Das zweite Mädchen der Gruppe wirft Götz vor, er hätte „einen Roboter oder so" machen sollen. Sein Vorschlag, einen Roboter zu basteln, war vorher, als die Lehrerin nicht anwesend war, von der Gruppe als „komisch" abgelehnt worden. In dieser Situation entwickelt Götz und Christoph eine Assoziationskette, die beim Funkgerät beginnt und über Kopfschmuck (der Draht des Funkgerätes wird dazu verwendet) Raumfahrerhelm, Strahlerpistole zur „Raumweltpolizei" geht.

(Götz macht den Mädchen unvermittelt den Vorschlag zu einem Abenteuer)

Götz: Die Mädchen werden von dem Drachen angegriffen und funken um Hilfe. Die Jungen erschießen den Drachen mit ihren Phaserpistolen.

Christa: Das ist keine richtige Geschichte.

(Christoph und Götz spielen Engel)

Christoph/Götz: Ich bin ein Engel, ich bin ein Engel!

Isa: (zu Götz abwertend) Ach, dann Götz daß Du (betont) ein Engel bist!

(Kinder lachen)

Christoph/Götz: Ich bin ein Engel, ich bin ein Engel, ich bin ein Engel, ich bin ein Engel!

(Kinder lachen)

Christoph/Götz: Ich bin ein Engel, ich bin ein Engel . . .
. . . Engel.

(Christoph und Götz schlagen die Arme wie Flügel auf und nieder und laufen durch den Klassenraum. Götz hört als erster damit auf.)

Götz: Meine Flügel sind ausgescheppert.

(Christoph „fliegt“ weiter)

Christoph:	Ich bin ein Engel, ich bin ein Engel.
Isa:	(gereizt) Nu macht mal lieber was!
Christoph:	He, Götz, ich bin grad am Überlegen.
Götz:	Was dann?
Christoph:	Ach, ja.
Götz:	Was dann?

(Christoph entfernt sich etwas vom Tisch und grübelt)

.

.

.

Christoph:	Ai, Götz, komm mal her! Götz, komm mal her!

(Christoph und Götz stecken die Köpfe zusammen)

Christoph:	Götz, wir können ... wir können doch Polizei sein, wir selber, Polizei, Raumwelt-Polizei! Hast gehört?
Götz:	Na klar bin ich Raumwelt-Polizei!

(Christoph und Götz unterhalten sich flüsternd und aufgeregt über „Sheriffsterne“, die sie aus ihrem Engel-Kopfschmuck basteln wollen. Götz will Christoph weiter vom Tisch wegziehen.)

Götz:	Los, komm her!
Protokollant:	Was habt ihr vor hier, he?
Christoph/Götz:	Nichts, nichts!

(Sie wollen ihre Pläne geheimhalten. Im folgenden entwickeln Christoph und Götz eine hektische Betriebsamkeit beim Herstellen ihrer Polizeiausrüstung.)

Die Assoziationskette von den Engeln zur Raumweltpolizei

Im weiteren Verlauf des Spiels werden aus der „Raumweltpolizei“ soldatenähnliche Weltraumkämpfer, die die „Megaras“ abwehren.

Die Mädchen schaffen es nun, die Lehrerin im Konflikt mit den Jungen voll auf ihre Seite zu ziehen, indem die Jungen aus der Gruppe ausgeschlossen werden und eine eigene Arbeitsgruppe bilden. Die Jungen lösen für sich diesen Konflikt, indem sie sich Omnipotenz- und Kampfmittel basteln und damit Raumweltpolizei zur Abwehr der „Monster von Megara“ spielen.

Vermutlich holen sie sich damit auf der Phantasieebene ihres Spiels Raumweltpolizisten zu Hilfe, nachdem die Mädchen – auf der Realitätsebene des Unterrichts – die Lehrerin, quasi als Unterrichtspolizistin, zur Konfliktregelung hinter sich gebracht hatten. Damit gelingt es den Jungen sehr wohl, ihr Thema auszudrücken und spielend die Gruppenbeziehung weiterzuentwickeln: Als Raumweltpolizisten wehren sie immer wieder Angreifer ab, solange bis sie sich im Aktionsspiel ausagiert haben.

2.2 Generierende Eigendynamik des Spielmusters im Kontext des Themas

Das Spiel der Jungen beginnt damit, daß sie von ihrem Boß den Auftrag bekommen, die Bedrohung durch die Monster von Megara abzuwehren. Dazu fliegen sie mit ihrem Raumschiff auf den Planeten, wo sie einige Megara-Monster erschießen. Sie werden dann per Funkgerät wieder zur Zentrale gerufen, da dort ein Angriff der Monster von Megara droht. Bei ihrem Start werfen sie noch Bomben auf die Monster von Megara. Die Jungen fliegen dann mit ihrem Raumschiff zur Wasserinsel, wo die Megaras ein Raumschiff überfallen haben. Auf der Insel fällt einer der Jungen durch eine versteckte Falltür. Er wird befreit. Ständig auftauchende Bedrohungen (glühende Lava, fremdes Raumschiff, eine feindliche Höhle, ein Schießwurm und aggressive Megara-Monster) wehren die Raumfahrer siegreich ab, indem sie Bomben werfen, Sprengladungen zünden usw. Die Jungen beenden ihr Spiel, nachdem sie sich ausgetobt haben, ohne jedoch die Spielhandlung zu einem Abschluß zu bringen. Innerhalb des Spielmusters: Bedrohung abwehren, Kampf, Angreifen, Töten – gibt es eine Reihe von Variationen. Es taucht auch die Reaktion ‚Flucht' auf; selten die Reaktion ‚Reden' oder ‚etwas entfernen' (eine Batterie).

Variationen des Spielmusters ‚Bedrohung abwehren/kämpfen/ angreifen/töten'

Alex:	Harte Landung! – krrrchchchch –	
Christoph:	Aussteigen!	
Götz:	Funkgeräte mitnehmen!	
Christoph:	Nehmt eure Masken mit! – Los, in Dreierreihen!	
(Sie springen aus dem Raumschiff, Götz macht dabei die tollsten Sätze).		BEDROHUNG:
Alex:	Die Monster von Megara!	Monster

Christoph:	Ich suche hier unten, ihr da drüben!	
(Alex kriecht auf dem Boden herum.)		
Alex:	Hier an Zentrale, hier an Zentrale! Kommen Sie bitte, ich hab eine Spur entdeckt!	
(Götz kommt angerannt.)		
Götz:	Bin schon da!	
(Götz und Christoph laufen zum offenen Fenster und schießen hinaus auf die parkenden Lehrerautos.)		ABWEHR: Schießen

Götz:	Ich nehme den dahinten, du nimmst von vorne den.	
Christoph:	Okay! Feuer! – pch-pchpch-pch Scheiße. (Er geht in Deckung.) – pch-pch.	
Götz:	– pch – pchpch!	
(Inmitten des Spiels der Jungen heulen die Sirenen der Stadt Probealarm!)		
L.:	(zu den Jungen) Das habt ihr gemacht! Das habt ihr ausgelöst, das war die gleiche Wellenlänge! (L spielt auf Götz' Orgeln an.)	
Christoph:	(ängstlich) – ooouuuh!	BEDROHUNG:
Götz:	Die Monster! Bleib du an Bord!	Monster

(Götz rennt mit Alex zum Fenster, beide schießen hinaus.)		ABWEHR: Schießen

(Alex kehrt zum Raumschiff zurück und kommt dabei an Christas Rakete vorbei.)		
Alex:	Fremdes Raumschiff in Sicht!	BEDROHUNG:
Christoph:	Fremdes Raumschiff in Sicht!	Raumschiff

Götz:	Schieß es ab!	ABWEHR: Schießen

Alex:	Nein – nehmt mit ihm Funk auf! – Hallo, an fremdes Raumschiff! Wie heißen Sie?	ABWEHR: Reden
(L. hat inzwischen für Henning das Hallgerät eingeschaltet. Henning produziert ein unheimliches Glucksen und Lachen.)		
Christoph:	Die machen uns eine Funkstörung! – Was ist das für ein Gerät? Schalt es sofort aus, bevor die irgendwas machen, was für uns gefährlich ist.	BEDROHUNG: Irgend jemand ist gefährlich
Götz:	Die Bäume wackeln ja.	ABWEHR:
Christoph:	Das ist ganz gefährlich, wir müssen sofort landen.	Landen

(Alex hat aus den Musikrequisiten einen Schellenstab geholt und bewegt ihn auf dem Tisch hin und her.)		
Alex:	Das ist ein Wurm, der kommt hier angerollt – ihr müßt verschwinden!	
Götz:	Das ist ein Schießwurm, weißte das?	BEDROHUNG:
Christoph:	Paß auf, er tötet dich!	Schießwurm
(Götz und Christoph holen ihre Waffen. Götz erschießt den Wurm.)		ABWEHR:
Götz:	Der is weg vom Fenster – der ist tot.	Schießen
(Das Raumschiff fliegt Kurven, steigt auf und fällt.)		
Christoph:	Weiche Landung!	
Götz:	Nicht landen! – Sofort wieder hoch – feindliche Wesen! Würmer – die machen das Gas aus den Pistolen!	BEDROHUNG: Feindliche Wesen
Alex:	Starten, so schnell wie möglich!	ABWEHR: Flucht

Alex:	Alle Mann zur Zentrale. Die Monster von Megara greifen an, Anruf von der Erde! Ende!	BEDROHUNG: Monster greifen an
Christoph:	Wir müssen sofort starten.	ABWEHR: Flucht
Götz:	Sofortstartung!	
Christoph:	Genügt – schalt aus!	
Götz:	Megara-Wesen!	
Christoph:	Mensch, Feuer! Düsenantrieb an!	

Alex:	Ich schmeiß ne Gasbombe auf die Megaras!	ABWEHR: Bomben werfen
Götz:	Meine auch, hier!	
Alex:	Das ist doch keine Gasbombe! – Wir fliegen jetzt zur Wasserinsel.	
Christoph:	Da soll heute nacht ein Schiff von sechs Megaras überfallen worden sein – los, starten!	BEDROHUNG: Überfall
Alex:	Halt, dahinten – seht mal, unsere Gegner!	
(Alex und Götz steigen aus. Götz nimmt „Zeitbomben" mit.)		
Christoph:	Ich bleibe an Bord!	
Götz:	Da ist eine feindliche Höhle, der Gang ist zugemauert! –	BEDROHUNG: Zugemauert
(Die Jungen zünden eine „Zeitbombe".)		ABWEHR: Bombe zünden
Alex u. Götz:	Boooochch-pchchchch!	

Es gibt eine Fülle von Spielmotiven des Kämpfens, des Angreifens, des Tötens, der Abwehr von Bedrohung: Militärisches Vorgehen; Noteinsätze und Notlandung, fremdes Raumschiff abschießen; den Schießwurm abschießen; Gasbombe auf die Megaras schmeißen; Zeitbombe zünden; Neutronen-Kanone einschalten; Feuersystem einschalten.

Sprachliche Aussagen (Raumschiff Enterprise, Noteinsatz, Monster von Megara, Düsenantrieb, Zeitbombe, Nebenbei-Stromgerät usw.) und das Spielmotiv (kämpfend Bedrohung abwehren) lassen sich innerhalb des Spielmusters (action) ziemlich breit variieren und in Abwandlungen jeweils in ähnliche Spielzüge einbauen. Die generierende Möglichkeit des Spielmusters verstärkt das Muster selber.

2.3 Handlungsmuster und Zitate aus der Massenkommunikation, insbesondere aus „Captain Future"

Die einzelnen sprachlichen Spiel- und Aktionselemente (Noteinsatz, Düsenantrieb, Monster von Megara usw.) bringen eine für Science-fiction-Filme typische Verbindung, die des Kampfes mit der Technik. Da dürfte es unwesentlich sein, ob es sich nun um „Zeit-" oder „Gasbomben" handelt. Wichtig ist, daß damit technische Kampfmittel bezeichnet werden. Das gleiche gilt für Details wie „Nebenbei-Stromgerät", „Düsenantrieb"; auch sie müssen technisch sein. Obwohl die einzelnen Beziehungen austauschbar sind, haben sie mit Kampf und Technik zu tun. Damit liegen die Jungen auf der Linie aggressiv-technischer Science-fiction-Medien wie u.a. „Raumschiff Enterprise", „Kampfstern Galactica", „Captain Future".

Die sprachlichen Versatzstücke mit ihrer aggressiv kriegerischen und technischen Bedeutung sind ebenfalls in einen aggressiven Kontext eingebettet. Das ist eine Kriegs- und Abenteuerhandlung, in der die Bedrohung durch die Zerstörung des Angreifers abgewehrt wird. Dieses Handlungsmuster, vermischt mit aggressiv-technischen Details, erscheint in Filmen wie „Captain Future", bei denen der Protagonist als strahlender Held gegen die Bedrohung ankämpft und der dem Zerstörtwerden nur dadurch entkommt, daß er selber zerstört.

Die Verbindung des Spiels der Jungen mit „Captain Future" ist jedoch direkter als nur das allgemeine Motiv ‚Bedrohung aggressiv abwehren'. Die für das Spiel wichtigen „Monster von Megara" stammen, im Sinne eines Zitats, aus dem „Captain-Future"-Dreiteiler „Herrscher von Megara". Es tauchen auch wörtliche Parallelen in folgenden Kommandos auf wie „Protonenkanone fertig machen", „... gut schießen", „Angriff", „Gegenangriff". Die Aussagen sind jedoch im wesentlichen Ausfluß des gemeinsamen allgemeinen Motivs ‚Bedrohung aggressiv abwehren'.

2.4 Fazit zu den Gestaltungs- und Interpretationsmöglichkeiten

Gruppenkonflikt, Schulsituation, Medienerlebnisse, Mediensymbolik der Jungen erscheinen als integriertes Gefüge, das thematisch strukturiert ist (These 1). Die Jungen gestalten ihre symbolische Lösung des Konflikts mit den Mädchen intensiv, wozu sie auch die Symbolik einer aktuellen Fernsehserie und deren Dramaturgie adäquat einsetzen (These 5). Eine sehr wichtige Gestaltungs- und Darstellungsmöglichkeit gelingt den Jungen, indem sie über Assoziationsketten zum gemeinsamen Spielmuster kommen (These 7, 9). Sie können so ihr Thema nachvollziehbar ausagieren. Spielend gelingt es ihnen, ihren Mißerfolg in der Zusammenarbeit mit den Mädchen zu überwinden (These 2, 5, 6). Dabei überlagert sich die Symbolik ihres Spiels mit der Symbolik der Massenkommunikation, insbesondere auch mit der Symbolik von „Captain Future" (These 5). Dies liegt auch deshalb nahe, weil ihr Gruppenthema mit dem Thema von „Captain Future" wichtige Gemeinsamkeiten hat (These 5). Der Bezug zu „Captain Future" verstärkt dann auch die Möglichkeit der Unterlegenen, sich zu verständigen, weil sie das Grundschema der Serie und viele Details kennen und gemeinsam verfügbar haben. (These 4). Es dominieren Lösungen mit aggressiver Symbolik, obwohl die Konfliktlösung gewaltfrei, jedoch im Action-Stil erfolgt, was von Dritten als störend, aggressiv erlebt wird (These 3, 5). Gelegentlich machen Jungen auch den Versuch, andere als aggressive Lösungen in bezug auf die von ihnen erlebte Bedrohung zu finden. Sie lösen sich jedoch nicht aus dem Spielmuster, das sich durch das Gruppenthema, Bedrohung gemeinsam abzuwehren, konstituiert hat. Die Lösung ihres Themas ständig zu generieren, wird dann sehr leicht, weil sie, als Folge der Gemeinsamkeit von Spielmuster und „Captain Future", ständig neue und erfolgreiche Spielmotive entwickeln können. Das sind Spielmotive, über die sie quasi als Repertoire verfügen (These 7, 9). Damit dürfte die Bedeutung der aktuellen Serie für die Gruppe der Jungen steigen.

3. Die Funktion von Fernsehen für ein abgelehntes, schwieriges Kind: Fernsehzitat als Botschaft

3.1 Medienversatzstücke in einem situationsunspezifischen Kontakt- und Abwehr-Aktionismus

Götz ist einer der Protagonisten des Aktionsspiels „Raumweltpolizei" und kämpft gegen die „Monster von Megara". Für ihn typisch ist jedoch, daß es für ihn keine erkennbaren Grenzen zwischen Spiel- und Schulsituation zu geben scheint. So erlebt er im Spiel die Rakete, die ein Mädchen einer anderen Gruppe als Requisite bastelt, oder die Autos der Lehrer als Objekte, die abzuschießen sind.

(Alex kehrt zum Raumschiff zurück und kommt dabei an Christas Rakete vorbei)

Alex:	Fremdes Raumschiff in Sicht!
Christoph:	Fremdes Raumschiff in Sicht!
Götz:	Schieß es ab!
Alex:	Nein – nehmt mit ihm Funk auf! – Hallo, an fremdes Raumschiff! Wie heißen Sie!

Sucht eine Nachbargruppe nach einem Namen für einen Roboter, so bringt er sein Klebealbum „Das schwarze Loch" und sprudelt Filmtitel, Namen von Filmfiguren und Szenen heraus:

Götz:	Krieg der Sterne, Kampfstern Galactica. Krieg der Sterne (stockend, aufgeregt, abgehackt, sprudelnd)
Nicola:	Wie willst du heißen, Markus?
Götz:	Erzwodezwo! Erzwodezwo! – Eh, Markus, du könntst ihn auch Graig nennen, aus Captain Future.
Markus:	Hast du noch son Heft da?
Götz:	Nee, ich hab eins zu Hause, das, wo er da oben runtergefallen ist (hektisch) – da unten ist son Computer runtergefallen – da ist ne Maschine gestartet, booommm!

Götz bringt eine Fülle medienbezogener Aussagen und Aktionen. Man hat von ihnen den Eindruck eines Handlungs- und Redeflusses auf der Basis eines Generierungsschemas. So stellt er weitgehend unabhängig von situativen Veränderungen gleichartige Beziehungssituationen mittels aggressiver Kontaktangebote, mittels geringschätziger Aussagen und mittels Imponiergehabe her (z.B. „Ich bin der ganz gefährliche Typ"). Oder er reagiert damit auf verschiedene Beziehungssituationen gleichartig. Wichtig ist, daß es für ihn keine situativen Grenzen zu geben scheint, die ihn daran hindern, von Filmtiteln, von Filmfiguren, von Filmerlebnissen usw. beziehungsweise von anderen Medien zu reden.

Dieses spricht gegen die These vom situativen bzw. vom gruppendynamischen Kontext als Interpretationsfolie sowohl handlungsleitender Themen als auch von Mediensymbolik (These 2). Ursache dafür ist der Aspekt seines Themas, im Mittelpunkt der Aufmerksamkeit stehen zu wollen. Er hat dies auch geschafft, aber über die ganze Grundschulzeit hinweg mit negativem Effekt: Er wird aktiv von den anderen Kindern abgelehnt. Das ist die Einschätzung der Lehrerin, der es trotz intensiver Bemühung nie gelungen ist, diesen Gruppenmechanismus aufzubrechen. Medienerlebnisse und Medienbezüge, also die Bezüge Götz' zum alltäglichen Medien- und Konsumnetz, haben für ihn eine enorme kommunikative Bedeutung, die auf der Vertrautheit aller Kinder mit dem Medien- und Konsumnetz aufbaut (These 9). Mit seinen immerwährenden Medienbezügen schafft er Kommunikationsanlässe, realisiert damit einen Teil seines Themas, jedoch mit dem für ihn negativen Effekt, aktiv abgelehnt zu werden, – um sich dann noch mehr Kommunikationsanlässe aus den Medien zu besorgen, so die Vermutung.

Götz' situationsunspezifische Verwendung von Mediensymbolik bleibt in der Regel inhaltsleer, d.h. sie hat keine spezifische Ausdrucksfunktion (Widerspruch zu These 5), weshalb sie sich auch nicht im Rahmen der Gruppenbeziehung als Kommunikations- und Gesprächsanlaß eignet.

3.2 Die Botschaft mittels Filmzitaten

Für diese sozusagen ausdrucksleeren Aussagen und Aktionen bekommt Götz, wie gesagt, viel Ablehnung, Abwehr und explizite Kritik von seinen Mitschülern. Obwohl sich sein Handlungsmuster in vielen Passagen kaum vom Spielmuster der „Raumwelt-Polizei“ unterscheidet, wird er für das Aktionsspiel von seinen Mitschülern (am 5. Unterrichtsvormittag, als über die vorgeführten Spiele geredet wird) mit Vorwürfen überschüttet. Er sei schuld, daß in seiner Gruppe ein absolut unpassendes Spiel vorgeführt worden sei. Es fallen Aussagen wie: „Ich fand das so doof, daß der Götz immer so, so, so, ähm, der war immer so, der hat sich so aufgespielt. Der war, der hat so Quatsch gemacht immer.“ (Ursache dafür ist der thematische Widerspruch zwischen Götz und den anderen Kindern und Götz' daraus resultierende Verwendung von Mediensymbolik.)

Götz verstummt bei diesen massiven Vorwürfen, um bald wieder und situationsunangepaßt in kurzen Zwischenrufen Filmtitel, Filmfiguren in das Gespräch über „Captain Future“ einzuwerfen. Nachdem ein Mädchen im Unterrichtsgespräch wissen will, wer Captain Future sei, bewegt sich die Erläuterung auf die Ermordung der Eltern des Captain Future, auf seine Rache und auf die Verbrechen des Kim Iwan und Kuolun zu. Jetzt erzählt Götz eine Filmszene aus „Captain Future“.

Götz' Aussagen ist die Schilderung des Filmverlaufs gegenübergestellt.

Götz' Aussagen	*Schilderung des Filmverlaufs*
Und eins fand ich gut, wo der, wo dann die Hunde sich versteckt haben bei Captain Future, ne.	Die beiden Tiere der Future-Mannschaft, ein eisenfressender Hund und eine verwandlungsfähige Schildkröte, hatten sich als technisches Gerät getarnt und verwandeln sich wieder in Hund und Schildkröte.
Da ham sie die eingeeist, ich weiß nicht wie das jetzt war.	Captain Future und seine Mannschaft werden aufrechtstehend in sargähnliche Glasvitrinen eingesperrt und mit Gas zur Erstarrung gebracht.
Da hat der son Loch reingebissen bei Captain Future, der hat irgendwie son Zeichen gemacht, irgendwie. Und da hat kaputt gebissen. Und da hat er irgendwie was gemacht. Und da hat der Hund gefressen, etwas, ne.	Captain Future lockt den Hund per Telepathie. Der Hund beißt in den Sockel des Glaskastens, wendet sich ab, weil ihm das Material nicht schmeckt;
Und da hat er noch was so gemacht, ich weiß auch nicht, wie ers gemacht hat.	wird wieder angelockt und ermahnt,
Und dann kam der Hund mit und hat alles noch mitgefressen.	beißt dann ein Loch ins Glas, am Fuß der Vitrine, beim Fuß des Captain Future.
Da hat er da seinen Fuß bewegen können. Da hat er voll drangetreten, da war alles kaputt.	Das Betäubungsmittel entweicht explosionsartig.
Markus: Mit der Faust hat er das gemacht.	Captain Future kann sich wieder bewegen und zerschlägt mit den Fäusten die Glasvitrine.

Götz:	Mit dem Fuß!	
Markus:	Und dann, er hat dann die anderen auch noch befreit.	Captain Future befreit seine Mannschaft durch Faustschläge in die Glaskästen.
Götz:	Ja, aber dieses, aber dieses sprechende Gehirn, Dr. Simon – und dieses komische Vieh da, was er da drumgemacht hat, diese Strom.	Dr. Simon, der zuvor vom Bösewicht mit einer Strompeitsche gefangen, gefoltert und gefesselt worden war, wird von Joan befreit. Sie knotet ihn auf.
Andreas:	Das ist so eben. So putziges Zeug, da kannste dich net bewegen.	
Götz:	Ich weiß es.	
Mädchen:	Das ist Gas.	
Götz:	Gas.	

Götz bezieht sich hier auf eine Episode aus einer dreiteiligen Folge von „Captain Future“ (Der schwarze Planet, 2. Teil), die ca. 6 Wochen vorher gelaufen war. In der Filmepisode geht es darum, daß Future mit seiner gesamten Mannschaft mit Gas betäubt und in sargähnliche Glasvitrinen gesteckt wird. Per Telepathie kann Captain Future einen kleinen Hund, der Eisen frißt, herbeirufen und sich mit Hilfe des Hundes und mit Faustschlägen befreien.

Beim Vergleich von Aussage und Filmverlauf fällt ins Auge, daß Götz sich an die Filmszene bis hin zu Details erinnert. Seine reduzierte Sprache „der hat irgendwie . . .“ täuscht leicht über diesen Sachverhalt hinweg. Es gibt jedoch viel Ungereimtes und sprachlich schwer Darstellbares in dieser Filmszene wie z.B. Telepathie und die Verwandlung eines technischen Gerätes in zwei Tiere. Trotzdem hat Götz den Kern der Szene verstanden und gibt ihn genau wieder.

Zu fragen ist, warum sich Götz etwa 6 Wochen nach der Sendung an diese Filmszene erinnert; warum diese Szene nicht im tagtäglichen Fluß der Fernseherlebnisse verschwindet. Es ist zu vermuten, daß die Symbolik und die zentrale Mitteilung dieser Szene mit seinem handlungsleitenden Thema des Abgelehnt-Seins und der aggressiven Befreiung zusammenhängt.

Im Mittelpunkt von Götz' Aussage steht die Symbolik vom ‚Eingeeist-Sein', die er an der Bewegungsunfähigkeit des Captain Future in der Glasvitrine/dem Glassarg festmacht. Dieses Eingeeist-Sein entspricht seiner sozialen Situation in der Klasse während des Unterrichtsgesprächs, als er isoliert und ‚fertiggemacht' wird. Es ist eine der wenigen Situationen, in denen er verstummt und sich resigniert in sich zurückzieht: Er ist in sozialer Bewegungsunfähigkeit. Seine Situation stellt er nun mit der Symbolik dieser „Captain-Future"-Szene dar.

Weil solche Szenen seinem Thema entsprechen, erlebt er sie auch vor dem Bildschirm als wichtig. Sein Thema bildet den Relevanzrahmen für die Rezeption von Filmszenen und für deren sprachliche Wiedergabe. Hinzu kommt, daß die Symbolik der Fernsehszene gut zu seinem Thema paßt.

Neben der Symbolik der Bewegungsunfähigkeit, des Eingeeist-Seins, gibt es im Film bzw. in der Darstellung von Götz zwei weitere gemeinsame und wichtige Figuren bzw. Handlungsweisen. Es sind die hilfreichen Tiere, die Captain Future per Telepathie herbeiholt, sozusagen vom Zauberer aus dem Hut geholt: So treue Gefährten sind die Voraussetzung für die Befreiung. Es läßt sich fragen, ob er die beiden Schulkameraden aus dem Spiel „Weltraumpolizei" in einer ähnlichen Funktion wie die helfenden Tiere Captain Futures erlebt hat.

Nachdem im Film das kleine Tier die Erstarrung gelöst hat, zerschlägt nun Captain Future seine Glasvitrine/Glassarg und die Glassärge seiner Mannschaft. Das ist wiederum die Symbolik der aggressiven Befreiung: Zuschlagen. Diese Symbolik greifen die Jungen auch sofort auf, diskutieren kurz mit ihm Details der Befreiungsmethode: Womit wurde zugeschlagen. Diese Film-Szene eröffnet also eine kurze Kommunikationssituation. Dabei werden seine sensiblen Hinweise auf kleine Helfer (Hund, Schildkröte) und denkende Helfer (Dr. Simon) unwesentlich, weil sie letztlich nicht in das Handlungsmuster von „Captain Future", Bedrohung aggressiv abzuwehren, hineinpassen. Obwohl die Kontaktdichte nach dem Zitat aus dem „Captain Future"-Film sofort da ist (These 9), hat Götz' thematische Botschaft ‚Eingeeist, Helfen' keine Chance, weil die Kampfsymbolik der Filmszene dieser Botschaft entgegensteht (These 3). Die Kampfsymbolik ist es nun wieder, auf die sich seine Mitschüler beziehen. Es ist der gleiche Typ von Symbolik, an dem die Schüler seiner Schulklasse ihre heftige Ablehnung seines Verhaltens festgemacht hatten. Wieder ist er derjenige, der von Kampf redet. Es läßt sich nun vermuten, daß er nicht nur dieses eine Mal in diesen sich selbst bestätigenden Zirkel eingebunden ist: ein Thema mittels Fernsehsymbolik darstellen, damit aber mißverstanden oder sogar abgelehnt werden (These 5, Widerspruch zu These 7).

Gespräche mit Götz' Lehrerin außerhalb der Beobachtung nähren die Vermutung, daß dieser Zirkel, in dem sein Thema und seine Ausdrucksmittel geraten sind, in seiner Familiengeschichte begründet liegen (These 8).

3.3 Fazit zu den Gestaltungs-, Ausdrucks- und Interpretationsmöglichkeiten

Bei Götz lassen sich zwei ineinander verschlungene Beziehungslinien zum Fernsehen und zur Massenkommunikation herausstellen. Einmal die Fülle von Kommunikationsversuchen, die er mittels Mediensymbolik unternimmt, wobei dies im thematischen Kontext der Jungengruppe gelingt (These 2, 9). In bezug auf seine individuelle Thematik, bei der es u.a. darum geht, Aufmerksamkeit zu bekommen, im Mittelpunkt der Aufmerksamkeit zu stehen, mißlingt diese Kommunikationsweise jedoch trotz hoher Kontaktdichte, weil seine situationsunspezifische Verwendung von Medienerlebnissen und von Mediensymbolik von den Mitschülern aggressiv abgewehrt wird (These 2). Vermutlich scheitert er mit seinen medienbezogenen Kommunikationsversuchen, weil seine Kommunikationsform inhaltsleer erscheint (Widerspruch zu These 5, Bestätigung von These 1). Möglicherweise ist die Dramaturgie des Medien- und Konsumnetzes für diesen kommunikativen Mißerfolg mit verantwortlich (These 7), insbesondere weil Symbolik und Aktionen austauschbar sind, somit keine konkrete Ausdrucksfunktion haben. Die ständige Wiederholung der Mediensymbolik ergibt zwar eine hohe, wenn auch keine inhaltliche Kommunikationsdichte, wodurch vermutlich Götz aufgrund seiner Lebensgeschichte bestätigt wird, immer wieder sein Thema auf die gleiche Art und Weise zu realisieren, indem er sich ‚Material' aus den Medien besorgt (s. These 4).

In der zweiten Beziehungslinie zum Fernsehen verwendet er situativ und thematisch angemessen, ja ausgesprochen sensibel, ein Fernsehzitat (These 5). Nur verdeckt die in der Situation von den anderen Schülern verstandene aggressive Fernsehsymbolik seine Botschaft; einhergehend mit dem kommunikativen Erfolg der aggressiven Symbolik fällt so der sensible, ‚weiche' Anteil seiner Botschaft weg (These 7). Obwohl Fernsehsymbolik hier Ausdrucks- und Gestaltungsfunktion hat und seiner Thematik entspricht (These 5), mißlingt die Kommunikation, was Folge des expliziten Fernsehbezuges ist (Bezug zu These 7). Der Mißerfolg liegt in der Botschaft, die der Bezug zur Fernsehserie „Captain Future" impliziert: Wer erwartet schon eine sensible Botschaft in bezug auf diese Serie und deren Grundmuster ‚Bedrohung kämpfend, zerstörend abwehren'!

Ein weiterer Grund, warum Götz mit seinem Fernsehzitat als Botschaft scheitert, liegt in seiner subtilen Kenntnis der Serie, was die intensive Einbindung in das Medien- und Konsumnetz seiner Zuhörer voraussetzen würde. Bei der Mehrzahl der Kinder und bei den Erwachsenen waren diese subtilen Kenntnisse der Serie nicht gegeben. (Trotzdem lassen sich hier Mechanismen in bezug auf These 4 und 9 vermuten.)

4. Flucht vor dem Untergang – verschleierte Fernsehsymbolik

In einer Gruppe von zwei Mädchen und drei Jungen prägen zunehmend mehr die Jungen die Stimmung in der Gruppe, indem sie zwar kooperativ sind, jedoch jeder für sich sehr eigenwillig seinen Ideen nachgeht und seinen Handlungsfaden weiterspinnt. Damit sind sie schwer auf eine Linie, nämlich auf das künftige Gruppenspiel, festzulegen.

Karola ist von Anfang an dominant. Sie übernimmt ganz selbstverständlich die Cheffunktion. Sie bemüht sich, die Gruppe zu einem erfolgreichen Spiel zu führen. Das gelingt ihr jedoch nur mit viel Anstrengung. Sie ist dabei immer vom Scheitern bedroht, weil sich die Jungen auf ihre Selbstdarstellung kaprizieren und sich wenig an einer geradlinigen Spielvorbereitung und einem klaren Spielaufbau beteiligen. Karola steht trotzdem strukturierend und bestimmend im Mittelpunkt. Bei ihr laufen die wirren Handlungsfäden zusammen, die die anderen Kinder für das Gruppenspiel beitragen. Diese Aufgabe verlangt von ihr ein enormes Maß an Koordinationsfähigkeit, Einfühlungs- und Durchsetzungsvermögen. Sie überfordert sich, um einerseits Gruppenchefin zu sein und zu bleiben, andererseits um ein Weltraumspiel zu inszenieren, das bei der Klasse und dem Lehrer ‚ankommt'.

Karolas Überforderung tritt in dem von ihr entwickelten Spiel in Form von Katastrophen- und Fluchtmotiven, in Form von Stress und Hektik in Erscheinung. Die Katastrophen- und Fluchtmotive sowie die Panik und Hektik der Inszenierung sind Ausdruck ihres handlungsleitenden Themas, die Karola auch mit der Symbolik der Fernsehserie „Captain Future" darstellt.

4.1 Motive und Struktur des Spiels „Weltraumreise": die dramatische Inszenierung von Bedrohung und Flucht

Nachdem die Gruppe zwei Tage Requisiten gebastelt hat, beginnt Karola, ein Spiel zu inszenieren, das von drohenden Katastrophen und von hektischer Flucht handelt. Als es um die Entwicklung einer Spielhandlung geht, bringt Karola folgendes Motiv:

„... Das ist son Zeug, da kann man einen mit ... töten und in ein Sonnensystem schicken.
...
Mit diesem Ding da, da kann man einen töten und einen in ein Sonnensystem reinkriegen. Da wird der ganz gelb. Da kann der verbrennen oder so was Ähnliches."

Captain Future, der weiße strahlende Held
◀

Kinder basteln Requisiten für das Spiel „Weltraumreise“
▼

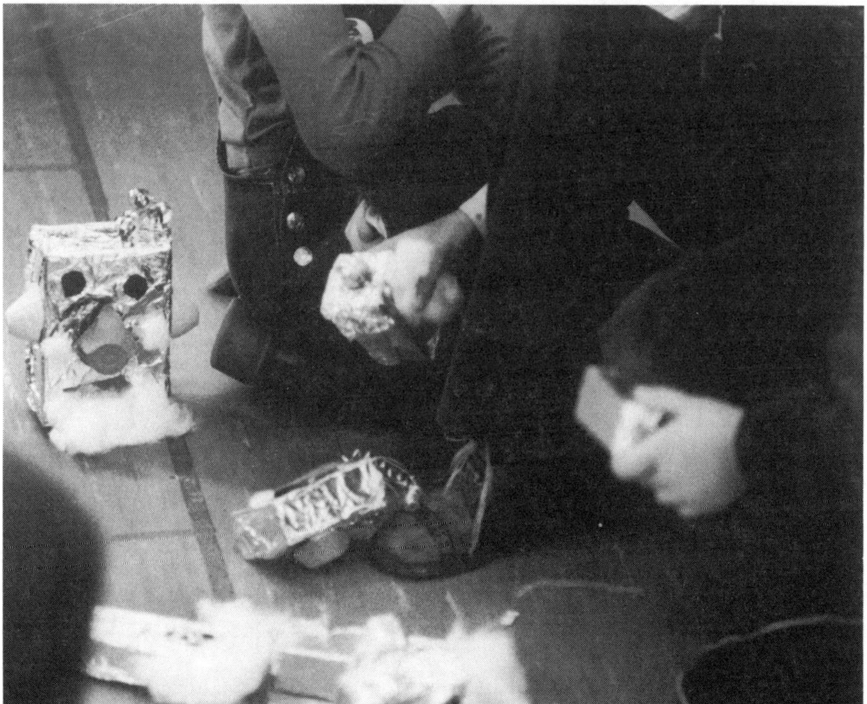

Schaut man sich diese Aussagen genauer an, zeigen sich drei Komponenten:

- Tödliche Bedrohung: Töten, verbrennen.
- Anonyme Bedrohung: Son Zeug, kann *man einen* töten.
- An gefährliche Orte geraten: In ein Sonnensystem schicken, reinkriegen.

Dieses Motiv bildet das Material, aus dem Karola verschiedene Katastrophen an diversen Orten entwickelt; Planetenzusammenstoß/es passiert was/verunglücken/Raketenuntergang/Eisplanet/in Steinhöhle fallen/in Höhle eingesperrt/einkrachen/im Wasser in der Höhle/im Stromgas. Die Katastrophen verdichten sich zunehmend zur ‚Höhle mit Wasser im Steinbruch auf zusammenprallenden Planeten': die Superkatastrophe steht an. – Warum diese Bedrohung sein muß, wer oder was dahinter steht, artikuliert Karola nicht. Die sich eskalierende Katastrophe hat scheinbar kein Ziel, keine Ursache, keinen Zweck.

Dazu exemplarische Aussagen, die zum Teil zeitlich weit auseinander liegen:

- die Planeten sollen zusammenstoßen und wir müßten was sprengen. Dann wär was passiert. Irgendwie, das wär danach verunglückt –
- und davon wär die Rakete untergegangen, und da mußten me unten wa, in echt, was Neues bauen, ja?
- Ja, und die Rakete wär in sone Steinhöhle gefallen, und da müßten wir als sprengen und müßten als die Werkzeugen und als bohren und so.
- Na, und dann wärn wer eingekracht, und dann wärn wer wieder an n Start, weils keins gefunden hätten, dann wärn wer in das Wasser gegangen, dann kam das, dann wärn wer in ner Höhle, Mann!
- Wir müßten unten durch das Stromgas! Und jetzt wär das passiert, jetzt wärn wer wieder gestartet, weil nich ging, und dann wärn wer, äh, in das Wasser mit der Höhle gefallen, ja?

Bedrohung und Katastrophen bekommen noch zusätzliche Dynamik durch Zeitdruck:

Karola: Könne Se uns behilflich sein? In zwei Monaten und 65 Sekunden explodier –

Kind: Wochen

Kind: Tage.

Karola: Mmm, Tag –, Tage –, in zwei Tagen und 65 Sekunden explodiert der Planet auf dem Kelvis, und wir müssen –

Dieses Motiv von der unmittelbar bevorstehenden Superkatastrophe erreicht seinen dramatischen Höhepunkt im Weltuntergang:

Karola: ... Nämlich Sprengstoff hilft nicht, sonst geht unsere ganze, unser ganzer Weltraum unter.

Welche Funktion hat die Katastrophen- und Fluchtsymbolik? Was artikuliert Karola damit? Gibt es ein Thema, das mit diesen Motiven korrespondiert? Ein Zusammenhang ist deutlich. Karola kann mit dieser Symbolik ihre Führungsposition in einer Gruppe kreativer Kinder ausbauen.

4.2 Katastrophen- und Fluchtmotive als symbolische Darstellung eines handlungsleitenden Themas

Die treibende und koordinierende Kraft in der Gruppe ist Karola. Sie hat die Rolle der verantwortlichen Gruppenchefin, quasi als Stellvertreterin der Lehrerin. Sie verfolgt dabei den Anspruch, daß die Gruppe der Unterrichtsaufgabe gerecht werden soll. In dieser Rolle treibt Karola die „faulen" Jungen an oder motiviert sie.

Karola kritisiert z.B. Sven und Andreas:

Karola: Der Andreas hat kein einziges Ding gebaut! Und ich hab schon so viel gebaut. Und du machst überhaupt nichts. Erst haste da an der Rakete gemacht, jetzt weißte wieder nich, was de machen sollst!

Sven: Na und, ich hab auch schon zwei Roboter gemacht!

Karola: Ich mach jetzt den dritten und hab schon Werkzeuge und alles gemacht.

Sie wendet sich um Hilfe an die Lehrerin:

Karola: Frau L. – ich habe festgestellt, der Andreas hat noch nie was fertiggebracht!

Sie schimpft:

Karola: Bau doch mal welche! Sitzt ja hier nur rum und kommandierst! Nun mach doch mal was! Faulenzer!

Karola versucht Katrin zu motivieren:

Karola: Geht gut, ne Kati? Macht Spaß, ne? Dir auch? Machts Dir auch Spaß?

Katrin: Nein!

Karola: Wieso?

Katrin: Weils mir keinen Spaß macht!

Karola: Nein?

Katrin: Ach, das kommt ja alles durcheinander!

Schon der Beginn der Spielphase mit der Entwicklung einer Spielhandlung war für Karola nicht leicht. Schaut man sich das Ende des Spiels an, so hat die Gruppe zwar ein Spiel vorgeführt, die Schlußszene ist jedoch nur noch ein Chaos. Die Jungen ‚kaspern' herum und sabotieren die Ernsthaftigkeit des Spiels. Karola versucht, ein Minimum an Disziplin herzustellen, spielt dann im wesentlichen allein die Schlußszene, eine Szene, die von den Zuschauern kaum zu verstehen ist.

Das Spiel endet in der erfolgreichen Flucht aus der Superkatastrophe. Nur, wie sieht die Situation für Karola als Gruppenchefin aus? Sie ist in dieser Schlußszene deutlich von den Jungen demontiert worden, hat keinen verständlichen Spielabschluß gefunden, ist nicht an ihrem Ziel der erfolgreichen Spielaufführung angelangt. Um in Karolas Spielsymbolik zu bleiben, sie ist im Wasser, im Sumpf oder an ähnlich unsicherem Ort gelandet. Sie droht im gruppendynamischen Morast zu versinken. In dieser Gefahr befindet sich Karola ständig. Sie muß sich schon während der Proben des Spiels gegen Aktionen der Jungen ordnend durchsetzen. Für Karola bedeutet das, ständig um das Ergebnis der Gruppenarbeit zu bangen. Sie muß dauernd für ihr Ziel, ein Spiel vorzuführen, arbeiten. Sie muß um ihre Anerkennung als Gruppenchefin kämpfen.

Sie benutzt nun eine Krisen- und Katastrophengeschichte, deren Sach- und Zugzwang ihre Führungsposition unterstützt. Das läßt sich an der folgenden Situation gut ablesen:

Karola: Bitte leg dich mal hin, Andreas!

(Trommeln, Geschrei)

10-9-8-7-6-5-4-3-2-1-Staaart! Pchch Pch! Getroffen!

Die Jungen stören Karolas Konzept:

Andreas: Die sprengen ja die Schuhe. (Die Schuhe der Beobachterin sind gemeint.)

(Trommeln, Lachen)

Andreas: Ich geh jetzt mit der Rakete raus.

Eckhard: Was sonst? Wir solln doch die Schuhe sprengen. Hab ich ihnen doch gesagt.

(Geschrei)

Karola: Nein!

Katrin: Das geht doch nich, du mußt doch die Zündung durchbrennen. Wie solln wer das dann machen!

Andreas: Jetzt geht die auf einmal langsam.

Karolas Ärger verbunden mit einem Sachzwang:

Karola: Der Planet? Müssen doch in einem Monat –, (murmelt:) hrrr, is schon n Affe, dieser Future!

(Pfeifen)

Andreas: Aaaah!

Katrin bringt einen neuen Handlungsfaden:

Katrin: Ich hab ne ganz tolle Frage. Können wir mal Ihr, Ihren Wickie haben?

Eckhard: Ja.

Katrin: Danke.

Eckhard: (verstellte Stimme, zornig) Aber bringt ihn nicht um!

Katrin: Nein, nein!

Eckhard: (zornige Stimme) Sonst bring ich euch um!

Katrin: (spielt mit der Figur) Wickie, Wickie! Wickie, flieg mal zu der –, zu der Rakete.
(verstellte, piepsige Stimme:) Alles klar.
(Normalstimme) Wickieeeeee! Start! Pchch. Komm sofort wieder runter!

Andreas: Ja, steig ein!

(laute Geräusche)

Karola ist frustriert. Bringt neuen Sachzwang:

Karola:	(stöhnt leise vor sich hin:) Aaaah, krieg n Herzschlag.
Katrin:	Ah, er ist wieder da!
Karola:	Geh durch die Zündung! Gib mal das kleine Tier. Ich geh durch die Zündung.
Eckhard:	Hier unten liegt so ne dumme Schachtel.

Karolas Katastrophenmotive greifen nicht mehr. Die anderen Kinder spielen ihre eigenen Geschichten bzw. ihre eigenen Figuren. Das Durcheinander ist perfekt. Hier sagt sie: „Jetzt wär er auf dem Planeten, und dann könnt er nie wieder davon. (Und zu sich selber) Also ganz ruhig bleiben!" Mit „er" ist möglicherweise die Hauptfigur des Spiels „Captain Future" gemeint. Zwar spielt Andreas diese männliche Hauptfigur; er demontiert jedoch den „Captain Future" als männlichen Helden und macht daraus nur eine witzige Nebenfigur des Spiels. Karola spielt dagegen die männliche Hauptfigur weiter. Hier kann man mit der These argumentieren, daß Karola sich mit ihrer Hauptfigur („er") identifiziert. So gesehen träfe ihr Bild vom gefangenen Helden („und dann könnte er nie wieder davon") auch auf sie zu. Sie wäre in ihrer Situation als ‚Chef' eingesperrt, weil sie ein Spiel mit Kindern inszenieren will, die sich nicht integrieren lassen. Wie der Held ihres Spiels versucht sie, aus den Katastrophen herauszukommen. Im Spiel schlägt sie zwei Wege dazu ein (+) *aggressiv:* durch Sprengen, Freikämpfen usw. (+) *konstruktiv:* was Neues bauen, Werkzeuge einsetzen, bohren usw. Ihre Handlungsweise als Gruppenchefin und Regisseurin paßt zu diesem Spielmuster. Sie legt sich autoritär und aggressiv mit Sven, dem sperrigen Außenseiter, an:

Sven, du machst ja schon wieder nicht mit! (zu Andreas)
Knall ihm eine!

Nach dieser aggressiven Lösung der Gruppenkrise setzt sie ihre Katastrophengeschichte, sozusagen als Werkzeug, wieder ein. Sie integriert die Jungen, indem sie den Planetenzusammenstoß und damit den Weltuntergang verhindern sollen. Den Ernst der Lage verdeutlicht sie nicht nur durch die Weltuntergangskatastrophe, sondern auch durch den Zeitdruck, der entsteht, weil die Katastrophe unmittelbar bevorsteht:

Mmm, Tag – Tage –, in zwei Tagen und 65 Sekunden explodiert der Planet auf dem Kelvis, und wir müssen –

.

.

.

Du mußt doch erstmal richtig spielen, Andreas!
Nämlich Sprengstoff hilft nicht, sonst geht unsere ganze –,
unsere ganze –, unser ganzer Weltraum unter.

Je wichtiger die Katastrophen- und Fluchtgeschichte für Karola wird, um so mehr muß sie die anderen Kinder auf ihre Linie festlegen und andere Ideen ausgrenzen. Je härter sie dabei um den Gruppenzusammenhalt kämpft, um so häufiger bringt sie ihre Katastrophen- und Fluchtsymbolik ein, die sie als gemeinsame Gefahr darstellt. Damit erzwingt sie mehr Gemeinsamkeit in der Gruppe.

4.3 Die Entsprechung von Fernsehserie und subjektiver Katastrophen- und Fluchtthematik

Es gibt mehrere Berührungspunkte und Gemeinsamkeiten zwischen Karolas Gruppen- und Spielaktivitäten und der TV-Serie „Captain Future". Das ist einmal die *Hektik* der Filmserie, der Aktionszwang, der für „Captain Future" wie für ähnliche Abenteuerserien typisch ist. Das sind als zweites die *Katastrophen- und Fluchtmotive,* die zum Teil in Form von Zitaten aus der Fernsehserie stammen.[17]

Hektik und Stress

Die Fernsehserie „Captain Future" ist hektisch aufgebaut. Jede Folge besteht aus einer schnellen Abfolge und Vermengung kürzester Einstellungen, dramatischer Musik und knapp sprachlicher Aussagen, die Hektik und Stress signalisieren. Das entspricht Karolas Strategie, die Katastrophenursachen quasi übereinanderzutürmen. Der Druck verstärkt sich durch die Überfülle an Spielmotiven, die durch den sprachlich dargestellten Zwang („jetzt müssen", „wir müssen doch ganz schnell") sich verschärft. Die dadurch entstehende Hektik bzw. der Stress zeigen sich an folgendem Beispiel:

Karola:	Wir müssen Glück haben, daß sie nicht untergeht, sonst sind wir inner Höhle.
Andreas:	Sie ist untergegangen!
Karola:	Ja, ähm, wir ham doch noch gar nicht gestartet.
Andreas:	Wir sin aber untergegangen, weil eins mehr hineingegangen sin –
Karola:	Wir müssen doch erst starten, wir müssen doch durch –, da durchfliegen. Und wenn –, dann gibts doch erst den Erdbeben. Wir müssen doch ganz schnell fliegen.
Andreas:	Ah, ja, schnell fliegen, pchch.
Karola:	Das kann doch in wenigen Stunden schon passieren. Beeilung, schnell.
Eckhard:	In wenigen Sekunden auch. Biep, biep.
Andreas:	Ey du, Oskar!
Eckhard:	Ich heiße Otto, du Depp!
Andreas:	Ey, Otto!
Eckhard:	Ja.
Andreas:	Spürst du was?
Eckhard:	Ja, Stromausfall spür ich. Und Mond explodiert doch gar –
Karola:	– in wenigen Sekunden kann es passieren!
Andreas:	Mondexessiergefahr, in wieviel Minuten, oder Stunden?
Katrin:	In zehntausend Minuten.
Eckhard:	In zehn Sekunden! Diet-diet-dit.
Karola:	10-9-8-
Andreas:	Nein!
Karola:	-5-4-3-2-1-Start!
Andreas:	Ah, die Rakete fliegt hoch.
Karola:	So, jetzt wärn wer in der Höhle, ja? Also, jetzt müssen alle aussteigen, die könnten rechtzeitig raus. Schnell aussteigen! Es kann in wenigen Minuten untergehen! Schnell, austeigen!

Die Motive aus „Captain Future" in Karolas Geschichte

Daneben verwendet Karola eine Fülle von Motiven, die auch in der Fernsehserie auftauchen. Die Motive sind unterschiedlich konkret, zum Teil so allgemein, daß sie in vielen vergleichbaren Medien auftauchen, also typisch für Abenteuer-, Katastrophen- und Fluchtgeschichten bzw. -medien sind. Im folgenden werden zwei Katastrophenmotive herausgegriffen, die einen Bezug zu „Captain Future“ haben.

Karolas Motive gehören zu folgender Geschichte: Die Rakete fällt auf einen Wasserplaneten und geht unter. Unter Wasser ist eine Höhle, die zum „Sonnensystem an den Kelvis“ führt. Der „Kelvis“ droht in der Höhle zu explodieren und den Planeten zu vernichten. Die Motive des Eingesperrt-Seins/Untergehens und des Zerstört-Werdens/Explodierens erscheinen hier in einem inneren Zusammenhang (Explosion in einer Höhle unter Wasser) und verdichten sich zur Super-Katastrophe.

Karolas Motiv ‚Zusammenstoß und Explosion‘:

- Monde bzw. Planeten stoßen zuammen, der Planet „Kelvis“ explodiert.

Entsprechende „Captain Future“-Motive und Fundstellen bei „Captain Future“:

- Die Erde wird von einem Planetenzusammenstoß bedroht.
  Bilder: bestehende Erdoberfläche, Vulkanausbruch, Explosion, zerstörte Städte, Menschen in Panik, Feuer.
  Fundstelle: Der schwarze Planet, Folgen 1 – 3.
- Die Future-Mannschaft ist auf einem explosionsgefährdeten Planeten notgelandet.
  Bilder: Feuer, glühende Lava, Erdbeben, explodierender Planet.
  Fundstelle: Mitgefangen im Weltall, Folge 2.
- Planetenbezeichnung Celbes (= „Kelvis“) in explosivem Handlungszusammenhang.
  Fundstelle: Der schwarze Planet, Mitgefangen im Weltall.
- Auf einem Planeten explodiert infolge einer Sprengung ein Teil der Oberfläche.
  Bilder: Vulkanausbruch, Explosion, Erdbeben, glühende Lava verschlingt einen Menschen und zerstört Gebäude, Feuer.
  Fundstelle: Der Kampf um die Gravium-Minen, Folge 1.

Karolas Motiv ‚Untergehen und eingesperrt sein‘:

- Die Rakete geht unter, man sitzt unter Wasser in einer Höhle fest.

Entsprechende „Captain Future“-Motive:

- Captain Future ist unter Wasser in einem zusammenbrechenden Bergwerkschacht eingeschlossen: die Handlung spielt sich weitgehend auf einem Wasserplaneten ab.
  Bilder: berstende Wände, hereinbrechende Wassermassen, Strudel, steigender Wasserstand, Planetenoberfläche von Wasser bedeckt, Raumschiffe unter Wasser.
  Fundstelle: Der Kampf um die Gravium-Minen, Folge 2.

- Captain Future wird in ein Fischwesen verwandelt und in einer Höhle unter Wasser in einem Käfig gefangengesetzt.
  Bilder: Höhle, Wasser, der Weg zum Wasser führt durch eine Höhle.
  Fundstelle: Der Kampf um die Gravium-Minen, Folge 3.
- Das Raumschiff der Future-Mannschaft ist auf einem explosionsgefährdeten Planeten notgelandet und versinkt in einem Lava-Sumpf.
  Bilder: explodierender Planet, Erdbeben, Vulkanausbruch, glühende Lava, Feuer.
  Fundstelle: Mitgefangen im Weltall, Ende von Folge 1, Folge 2.

4.4 Fazit zu Gestaltung, Ausdruck und Interpretation

Auffällig ist die Entsprechung zwischen Fernsehserie und Handeln in einer Gruppensituation, bei der die Symbolik bzw. Dramaturgie der Serie sich mit der Thematik eines Mädchens in dieser Situation überlagert (These 1). Obwohl der Bezug zur Fernsehserie verschleiert wird, bildet das Muster der Serie (Bedrohung, Zeitdruck usw.) die strategische Folie, aufgrund der das Mädchen die Gruppendynamik handhabt. Dabei bringt sie ihr Thema (Cheffunktion, Bedrohtsein, im Stress sein), die Gruppensituation und die Seriendramaturgie adäquat zusammen (These 2, 7). Sie bedient sich einer Fülle von Zitaten aus verschiedenen Filmen der Serie, die dem distanzierten Beobachter die Möglichkeit geben, ihre spezifische und aktuelle Befindlichkeit erkennen zu lassen (These 5). Die Handlungsdramaturgie des Mädchens verhindert jedoch, daß die anderen Kinder die Ausdrucksfunktion wahrnehmen können (sie würden sonst die gruppendynamische Funktion durchschauen).

Die Verschleierung der Fernseherlebnisse und der Fernsehsymbolik verstärkt die Anspannung, unter der das Mädchen steht, was die ihrer Thematik zugrundeliegende Spannung vermutlich verschärft. Das wiederum, so ist anzunehmen, favorisiert symbolische und phantasierende Lösungsversuche, um zu einem guten, d.h. weniger anstrengenden Ende als dem in der Kindergruppe zu kommen. Solch eine Lösung findet sie in Medien, gerade auch in Action-Darstellungen, die zu hoher emotionaler Spannung beim Zuschauer führen, ohne dabei Verwirrung in Gruppenbeziehungen auszulösen (Bezug zu These 4).

Anmerkungen

1 Vorausgegangen war eine Studie im Kindergarten (Bachmair 1984 und 1989). Gefolgt wird sie von einer Untersuchung zum Zusammenhang von Massenkommunikation und Alltagshandeln Jugendlicher (Bachmair u.a 1988). Obwohl sich verschiedene Untersuchungen über das Lebensalter hinweg erstrecken, läßt sich doch eine Vergleichbarkeit symbolischer Vermittlungsprozesse in bezug auf Massenkommunikation feststellen.

2 Das pädagogische Konzept des assoziativen Phantasie- und Gestaltungsraums zielt auf die symbolische Verarbeitung von Fernseherlebnissen, Fernsehsymbolik und subjektiven handlungsleitenden Themen. Vgl. Bettelheim 1977, Erikson 1978. Medienpädagogische Konkretisierung bei Bachmair 1990.

3 Forschungsbericht zu dieser Studie Bachmair u.a. 1984. Dieser Bericht stellt einmal die Beobachtungsergebnisse deskriptiv chronologisch unter den Aspekten der Handlungsentwicklung der Kinder und des gruppendynamischen Kontextes heraus. Innerhalb dieses Kontextes werden die Medienspuren identifiziert. Bei der kommunikationstheoretischen Systematisierung werden dann die Beobachtungsergebnisse unter dem Aspekt der situativ didaktischen Vorgaben symbolischer Verarbeitung von Medienerlebnissen und Mediensymbolik zusammengestellt.
Hinweise auf Rezeptionsstudien (Kinder/Fernsehen) finden sich unter anderem bei:
Allouche-Benayoun, B.J., 1975
Arbeitsgemeinschaft Rundfunkwerbung (Hrsg.), 1981, S. 297ff
Baacke, D., 1979
Barthelmes, J., 1987
Boeckmann, K./Hipfl, B./Stotz, G., 1985
Darschin, W., 1976, 1977
Egeri, U., 1983
Ekrut, S., 1977
Feilitzen, C.v., 1975
Hengst, H., 1973
Horn, I., 1976
Jensen, K., 1980
Kübler, D., 1980
Leifer, A.D., 1975
Luger, K., 1985, S. 85ff
Nevius, J.R., Jr., 1980
Platner, G., 1981
Prokop, D. (Hrsg.), 1985
Reid, L.N./Frazer, Ch.F., 1980
Riedel, K.V., 1966, S. 46ff
Röhner, Ch., 1987
Rogge, J.-U., 1984
Saxer, U./Bonfadelli, H./Hättenschwiler, W., 1980, S. 3 – 45, S. 159 – 220, S. 231 – 235
Schmidt, C. u.a. 1989, S. 171ff
Tsadarkis, D., 1981, S. 105ff

[4] Das sind die Theorien und Untersuchungen, deren paradigmatische Grundlage von Lasswell (1943) mit seiner bekannten Frage (Wer sagt was zu wem über welchen Kanal mit welchem Effekt?) formuliert wurde. Überblick bei Langenbucher u.a. 1978.

[5] Für die Argumentation ist hier Berger und Luckmanns Theorie wichtig, die die kulturell objektive Seite der symbolischen Aneignung im Sozialisationsprozeß beschreibt, dabei insbesondere auf die Sprache eingeht. Weitere Literatur bei Bachmair 1979a und b.

[6] Vgl. H. Blumers Zusammenfassung, 1973.

[7] Vgl. Hans Mayer, 1980.

[8] Bettelheim, 1977

[9] Vgl. J. Israels Einführung in die Sozialpsychologie, 1976, S. 6.

[10] Die systematischen Überlegungen dazu s. Bachmair 1989b. Die Frage nach der symbolischen Vermittlung z.B. in Richtung auf Medienförmigkeit geht eine empirische Studie mit Jugendlichen nach: Bachmair/van den Hövel u.a.: Forschungsbericht 1988 und Bachmair 1989b.

[11] Begriff des Fernsehens schließt folgende Phänomene ein:
- Die Rezeptionssituation, z.B. Streit ums Fernsehen
- Fernsehsymbolik, Filmmotive, Handlungsszenen, Filmdramaturgie u.ä.m. Wichtig ist, daß Fernsehsymbolik von Kindern benutzt wird, ohne daß diese auf Fernseherlebnisse aufbauen müssen.
  Rezeptionssituationen bleiben bei dieser Untersuchung weitgehend ausgespart, weil sie im Kontext der Schule nur als Referenzrahmen eine Rolle spielen, z.B. mit Fragen: Hast Du am Samstag gesehen? (Die Untersuchung Bachmair 1989a beschäftigt sich mit Rezeptionssituationen.)

[12] Diese Beziehung läßt sich auch durch folgende Metapher beschreiben: Die Kinder holen sich aus dem Fernsehmüll heraus, was sie brauchen, um damit ihre eigenen Kunstwerke zu gestalten.

[13] A.V. Cicourels methodischer Vorschlag der Triangulation war hier anregend, 1975, S. 150.

[14] Vgl. die These der kommunikativen Entsprechung von Forschungsgegenstand und Forschungsmethode: Bachmair 1989c und 1989d.

[15] Das kulturelle Handlungsmodell bezieht sich auf N. Elias, Band 2, Frankfurt 1976, S. 314.

[16] Für die Unterscheidung von Medienerlebnissen und Mediensymbolik ist es wichtig, daß Medienerlebnisse nicht notwendig Mediensymbolik als Darstellungsmittel benötigen. Ebenso muß die Verwendung von Mediensymbolik nicht Folge eines Medienerlebnisses sein.

[17] Ein weiterer Zusammenhang zwischen Spiel und Fernsehserie ergibt sich bezüglich der Figur des Captain Future, der jedoch sehr schwer bzw. nur mit Hilfe sehr aufwendiger Textvergleiche belegbar ist. Der Grund dafür liegt in Karolas Verschleierungstaktik.

Literatur

Allouche-Benayoun, B. Joelle: Der Einfluß des bewegten Bildes auf Kinder und Jugendliche. In: Fernsehen und Bildung, 9/1975, Heft 2/3, S. 229 – 247.

Arbeitsgemeinschaft Rundfunkwerbung (Hrsg.): Media Perspektiven. Kinder – Medien – Werbung, Frankfurt/M. 1981.

Baacke, Dieter: Realitätserfahrung und Ich-Findung durch Erzählen im Fernsehen. In: Fernsehen und Bildung, 13/1979, Heft 3, S. 222 – 242.

Bachmair, Ben: Medienverwendung in der Schule, Berlin 1979a.

Bachmair, B.: Ethnomethodologie als handlungstheoretische Grundlage einer Didaktik der Kommunikation. In: Bildung und Erziehung, 1979b, Heft 3, S. 229 – 240.

Bachmair, B.: Mit eigenen Augen sehen – der Versuch, Fernsehen didaktisch zu zähmen. In: Medien und Erziehung, 24/1980, Heft 4, S. 194 – 204.

Bachmair, B.; Thüne-Schoenborn, B.: Symbolische Verarbeitung von Fernseherlebnissen in assoziativen Freiräumen. Forschungsbericht Bd. 1, Kassel 1984.

Bachmair, B.; Klinger, M.; Thüne-Schoenborn, B.: Symbolische Vermittlung . . . Bd. 2, Kassel 1984.

Bachmair, B.; v.d. Hövel, M.; v. Waasen, M.; Hofmann, B.: Dynamik symbolischer Vermittlung von Alltagshandeln und Massenkommunikation. Forschungsbericht (Manuskript) 1988.

Bachmair, B.: Thematisch und situativ integrierte Fernsehrezeption im Kindergarten. In: Erlinger, H.-D. (Hrsg.): Kinderfernsehen II (i.V.), 1989a.

Bachmair, B.: Mobilität und Medienförmigkeit – Kulturhistorische Skizzen zur Erziehung im Medien- und Konsumnetz. In: Mann, M.; Zacharias, W. (Hrsg.): Medien und Pädagogik 2001, München 1989b (i.V.).

Bachmair, B.: Symbolische Vermittlung – Argumente, Beispiele und Stichworte zu einer Handlungs-, Kommunikations- und Medientheorie. In: Conrady, P.: Literatur-Erwerb, Frankfurt 1989c (i.V.).

Bachmair, B.: Analyse symbolischer Vermittlungsprozesse am Beispiel von Kindergruppen; Überlegungen zum Zusammenhang von Forschungsgegenstand und Forschungsmethoden. In: Baacke, D.; Kübler, H.D. (Hrsg.): Qualitative Medienforschung, Tübingen 1989d (i.V.).

Bachmair, B.: Folgen kommunikationstechnologischer Innovationen aus pädagogischer Sicht. In: Deutsches Jugendinstitut (Hrsg.): Medien im Alltag von Kindern und Jugendlichen. Methoden, Konzepte, Projekte, Weinheim/München 1988, S. 141 – 158.

Bachmair, B.: Gestaltungsräume inszenieren. In: Schill, W.; Tulodziecki, G. u.a. (Hrsg.): Medienpädagogik in der Schule (i.V.), 1990.

Barthelmes, Jürgen: Kindliche Weltbilder und Medien. Eine Literaturanalyse zur Mediensozialisation, München 1987.

Berger, P.; Luckmann, T.: Gesellschaftliche Konstruktion der Wirklichkeit, Frankfurt 1970.

Bettelheim, Bruno: Kinder brauchen Märchen, Stuttgart 1977.

Blumer, H.: Der methodologische Standort des symbolischen Interaktionismus. In: Arbeitsgruppe Bielefelder Soziologen (Hrsg.): Alltagswissen, Interaktion und gesellschaftliche Wirklichkeit, Bd. 1: Symbolischer Interaktionismus und Ethnomethodologie, Reinbek 1973.

Boeckmann, Klaus; Hipfl, Brigitte; Stotz, Günther: Auswirkungen des Kabelfernsehens auf die Mediennutzung von Kindern und Jugendlichen, Bericht über die qualitative Teilstudie, Klagenfurt 1985 (unveröffentlichtes Papier).
Cicourel, A.V.: Sprache in der sozialen Interaktion, München 1975.
Darschin, Wolfgang: Kinder vor dem Bildschirm. Erste Ergebnisse der teleskopie-Fernsehforschung. In: Media Perspektiven 8/76, S. 366 – 370.
Darschin, Wolfgang: Veränderungen im Fernsehkonsum der Kinder. Neue Ergebnisse aus der kontinuierlichen Zuschauerforschung. In: Media Perspektiven 11/77, S. 613 – 624.
Egeri, Ursula: Mediennutzungsverhalten als bewußtes Handeln, Frankfurt/M. 1983.
Ekrut, Sybille: „Lassie". Ein Beispiel der Identifikationsangebote in fiktionalen Fernsehdarstellungen für Kinder. In: Praxis Deutsch 25/77/-, S. 19 – 23.
Elias, N.: Über den Prozeß der Zivilisation, 2 Bde, Frankfurt 1976.
Erikson, E.H.: Kinderspiel und politische Phantasie, Frankfurt 1978.
Feilitzen, Cecilia v.: Ergebnisse skandinavischer Forschungen zum Thema Kind und Fernsehen im Sozialisationsprozeß. In: Fernsehen und Bildung, 9/1975, Heft 2/3, S. 143 – 173.
Hengst, Heinz: Schallplatten und Kassetten für Kinder. In: Medien und Erziehung, 23/1973, Heft 3, S. 149 – 160.
Horn, Imme: Kinder und Fernsehen. Neuere Untersuchungen zum Fernsehverhalten von 3- bis 9jährigen. In: Media Perspektiven, 8/76, S. 357 – 367.
Israel, J.: Sozialpsychologie, Stuttgart 1976.
Jensen, Klaus: Der kindliche Umgang mit Massenmedien. In: Zeitschrift für Pädagogik, 26/1980/3, S. 383 – 399.
Kübler, Dieter: Kinder und Fernsehen. Ein Literaturbericht. In: Zeitschrift für Literaturwissenschaft und Linguistik, 1980, Beiheft 11, S. 136 – 204.
Langenbucher, W.; Räder, G.; Weiß, H.-J.: Zur Notwendigkeit einer neuen Konzeption der Massenkommunikationsforschung in der Bundesrepublik. In: Berg, K.; Kiefer, M.-L. (Hrsg.): Massenkommunikation. Eine Langzeitstudie zur Mediennutzung und Medienbewertung, Mainz 1978, S. 9 – 39.
Lasswell, H.D.: The Structure and the Function of Communication in Society. In: Bryson, L.: The Communication of Ideas, New York 1948.
Leifer, Aimée Dorr: Untersuchungen über die Sozialisationseinflüsse des Fernsehens in den Vereinigten Staaten. In: Fernsehen und Bildung, 9/1975, Heft 2/3, S. 111 – 141.
Luger, Kurt: Medien im Jugendalltag, Wien/Köln/Graz 1985.
Mayer, Hans: Das unglückliche Bewußtsein. Zur Literaturgeschichte von Lessing bis Heine. Frankfurt 1986.
Nevius, John R., Jr.: The „Cookie Monster" and Cognitive Enculturation. In: Educational Technology, Bd. 20, 1980, Nr. 9, S. 57 – 60.
Platner, Geert: „So leben wie die Serienhelden: öfters mal Denkpause". Schüler erkunden die Fernsehgewohnheiten ihrer Mitschüler. In: päd. extra, 12/1981/ –, S. 35 – 39.
Prokop, Dieter (Hrsg.): Medienforschung Band 3. Analysen – Kritiken – Ästhetik, Frankfurt/M. 1985.
Reid, Leonard N.; Frazer, Charles F.: Television at Play. In: Journal of Communication, 30/1980, Heft 4.
Riedel, Karl Veit: Jugend und Fernsehen. Untersuchungen und Überlegungen zur Jugendeignung von Fernsehprogrammen, Neuwied 1966.

Röhner, Charlotte: Stark wie ein „Master“ und bildschön wie „Barbie“. Die Medienwelt der Kinder wahrnehmen. In: Die Grundschulzeitschrift, 9/1987/ –, S. 19 – 23.
Rogge, Jan-Uwe: Mediengewohnheiten und Medienhandeln ausländischer Kinder. In: Wittemann, Peter (Hrsg.): In der Fremde zu Haus, Stuttgart 1984, S. 71 – 86.
Saxer, Ulrich; Bonfadelli, Heinz; Hättenschwiler, Walter: Die Massenmedien im Leben der Kinder und Jugendlichen, Zug 1980.
Schmidt, Claudia; Bruns, Christoph; Schöwer, Christiane; Seeger, Christoph: Endstation Seh-Sucht?, Stuttgart 1989.
Tsadarkis, Dimitrios: Die Rolle des Fernsehens im Sozialisationsprozess unter besonderer Berücksichtigung griechischer Kinder, Frankfurt/M. 1981.

Ben Bachmair, Burkhard Hofmann, Michaela van Waasen,
Martina van den Hövel

Medienanalyse im Handlungskontext – Handeln und Sprachbilder eines Mädchens verstehen

Bei der folgenden Fallanalyse wird ein Film als Interpretationshilfe verwendet, um zu entschlüsseln, welche Bedeutung die sprachliche Aussage eines Mädchens hat und wie dieses Mädchen eine Handlungssituation wahrnimmt. Es handelt sich um ein Beispiel aus einem medienpädagogischen Forschungsprojekt, das den Vermittlungszusammenhang von Alltagshandeln Jugendlicher und Massenkommunikation untersucht.[1]

1. Sprachbild und Medienspur – von der „lächelnden Hexe" zum Film „Der Untergang des Römischen Reiches"

1.1 Das Sprachbild „lächelnde Hexe" im Handlungszusammenhang einer pädagogischen Aktion

Im Rahmen eines pädagogischen Projektes zu einer Ausstellung zeitgenössischer Avantgardekunst erzählt ein türkisches Mädchen (Melek), sie sei eine lächelnde Hexe, und schildert eine Folter- und Todesszene. Sie verweist dabei auf einen Fernsehfilm.

Wie kam es zu diesen Aussagen, in welchem Handlungskontext stehen sie, auf welche Personen sind sie bezogen?[2]

Melek ist ca. 17 Jahre alt. Sie kommt aus der Türkei, spricht jedoch nahezu muttersprachliches Deutsch. Sie verbringt einen großen Teil ihrer Freizeit in einem Jugendzentrum. Wenn sie, quirlig und vital, hier auftaucht, ist immer etwas los. Offen und unbefangen spricht sie Leute an. Sie tritt selbstbewußt auf und ist durch Freundschaften in die Gruppe integriert.

Im pädagogischen Projekt, bei dem auch Melek mitmacht, nehmen Jugendliche die ausgestellten Kunstwerke als symbolisches Material für eigene Gestaltungsobjekte. Diese werden sie anläßlich eines öffentlichen Happenings mit anderen Jugendlichen präsentieren. Dazu werden in der Ausstellung Tonbandaufnahmen und Fotos gemacht. Melek greift nach anfänglicher Abwehr der Kunst (. . . „s alles nur Scheiße, ne.")[3] zwei Ideen auf: eine eigene Idee, die sie hat, als sie sich ihr Foto von einem Sarkophag anschaut (eine Installation von Jenny Holzer). Sie sagt: „Wir hätten uns hier drauflegen sollen, einfach". Und eine fremde Idee von einem Scheiterhaufen, die in Verbindung steht mit einer Installation von Tadashi Kawamata in einer verschalten Kirchenruine, die aus ‚fließenden' Holzlatten (= „Scheiterhaufen") besteht.

Beide Aktionen werden fotografiert mit dem Ziel, daraus eine Ton-Dia-Vorführung für das Happening aller Jugendlichen zu machen. Bei der ersten Aktion legt sich Melek als ‚schöne Verstorbene' auf den schwarzen Steinsarkophag von Jenny Holzer. Sie trägt einen fließenden, hellgelben Rock und hat eine Rose und ein Plastikgewehr in der Hand. Auf diese Aktion hat sich Melek genau vorbereitet, z.B. die Requisiten besorgt. Sie weiß, was sie will und wie die Aktion ablaufen soll.

Die zweite Aktion verläuft dagegen unstrukturiert. Allen Beteiligten ist nur klar, daß Melek in der Kirchenruine im Lattengerüst als Hexe fotografiert werden soll. Vor Ort wird eine Fülle von Ideen produziert, werden vielerlei fotografische Posen ausprobiert. Schließlich geht diese Aktion in die einer zu verbrennenden Hexe, die von einem Folterknecht auf den Scheiterhaufen gezerrt wird, über. Die Gruppe, Jugendliche und Pädagogen, projiziert viele Ideen auf Melek, auf die sie sich zum Teil einläßt. Melek steht dabei als Hexenfigur, als Fotomodell, als attraktive, lebendige junge Frau im Mittelpunkt der Gruppenaufmerksamkeit.

Nachdem die Fotoaktion ‚Folterknecht/Hexe' nahezu abgeschlossen ist, äußert Melek, sie sei „Die Hexe mit dem Lächeln", was allerdings von den Pädagogen nicht ernst genommen wird. Deshalb wiederholt sie ihre Aussage, verweist dann auf einen Fernsehfilm. Daraus ergibt sich ein kurzes Gespräch. Dazu die folgende Transkription:

Melek:	264	Ja, aber trotzdem, es gibt doch Hexen, die
	265	lächeln, eh
Erika:	266	(verm.: weil sie Hexen sind, Melek.)
Melek:	267	Ja, aber da war doch jetzt n Film im Fernsehen,
	268	ne? Und da hat der, hat der, hamse dem Mann die
	269	Hand immer verbrannt. Wann war n der, vorgestern,
	270	irgendwann. Und haben dem Mann ewig die Hand
	271	verbrannt, und der hat kein Mal geschrien, der
	272	hat nur s Gesicht verzerrt. // Und gegrinst.
	273	// So was gibts doch auch. // Früher, vor Chri-
	274	stus, was meinst de, was es da alles gegeben hat.
	275	// Ja, warum guckt der denn so?
Pädagoge:	276	(lacht)
Pädagogin:	277	Der (Name des Pädagogen), der staunt nur so. (lacht)
Pädagoge:	278	Ja, ich hab gerad nur so gestaunt. Was hast Du
	279	denn fürn Film gesehen? Das war dieser Römer-
	280	film, oder?
Melek:	281	Ja. Der hat dann nur noch so verzerrt und hat
	282	immer hoch geguckt und hat n Mund aufgemacht
	283	und hat irgendwas gesagt Huähuä und hat ge-
	284	schreit.
Erika:	285	Die Freude am Leiden.
Melek:	286	Und als er diesen Pfeil auch noch abgekriegt
	287	hat, ne, zum Schluß, da is er ja auch also //
	288	da hat er noch da gestanden und so, ne, und
	289	hat n abgekriegt und hat seine Hand da drein
	290	gehalten und /. Stimmt doch.

Damit ist die Fotoaktion zu Ende.

Melek erläutert ihre Vorstellung von der ,lächelnden Hexe'

Was hat sich in dieser diffusen Situation ereignet? Wie hat Melek diese Situation erlebt? Was will sie mit dem Bild der lächelnden Hexe zum Ausdruck bringen? Versucht sie, dieses Bild mit dem Hinweis auf den Fernsehfilm zu untermauern? Welche Bedeutung hat der Hinweis auf eine Folterung : „Und haben dem Mann ewig die Hand verbrannt." (270/271).

Wichtig ist, daß Melek mit ihrer Aussage ,lächelnde Hexe' (250) zu einer im Handlungszusammenhang neuen, originellen Darstellungsform übergeht, die die Umstehenden nicht zur Kenntnis nehmen und auch nicht verstehen. Als die Jugendliche dann von einem Fernsehfilm erzählt, gehen ihre Zuhörer auf den Inhalt dieser Aussage jedoch ebensowenig ein wie zuvor auf das Bild von der lächelnden Hexe. Obwohl Melek mit dem Hinweis auf den Fernsehfilm und vermutlich auch mit dem Gewalt-Aspekt ihrer Erzählung die Aufmerksamkeit der Pädagogen bekommt, bleibt Melek doch in der Situation selbst zunächst unverstanden.

1.2 Ein Film als Interpretationsfolie zum Verständnis von Handlungssituation und Sprachbild

Die Arbeitsannahme ist nun: beides, die Aussagen der jungen Türkin und auch die Handlungssituation, lassen sich nachträglich verstehen, wenn ihr Hinweis auf den Fernsehfilm medienanalytisch weiter verfolgt wird. Dabei bekommt der Fernsehfilm die Funktion einer Interpretationsfolie zum Verständnis von Meleks Aussagen in der Handlungssituation. Theoretisch formuliert geht es darum, Meleks Aussagen als symbolische Darstellungen[4] in einer Handlungssituation auf den Film als Quelle der Symbolik zu beziehen und die so ermittelte Bedeutung der filmbezogenen Aussage zur Interpretation der Handlungssituation zu verwenden. Die Interpretation baut also darauf auf, daß die Beziehung zwischen Film, Filmsymbolik und Meleks Aussagen rekonstruiert und analysiert werden kann.

Eine Medienspur[5] läßt sich leicht erkennen, weil Melek explizit von „n Film im Fernsehen" (267) spricht. Die weitere Äußerung Meleks über den Zeitpunkt dieses Films („Wann war n der, vorgestern, irgendwann.", 269 f.) macht es ebenfalls einfach, den Filmtitel zu bestimmen. Es handelt sich um den ca. 2 1/2stündigen Film „Der Untergang das Römischen Reiches" (USA 1963, Regie: Anthony Mann), der wenige Tage zuvor im ZDF ausgestrahlt worden war.[6] Bereits schon in der Handlungssituation hatte ein Pädagoge den Film erkannt: „Das war dieser Römerfilm, oder ?" (279f). Melek bestätigt diese Vermutung.

Da sich die Bedeutung der filmbezogenen Aussagen Meleks nicht unmittelbar erschließt und die Aussagen als solche wenig informativ sind, wird zunächst der Film als ganzes und dann die Filmstellen, auf die sich Melek bezieht, rekonstruiert und in schriftliche Form gebracht. Insgesamt sind drei Arbeitsabschnitte durchzuführen (s. auch Punkt 4.2):

- Filmsichtung und Filmanalyse (Beschreibung der Themenkomplexe des Films, Erzählstränge, Dramaturgie usw.). Hier wird der Film als symbolische Objektivation erschlossen, die prinzipiell unabhängig ist von seiner Rezeption.
- Identifizierung und Auswertung der Filmstellen, auf die Melek verweist. Der Film wird hier als symbolische Objektivation zum Gegenstand gemacht, der in einem Situations- und Handlungskontext Bedeutung hat. Er wird als etwas Kommuniziertes, Rezipiertes, Erlebtes innerhalb dieses Kommunikations- und Handlungskontextes untersucht.
- Herausarbeitung der Bedeutung der Filmstellen im Kontext des Films. Dies ist insbesondere deshalb wichtig, weil diese Filmstellen, isoliert betrachtet, wenig aussagekräftig, für einen Themenkomplex bzw. Handlungsstrang des Films jedoch von entscheidender Bedeutung sind (so ein Ergebnis im Vorgriff). Von der filmanalytisch erschlossenen Bedeutung der Filmstellen läßt sich dann auf mögliche Bedeutungen der Aussagen Meleks in der Handlungssituation (lächelnde Hexe, Folter, Tod) schließen. Dabei ist nach Entsprechungen oder Widersprüchen zwischen der Funktion der Filmstellen im Film und den filmbezogenen Aussagen Meleks in der Handlungssituation zu fragen (s. Punkt 3.2).
- In diesem Abschnitt ist der Film wiederum als eigenständige symbolische Objektivation unabhängig von Rezeptionsweisen Gegenstand der Untersuchung.

Diese Arbeitsabschnitte sind heuristische Gliederungspunkte; sie stecken den Rahmen einer methodischen Arbeitsweise ab. Je nach Handlungssituation, Medienspur, Medium sind diese Arbeitsabschnitte in unterschiedliche Arbeitsschritte bzw. Abfolgen von Arbeitsschritten umzusetzen.

2. Durchführung der Medienanalyse auf dem Hintergrund der Handlungssituation

2.1 Übersicht über Erzählstränge, Protagonisten und Themenkomplexe des Films

„Der Untergang des Römischen Reiches" ist ein typischer Monumentalfilm. Die breit angelegte, sich in der etwas gekürzten Fernsehfassung über etwa 2 1/2 Stunden realisierende Erzählung steigert ihren Schauwert durch riesige Komparsenarmeen, Massenszenen, aufwendige Kostüme, prachtvolle Bauten und Kulissen. Was im Filmtitel bereits angekündigt ist, wird sogleich auch im einführenden Off-Kommentar bestätigt: das Sujet sei ein historisches; geschildert werde der Anfang vom Ende des Römischen Reiches. Die Darstellung der Ursachen dieser welthistorischen Entwicklung erfolgt in der Form von Personifizierung, und zwar vor dem Hintergrund des Konfliktverlaufes zwischen den Hauptfiguren. Diese sind: Der Kaiser Marc Aurel (Alec Guiness), seine Tochter Lucilla (Sophia Loren), sein Sohn und Thronfolger Commodus (Christopher Plummer), Timonides, der Vertraute des Kaisers (James Mason) und der Heerführer Livius (Stephen Boyd).

a. Die durchgängigen Erzählstränge des Films:

– *Politisch-historische Entwicklung*
  Die Staatsmacht Rom befindet sich im Kampf gegen äußere Feinde, insbesondere gegen die Germanen. Die Politik des Caesars Marc Aurel ist dabei auf die Zivilisierung der Germanen und auf das friedliche Zusammenleben mit den unterworfenen Volksstämmen gerichtet. Nach dem Tode Marc Aurels gibt sein Nachfolger Commodus diese Politik aus eigensüchtigen Gründen auf, was letztendlich zum völligen Verfall der römischen Staatsmacht führt.

– *Unerfüllte Liebe*
  Die Liebe zwischen Livius und Lucilla bleibt beinahe über die ganze Erzählung hin unerfüllt, weil die Staatsräson dieses Opfer fordert (Sicherung des Friedens) und weil Commodus diese Liebe aus Zorn und Rachsucht hintertreibt.

– *Verworrene Familienbeziehung*
  Wie sich am Ende des Films herausstellt, ist Commodus gar nicht der leibliche Sohn des Marc Aurel. Er ist damit auch nicht der rechtmäßige Erbe des Thrones. Commodus tötet seinen leiblichen Vater (als dieser das Geheimnis verrät). Die Beziehung zwischen Lucilla und ihrem Bruder, der eigentlich ihr Stiefbruder ist, ist von lebensbedrohlichem Haß geprägt.

b. Die Konstellation der Protagonisten:

Die welthistorischen Ereignisse werden in personifizierter Form als Konflikte zwischen den Hauptfiguren dargestellt. Aurelius, Timonides, Livius und Lucilla bilden eine Gruppe, der es um das Wohl und den Fortbestand der Staatsmacht Rom geht und deren Gegenspieler Commodus ist. Mit diesen Personen bzw. Personengruppen stehen sich folgende Prinzipien gegenüber: Moral, Vernunft, Pflichtbewußtsein, Zivilisation, friedlicher Fortschritt versus Amoral, Lustprinzip, Egoismus, Machthunger, Luxus und Dekadenz.

- Der Kaiser Marc Aurel, Wegbereiter für die Politik des friedlichen Zusammenlebens mit den zu zivilisierenden Völkern, wird vom Vertrauten seines Sohnes vergiftet.
- Lucilla, Marc Aurels Tochter, vertritt das politische Erbe ihres Vaters.
- Livius ist der moralisch integer handelnde Heerführer, Vertrauter und Ziehsohn des Caesars. Lucilla und Livius sind ein Liebespaar.
- Timonides, griechischer Philosoph und Vertrauter des Marc Aurel, führt nach dessen Tod mit äußerstem persönlichen Einsatz das zivilisatorische Engagement des Caesar fort. Er baut dabei auf Vernunft und friedlichen Fortschritt.
- Commodus, der selbstsüchtige, hedonistische Sohn des Marc Aurel, wird wahnsinnig und ruiniert schließlich die Staatsmacht Rom.

c. Themenkonstellationen:

Zentral ist das Thema des Opfers/geopfert werdens. Es steht in unmittelbarem Zusammenhang mit dem Ziel der Zivilisation, dem friedlichen Zusammenleben und der Erhaltung der Staatsmacht. Moralisch bestimmtes Handeln ist meist unzertrennlich mit dem Erbringen eines für das Individuum existentiell bedeutsamen Opfers verbunden. Die Protagonisten werden zu Opfern der Macht und der Staatsraison. Ihr Eintreten für eine höhere Idee (Humanismus, Vernunft) und für das Gemeinwohl verlangt von ihnen die Bereitschaft, auf privates Glück und auf körperliche Unversehrtheit zu verzichten. Dafür werden sie als Siegreiche und Helden ins Übermenschliche erhöht.
Dieser Themenkomplex der Opferbereitschaft und Erhöhung in das Übermenschliche ist wesentlich, wenn Melek in ihrem Filmbezug auf Folter hinweist.
Erkennbar sind folgende weitere Themenkonstellationen: Männerfreundschaft/Männerrivalität; friedlicher Fortschritt/Gewalt; Zivilisation/Barbarei.

2.2 Die von Melek geschilderten Filmstellen

Die Filmbetrachtung macht evident, daß Melek sich auf zwei Filmstellen bezieht:

- Filmstelle ‚Folter‘:
  Timonides wird von den Germanen, die er zum friedlichen Zusam-

menleben mit dem römischen Volk führen will, in einer Art zelebriertem Gottesgericht gefoltert. (Analyse s. 2.2.1)

- Filmstelle ‚Tod':
  Timonides wird inmitten eines Festes der mittlerweile seinen Friedens- und Humanitätsideen folgenden friedlichen Germanen von römischen Soldaten mit einem Wurfspeer getötet. Er wird von diesem Speer getroffen, während er an den Friedenswillen der mordenden Soldaten appelliert.
  (Analyseergebnis s. 2.2.2).

2.2.1 Analyse der Filmstelle ‚Folter'

Die Filmstelle spielt in einer großen Höhle, einer Art Kultstätte der Germanen, die dort von den Römern gefangen und eingesperrt gehalten werden. In dieser Höhle steht eine Statue des germanischen Kriegsgottes Wotan. Die Protagonisten sind Balomar, Anführer der Germanen, und Timonides.

Filmzeit: 1 Stunde 35 Minuten; Dauer der Filmstelle: ca 3 Minuten 20 Sekunden.

a. Die Filmstelle besteht aus folgenden sechs Einheiten:

(1.) *Ansprache des Timonides* an die Gefangenen. Timonides fordert die Gefangenen zur friedlichen Koexistenz auf.

(2.) *Germanen überwältigen den ahnungslosen Timonides.* Der Anführer der Germanen zwingt Timonides als Stellvertreter für die römischen Götter, eine brennende Fackel anzufassen, um so die Überlegenheit der römischen Götter oder des Germanengottes Wotan festzustellen. Unterwirft sich Timonides der Wotan-Statue, dann wird die Folter abgebrochen.

(3.) *Timonides argumentiert als Philosoph.* Er weist körperliches Leiden als Prüfung zurück.

(4.) *Timonides wird dreimal gefoltert,* indem ihm Balomar die Hand mit einer Fackel versengt. Dabei zeigt die Kamera das verzerrte Gesicht des Timonides. Timonides könnte die römischen Soldaten zu Hilfe rufen, was er jedoch nicht tut, da diese die Germanen töten würden. Im Verlauf der Folter verändert Timonides die Form seines sprachlichen Widerstandes: von humanitären Argumenten über die sprachliche Darstellung menschlicher Verletzlichkeit zu Aggression und dem Eingeständnis der Ohnmacht.

Auf diese Einheit bezieht sich Meleks Aussage: „Und da hat der , hat der, hamse dem Mann die Hand immer verbrannt.... Und haben dem Mann ewig die Hand ewig verbrannt, und der hat kein Mal geschrien, der hat nur s Gesicht verzerrt. // Und gegrinst."(268–272) – „Der hat dann nur noch so verzerrt und hat immer hoch geguckt und hat n Mund aufgemacht und hat irgendwas gesagt Huähuä ..." (281–283)

Zur Detailbeschreibung folgt der Auszug aus dem Einstellungsprotokoll zur 4. Einheit dieser Filmstelle.

Einstellungs-folge/Dauer d. Filmstelle in Sekunden		Kamera-einstel-lung	Bild	Ton
8	3"	Nah	Im Vordergrund sieht man die Fackel, die Balomar zu Timonides' linker Hand führt	
9	2"	Groß	Timonides' Faust öffnet sich, wenn Fackel näherkommt	
10	3"	Groß	Timonides, schweißbedeckt, entsetzter Gesichtsausdruck	
11	1/10"	Groß	Balomar	
12	4"	Groß Groß	Hand (Reißschwenk) Timonides öffnet schmerzverzerrt den Mund	
13	3"	Groß	Balomar, sieht Timonides ins Gesicht	
14	19"	Nah	Fackel wird von Timonides Hand zurückgeführt und bleibt im Bildvordergrund	Timonides (atmet auf): „Ich, ich möchte euch doch

Einstellungsfolge/Dauer d. Filmstelle in Sekunden		Kamera-einstellung	Bild	Ton
			Fackel wird wieder zur Hand geführt	helfen frei zu werden, aber ihr müßt sterben, wenn ich schreie" Timonides stöhnt auf.
15	3"	Groß	Balomar	
16	12"	Groß	Timonides, schmerzverzerrt.	Timonides: „Obwohl ich einmal Sklave war, bin ich es nicht gewohnt, Schmerzen zu ertragen. Obwohl ich Philosoph bin, bin ich schwach"
17	3"	Groß	Balomar	
18	6"	Nah	Timonides, schmerzverzerrt.	Timonides stöhnt
19	25"	Nah	Balomar bekommt eine neue Fackel zugeworfen und geht wieder auf Timonides zu Balomar drückt die Fackel auf Timonides Hand	Timonides: „Ihr seid das Opfer nicht wert. (schreit) Barbaren, Scheusale (noch lauter) Kannibalen." Balomar: „Rühre Wotan an, und wir wissen, eure Götter sind schwach."
20	3"	Groß	Balomar	

(5.) *Timonides kapituliert*, indem er sich der Wotan-Statue unterwirft. Gedemütigt entschuldigt er sein Versagen vor sich selbst und wirft sich dieses Versagen vor.

(6.) *Timonides' humanitärer Erfolg*. Balomar ist so beeindruckt, daß Timonides nicht geschrien und dadurch die Vernichtung der Germanen vermieden hat, daß er sich den römischen Göttern unterwirft.

Die von Melek zitierte Mediensymbolik aus der Filmstelle ‚Folter' des Films „der Untergang des Römischen Reiches"

b. Handlungsmuster und Thematik der Filmstelle ‚Folter' (Zusammenfassung des Analyseergebnisses)

Im Vordergrund steht das Leiden des Timonides als Protagonist für Zivilisation und Humanität. Er verlangt sich Übermenschliches ab und scheitert. Dies ändert aber nichts daran, daß er wegen seiner übermenschlichen Leidensfähigkeit zum Sieger und damit erhöht wird. Timonides handelt als Vorreiter einer zivilisierten, humanen Entwicklung. Er muß die Folter ertragen, um dieses, sein Prinzip nicht zu verraten. Er könnte die Folter beenden, wenn er schriee und damit die Soldaten zu seiner Unterstützung herbeiriefe. Dann würden jedoch seine Folterer von den Soldaten niedergemacht. Darüber hinaus kann er sich nicht dem Kriegsgott der Germanen unterwerfen, weil er dann den Germanen/Barbaren nicht aus ihrer Verblendung den Weg in die Zivilisation zeigen und öffnen könnte. Dieses Dilemma erscheint zusammen mit dem Verkündigungswillen des Gefolterten in der Filmstelle mit folgender Dynamik: Verkündigung humanitärer Prinzipien, Gefangennahme, Folter und Selbstverleugnung aus humanitären Gründen, den eigenen Glaubensprinzipien treu bleiben, sich leidend opfern, um andere aus Verblendung und Barbarei zu erlösen. Diese Entwicklungsdynamik verlangt vom Protagonisten Übermenschliches. Das Übermenschliche wird symbolisiert, indem Timonides wiederholte Folter (= Versengen seiner Hand) erträgt. Zusammen mit seinem Scheitern, er kann kein weiteres Mal den Schmerz der Folter ertragen, wird er als Sieger erhöht. Die Erhöhung ins Übermenschliche (Schmerz ertragen) unterstützt die Kamera, indem sie die leidende bis wehleidige Mimik des Protagonisten zeigt. Die Erhöhung als Sieger wird durch ein Handlungselement (der Anführer erklärt Timonides zum Sieger, Folterer und siegender Gefolterter stehen nebeneinander auf gleicher Höhe) und durch die Darstellungsweise (Kameraführung von oben, von unten) mitgeteilt.

2.2.2 Überblick über die Filmstelle ,Tod'

Melek erzählt aus der vierten und fünften Einheit :„Und als er diesen Pfeil auch noch abgekriegt hat, ne, zum Schluß, da is er ja auch also, da hat er noch dagestanden und so, ne, und hat n abgekriegt und hat seine Hand da drein gehalten und /. . . „ (286-290)
Bei einem brutalen Angriff der römischen Soldaten auf feiernde Germanen exponiert sich Timonides ungeschützt und setzt sich für Zivilisation, Vernunft und friedliche Koexistenz ein. Um das Leben der Germanen zu retten, riskiert er sein eigenes. Der Film zeigt ihn als Verkünder einer allgemeinen und humanitären Idee. Diese Bereitschaft, sich unbeschränkt für diese Idee einzusetzen, endet mit seinem Tod. Die Darstellung als Toter entbehrt allerdings jeglicher Erhöhung. Obwohl er als einfacher Mann und Verlierer stirbt, bleibt er doch als Vorreiter der friedlichen Zivilisation moralischer Sieger.

2.3 Die Filmstellen ,Folter' und ,Tod' im Kontext des Films

2.3.1 Die Beziehung zwischen den beiden Filmstellen

Beiden Filmstellen ist gemeinsam, daß Timonides für die Humanität mit dem eigenen Leben eintritt. Er begibt sich dabei in Situationen tödlicher Bedrohung, die jeweils von einer übermächtigen, brutalen, gewalttätigen Gruppe ausgeht. Beide Gruppen sind gegenüber dem stets argumentierenden Timonides taub. In dieser Position des rational Argumentierenden, der einer gewalttätigen Gruppe humanitäre Ziele und Beweggründe unter Einsatz seines Lebens verkündet, wird Timonides erhöht.
Im Unterschied jedoch zur ersten Filmstelle ,Folter', in der Timonides wegen seiner übermenschlichen Leidensfähigkeit Sieger bleibt, geht er in der zweiten Filmstelle ,Tod' als Opfer einer anonymen, barbarisch mordenden Gruppe unter.

2.3.2 Die zentrale dramaturgische Funktion der Filmstellen ,Folter' und ,Tod'

Innerhalb der Filmerzählung hat die Filmstelle ,Folter' die Funktion zu zeigen, daß die Germanen bereit zur Zivilisation sind und somit der Frieden im Norden des Römischen Reiches realisiert werden kann. Damit erfüllt sich der politische Plan des verstorbenen Caesars Marc Aurel. Nach der Zivilisierung der Germanen, für die Timonides' Vermögen, körperliches Leid auszuhalten und übermenschliche Stärke zu beweisen, die Voraussetzung war, beginnt für Timonides eine Phase der praktischen Umsetzung seiner philosophischen Ideen und Ideale. Mit dem Befehl des machthungrigen und verrückten Caesar Commodus, die Germanen zu vernichten, scheitern in der zweiten, von Melek geschilderten Filmstelle ‚Tod' der Lebensentwurf und das Lebensziel des Timonides. Damit nimmt der Untergang des Römischen Reiches seinen Lauf. Der Entwicklung hin zu Zivilisation und friedlicher Koexistenz ist vorerst ein Ende bereitet.

Folter und Tod des Timonides haben im Gesamtaufbau des Films und auch in bezug auf den Themenzusammenhang ‚Opfer und Überhöhung' eine wichtige Funktion: Gegenüber den heidnischen Germanen ist Timonides erfolgreich, weil er leidendes, edles Opfer ist. Gegenüber der auf Macht und Gewaltausübung beruhenden Politik des Römischen Reiches, die zudem noch mit Dekadenz und Wahnsinn (personifiziert in Commodus) verwoben ist, geht er als Opfer, ohne Aufsehen zu erregen, unter. Während aber die heidnische Kultur zivilisatorisch bereits überholt ist, steht die Kultur der Römer an einer historischen Übergangsschwelle, an der Timonides sich mit seinen humanitären Prinzipien noch nicht durchsetzen kann und getötet wird. Wie der Zivilisationsprozeß aussehen könnte, zeigt der Film kurz vor dem Tod des Timonides, wo die friedlichen Germanen tanzend Feste feiern. Demgegenüber ist die römische Kultur, so zeigt die Szene mit den mordenden Soldaten, bereits wieder in die Barbarei zurückgefallen.

3. Verwendung der Ergebnisse der Filmanalyse als Interpretationsanleitung für Handlungssituation und Sprachbild

Gibt es einen Zusammenhang zwischen den drei Kernpunkten der Filmthematik und der Handlungssituation? Finden sich etwa Motive wie Opfer, Leiden und Erhöhung in der Handlungssituation wieder?

Theoretisch formuliert geht es darum, Meleks Aussagen über den Film als symbolische Darstellung in einer Handlungssituation zu verstehen, die sich der Filmsymbolik bedient. Die Bedeutung der in der Handlungssituation unverständlichen symbolischen Darstellung ist, weil sie sich der Filmsymbolik bedient, über den Kontext des Films rekonstruierbar. Im folgenden geht es nun darum, die situative Bedeutung von Meleks symbolischen Darstellungen im Handlungskontext herauszuarbeiten, wozu der Film als Erklärungshilfe Verwendung findet.[7] Dazu folgt in der Auswertung eine ausführliche Handlungsanalyse, die dann mit der Filmanalyse als Interpretationsanleitung verbunden wird. Im folgenden Text wird das Ergebnis dieses Arbeitsschrittes zusammenfassend vorgestellt.

Wesentliches Ergebnis: Melek will in der diffusen, phantasiegeladenen Situation (s. 3.3) verstanden werden (s. 3.1). Deshalb schildert sie die beiden Filmstellen, um das Sprachbild der lächelnden Hexe zu erläutern (s. 3.2). Es ist ihr wichtig, verstanden zu werden, weil sie in der Situation zum Objekt der Gruppenphantasie gemacht wird.

3.1 Verstanden werden wollen

Melek hat während der ganzen Fotoaktion in der Kirchenruine Schwierigkeiten, ihre Vorstellungen von einer Hexeninszenierung gegen den massiven Druck der Gruppe durchzusetzen. Erst gegen Ende der Fotoaktion tritt sie offensiv für ihr Hexenbild mit der Aussage ein, „Ich bin die Hexe mit dem Lächeln", was von der Gruppe jedoch nicht verstanden wird. Jetzt bringt sie die Schilderung der beiden Filmstellen ‚Folter' und ‚Tod'. Die erste Einheit ihrer Filmschilderung ‚Folter' (ab Zeile 268) hat vermutlich die Aufgabe, ihr Hexenbild und somit ihre eigene Hexeninszenierung gegen die andersartigen Vorstellungen und Phantasien der Gruppe durchzusetzen. Da sie dies in ihren eigenen Worten und mit der eigenen Inszenierung bis gegen Ende der Handlungssituation nicht schafft, greift sie schließlich auf ein Massenmedium, auf einen Fernsehfilm zurück. Sie paßt sich damit den Sprachbildern der Gruppe und deren Kommunikationsstil (z.B. Anspielungen auf Filmtitel, Anleihen aus der Dramaturgie von Dreharbeiten) an.[8]

3.2 Die Entsprechung des Sprachbildes der „lächelnden Hexe" mit der Filmfigur des Timonides

Melek ist in ihrem Bemühen, ihr Hexenbild durchzusetzen, erfolglos. Dafür ist sicher gerade die Widersprüchlichkeit des Bildes einer auf dem Scheiterhaufen stehenden Hexe, die lächelt, verantwortlich. Die in ihrer Filmschilderung bzw. die in der zitierten Filmstelle zentrale Figur des Timonides bekommt die Funktion, deutlich zu machen, daß es Personen bzw. Figuren mit solch unvereinbaren Eigenschaften und Handlungsweisen gibt. Der Bezug zu einem aktuellen Film verleiht ihrem Bild Evidenz und Überprüfbarkeit. Der Fernsehfilm wird von ihr sozusagen als Beweismittel eingebracht.

Die Filmfigur des Timonides engagiert sich für Humanität und Zivilisation, und wird in ihrer exponierten Position mit ihren humanitären Zielen von der Gruppe, für die Timonides eintritt, gequält. Weil er übermenschliches Leiden erträgt, wird er erhöht und zum moralischen Sieger.

Die Entsprechung von „lächelnder Hexe" und Filmfigur des Timonides legt eine Analogie der Gruppensituation von lächelnder Hexe und Filmfigur des Timonides nahe: Wie Timonides wird die lächelnde Hexe in ihrer Zielsetzung nicht erkannt und gequält. Die Gruppe um Melek herum könnte jetzt erkennen, wie zu reagieren sei, verstünde die Gruppe nur die Ziele der beiden von Melek miteinander verknüpften Figuren Hexe/Timonides.

Ein weiteres Indiz dafür, daß Melek die Filmfigur Timonides und ihr Sprachbild erläuternd verbindet, ist die Abweichung zwischen ihrer Schilderung der Filmstelle ‚Folter' und dem, was im Film zu sehen ist. Melek sagt, der Mann (Timonides), der im Film gequält wird, habe gegrinst („Und gegrinst", 272). Tatsächlich aber gibt es in der hier angesprochenen Filmstelle keine mimische Geste von Timonides , die als ‚Lachen' oder ‚Grinsen' verstanden werden kann. Melek hat also an dieser Stelle den Film ‚verändert'.

Wie läßt sich diese Abweichung erklären? Melek unterstreicht damit, daß die Filmfigur Unvereinbares vereint. Sie übertreibt damit die Fähigkeit der Filmfigur, in übermenschlicher Weise Schmerz zu ertragen. Da scheinbar Unvereinbares ihre Hexeninszenierung bestimmt (lächelnde Hexe auf dem Scheiterhaufen), könnte das nachgetragene „und gegrinst" die Funktion haben, in besonderer Weise das scheinbar Unvereinbare herauszuheben und verständlich zu machen.[9]

3.3 Melek als Objekt der Gruppenphantasie und wie sie damit umgeht

Melek ist in eine Gruppensituation geraten, in der die Gruppe sie zum Objekt ihrer Phantasien macht. Der äußere Rahmen hierzu ist die Medienproduktion. Melek, die fotografiert wird, steht zwar als Fotomodell im Mittelpunkt, Regie führen jedoch eindeutig die zuschauenden Gruppenmitglieder. Sie geben Anweisungen, wie Melek die Figur der Hexe darstellen, wie sie sich hinstellen, wie sie aussehen soll usw. Melek greift diese Vorstellungen und Anweisungen auf. Sie hat aber, das zeigt diese Situation ganz deutlich, wenig Möglichkeiten, eigene Darstellungsformen zu entwickeln oder zu realisieren (im Unterschied zu ihrer ersten Aktion, in der sie auf dem Sarkophag aktiv und selbstgestaltend eine verstorbene Schöne darstellt). Dabei erfährt sie in der Rolle der zu dirigierenden Schauspielerin auch Bewunderung durch die Gruppe. Es fallen Aussagen wie „Melek ist die absolute . . . Starschauspielerin für Hexen." Die gesamte Gruppenaktivität kreist um Melek. Gleichzeitig werden erotische Phantasien auf sie projiziert.

These: Diese Objekt-Situation erlebt sie auch genau so. Sie interpretiert sich und der Gruppe diese Situation mit Hilfe der Figur des Timonides. Dabei stellt sie den Aspekt des Leidens heraus. Das wird besonders durch die zweite Abweichung zwischen ihrer Filmschilderung und der Filmstelle ‚Folter' deutlich. Melek sagt, Timonides habe das Gesicht verzerrt, hochgesehen „und hat geschreit"(283f). Diese Beschreibung bezieht sich wohl auf Timonides' Kapitulation nach der Folter. Tatsächlich lassen sich seine dort gemachten Äußerungen als Wimmern und Schluchzen, aber nicht als Schreien interpretieren. Meleks Hinzufügung „und hat geschreit" (283f.) kann als Zeichen dafür verstanden werden, daß sie vor allem das Opferhafte an Timonides interessiert. Sie beschreibt ihn in der

Position der Erniedrigung („hat immer hoch geguckt", 282) und im Anschluß daran als schreiend. Verstärkt wird diese Interpretation noch dadurch, daß Melek bei ihrer Filmschilderung jeweils das Ende der Filmstellen ausläßt. So bleibt Timonides als von den Germanen anerkannter Sieger in der ersten Filmstelle ebenso unerwähnt wie der getötete Timonides in der zweiten Filmstelle. Diese beiden Auslassungen sowie die Hinzufügung des Timonides als schreiend, sind ein Hinweis darauf, daß Melek ihn vor allem als leidenden Menschen sieht.

In ihrer Filmschilderung wiederholt sich trotz der Betonung des Leidens die filmische Darstellungsperspektive des Timonides, Leiden und Überhöhung miteinander zu verbinden. In der Schilderung der Filmstelle ‚Folter' betont sie die Widerständigkeit und Aktivität: „und der hat kein Mal geschrien, der hat nur s Gesicht verzerrt. // Und gegrinst" (271 f.). In ihrer Schilderung der Filmstelle ‚Tod' greift sie diejenige Darstellungsperspektive des Films auf, die die heroische Geste des Sterbenden betont: „Und als er diesen Pfeil auch noch abgekriegt hat . . . da hat er noch dagestanden" . . . (286 – 288).

4. Argumente zur Begründung und Einordnung einer rezeptionsbezogenen Medienanalyse

4.1 Stichworte zur weiteren Auswertung der Medienspur: interpretierender Vermittlungszusammenhang

Bisher wurden die Ergebnisse der medien- und situationsanalytischen Untersuchung unter dem Gesichtspunkt vorgestellt, die Ereignisse im Rahmen der Fotoaktion aufzuklären. Darüber hinaus bietet die Filmanalyse jedoch weitere Interpretationshilfen an, z.B. um die sich in den Ausdrucksformen des türkischen Mädchens darstellenden handlungsleitenden Themen zu entschlüsseln. Dem geht eine wichtige Annahme voraus: Daß es nämlich eine allgemeinere als nur die situationsspezifische Beziehung zwischen Film bzw. Filmgenre und der in der Handlungssituation erscheinenden Symbolik gibt. Da Filme, Filmserien und Filmgenres heute zum alltäglichen Erlebnisbereich von Jugendlichen gehören, erlangen immer mehr wiederkehrende Filmbilder und Filmszenen eine allgemeine

Mitteilungs- und Deutungsfunktion. Der geschilderte Fall belegt, daß Massenkommunikationserlebnisse Interpretationsfunktionen im alltäglichen Handlungskontext haben: Medienerlebnisse werden zur Folie, die soziale Situationen interpretieren helfen. Dieser Interpretationszusammenhang muß nicht an ein konkretes Medienerlebnis gebunden sein.

Melek bringt auch ein Beispiel für eine indirekt vermittelte Beziehung zwischen subjektiver symbolischer Darstellung und Mediendarstellung. Hier geht es um die verblüffende Übereinstimmung zwischen der Art und Weise (Pose, Kleidung usw.) wie sich Melek auf dem Steinsarkophag der Installation von Jenny Holzer (s. Punkt 1.1) präsentiert und einer Filmdarstellung, in der in gleicher Weise die auf ihren Liebhaber wartende Lucilla auf ihrem Bett liegend gezeigt wird. Die naheliegende Vermutung, Melek zitiert hier den Film, greift nicht, da Melek die Gestaltungsidee ihrer Aktion bereits vor Ausstrahlung des Films geäußert hatte. Wenn man nun diese Parallele nicht als zufällig erklären will, dann ist die Herkunft der Übereinstimmung zwischen Meleks Darstellungsweise und der Filmdarstellung in einem gemeinsamen Dritten zu suchen. Dies könnten z.B. Stereotypen, Klischees oder auch Archetypen sein, die von Massenmedien aufgegriffen, modifiziert, verbreitet oder sogar entwickelt wurden. Für Melek gibt es hier vermutlich eine enge Verbindung zu dem auf Großartigkeit ausgerichteten Genre des Historien- und Monumentalfilms. Die Beschreibung und Analyse der Anwendung dieser filmischen Darstellungsweise in Meleks Aktionen könnte die Indikatoren liefern, mit deren Hilfe Aussagen über Meleks Persönlichkeit und über Meleks handlungsleitende Themen möglich wären. Diese Fragestellung bzw. Arbeitsweise ginge über die Aufklärung des Interaktionszusammenhangs, wie er hier vorgestellt wurde, hinaus. Die These von der interpretierenden Funktion des Vermittlungszusammenhangs bleibt jedoch auch für diese Frage bestehen.

4.2 Kommunikationstheoretische Argumente

Beschreitet man diesen Arbeitsweg, so müssen zwei kommunikationstheoretische Grundannahmen extensiv verwendet werden. Kommunikation ist die Vermittlung von Subjekt, Handeln und symbolischen Objektivationen.[10] Diese kommunikative Vermittlung gilt auch für die Massenkommunikation. Seit Erfindung der technischen Medien sind Handeln, Sprache, Erleben, Erfahrung usw. zunehmend massenmedial vermittelt.

Der Gedanke der kommunikativen Vermittlung von Handeln und symbolischen Objektivationen ist entscheidend für die Verbindung von Handlungsanalyse und Medienanalyse, deren methodisches Ziel es ist, das für die gegenwärtige Industriegesellschaft charakteristische Auseinanderfallen von Medienproduktion, Mediendistribution und Medienrezeption forschungsmethodisch zu vermeiden. Die Methode der integrierten Analyse von Medien und Handlung trägt dieser prinzipiell unauflösbaren kommunikativen Vermittlung Rechnung. Forschungsmethodisch folgt daraus, in den Alltag der Menschen zu gehen, um dort die typische Verbindung und Vermittlung von Medienerlebnissen, Mediensymbolik und Handeln freizulegen. Die bei dieser Vorgehensweise ‚verschwundenen' Massenmedien sind dann medienanalytisch zu rekonstruieren. Dazu gibt es die methodische Aufgabe, das Medium über die Medienspuren in den subjektiven symbolischen Darstellungen der Handlungssituation aufzufinden und verfügbar zu machen. Diese Rekonstruktion hat zwei Angelpunkte: Einmal wird das Medium als rezipierte symbolische Objektivation analysiert. Im vorliegenden Fall standen dabei zwei Filmstellen im Vordergrund. Zum anderen wird das Medium sozusagen als solches analysiert, also als symbolische Objektivation, die prinzipiell unabhängig ist von der Rezeption.

Der Gedanke der massenmedialen Vermittlung ist für die medien- und situationsanalytisch bearbeitbare Fragestellung von entscheidender Bedeutung. Die Veralltäglichung der Massenkommunikation hat dazu geführt, daß sich symbolische Darstellungen und handlungsleitende Themen der Menschen mit der Symbolik und der Thematik der Massenkommunikation in einer medienspezifischen Weise verbinden. Der beschriebene Fall zeigt ein einfaches Beispiel: Eine den Zuhörern unverständliche Symbolik (lächelnde Hexe) wird mit Hilfe einer Filmschilderung erläutert. Das setzt z.B. die Erfahrung voraus, daß Fernsehfilme und ihre Symbolik allgegenwärtig sind, weshalb sie den für das Gelingen einer Verständigung und Erläuterung notwendigen Erlebnis- und Erfahrungsrahmen abgeben. Die methodologische Konsequenz aus dieser massenmedialen Vermittlung besteht nun darin, die Symbolik der Massenkommunikation und die mit ihrer Rezeption verbundenen Erlebnisse immer als etwas Gemeinsames und mit den symbolischen Darstellungen und den Erlebnissen der Menschen prinzipiell Verbundenes wahrzunehmen. Die Identifizierung der Medienspuren in den Handlungen ist deshalb der erste Schritt einer integrierenden Medien- und Handlungsanalyse. Ziel der Medienanalyse im Handlungskontext ist über den praktischen Zusammenhang hinaus jedoch, Einsichten in die massenmedienspezifische Entwicklungsdynamik von Kommunikation und Handeln zu erlangen.[11]

4.3 Medienanalyse im Handlungskontext – Vergleich mit Methoden der Filmanalyse

Nachfolgend wird die Entwicklung einiger der am häufigsten angewandten filmanalytischen Modelle rekonstruiert und vor diesem Hintergrund die Vorgehensweise der Medienanalyse im Handlungskontext geschildert. Noch bis in die frühen 60er Jahre hinein war in der Bundesrepublik die reflektierte Auseinandersetzung mit dem Medium Film fast ausschließlich Angelegenheit geisteswissenschaftlicher Disziplinen, ihre Beiträge eher spekulativ, ästhetisch-normativ oder historisch angelegt und mit den Beschreibungsmitteln des Essays abgefaßt (z.B. Everschor 1964, vgl. Kuchenbuch 1978, S.181)

Der Beginn einer wissenschaftlichen Filmanalyse in der Bundesrepublik wird allgemein mit dem Erscheinen von Albrechts Aufsatz „Die Filmanalyse – Ziele und Methoden“ aus dem Jahre 1964 datiert. Der sozialpsychologisch orientierte Artikel enthält nicht nur detaillierte Angaben zur Filmprotokollierung, sondern versucht darüber hinaus mit den der angelsächsischen „Content Analysis“ entlehnten quantitativen Methoden zu einer systematischen Filminhaltsanalyse zu gelangen. In seinem historischen Überblick „Kleine Geschichte der ‚Filmanalyse‘ in Deutschland“ kommt Faulstich (1988) auf ca. 60 Titel, die in der Folgezeit zum Thema veröffentlicht worden sind und deren Erscheinen er in drei Phasen gliedert: Die erste ging bis 1976 und wird als „Methodenvielfalt“ beschrieben. Die zweite reicht bis 1980 und ist durch das Überwiegen von „Einzelwerkanalysen" gekennzeichnet, und die noch bis heute andauernde dritte Phase versammelt vor allem Titel, als deren Gemeinsamkeit „Theorieorientiertheit" genannt wird.

Läßt sich zwar die erste Phase mit ihren sehr unterschiedlichen Bemühungen einer wissenschaftlichen Standards genügenden Filmanalyse zu Recht in ihrer „Methodenvielfalt" charakterisieren (z.B. semiotische, kybernetische, linguistische), so sind es aber doch vor allem zwei miteinander rivalisierende Analysekonzepte, die die Diskussion bestimmten und noch heute Einfluß ausüben. Das sind die beiden Methoden der „Systematischen Inhaltsanalyse" und der „Statistischen Stilanalyse" einerseits und das „Rhetorisch-dramenanalytische Modell" andererseits. Die beiden ersteren verdanken ihr Aufkommen der sich etablierenden Publizistikwissenschaft, die mit ihrer Anwendung möglichst exakte und objektive Ergebnisse zu erreichen hoffte. In Anlehnung an empirische Methoden der amerikanischen Sozialforschung wurden semantische oder syntaktische Einheiten eines Films (oder mehrerer) operationalisiert und die erhobenen Daten statistisch ausgewertet (vgl. u.a. Silbermann 1980, S. 26 ff.). Ziel der Analyse war es, „von Inhalten zur Analyse von Wirkungen des Films vorzudringen" (Silbermann 1980, S. 28). Demgegenüber versuchten rhetorisch-dramenanalytische Modelle den intendierten Sinn eines Films zu erfassen und sind somit „artverwandt der dialektisch-hermeneutischen Methode der Sinnauslegung eines Textes" (Kuchenbuch 1978, S. 172). Ihre zentralen Kategorien sind u.a. Fabel, Thema, Figuren, Konflikt, Handlungsverlauf und Handlungsdarbietung. Auch ihr Ziel ist die Beantwortung der Frage nach der „mutmaßlichen Wirkung von Kommunikation" (Kuchenbuch 1978, S. 171; zur Kritik beider Ansätze u.a. Seeßlen 1986, S. 5 ff.). Trotz aller Unterschiede haben sie die gemeinsame Intention, von der Analyse des Films auf mögliche Wirkungen auf ein Publikum zu schließen.

Dagegen hat es die Medienanalyse im Handlungskontext mit Filmen zu tun, die im Rahmen von Feldstudien entdeckt werden *(Medienspuren identifizieren)* und deren funktionale Bedeutung für die Rezipienten empirisch festgestellt wird. Die Analyse des Films geschieht dann zunächst mit den Kategorien des dramenanalytischen Modells. Da aber die eher distanzierte Rekonstruktion der Filmgeschichte nicht ausreicht, den vielschichtigen

Bedeutungsgehalt filmischer Symbole („die am meisten komplexe Kunst“, Seeßlen 1986a, S. 5) gerecht zu werden, wird sie durch eine *assoziativ-impressionistische Bedeutungsanalyse* ausgeweitet. Gegenstand dieser Auswertung sind die Filmstellen, auf die die Medienspuren hinweisen. Da diese Filmstellen aber nicht isoliert, sondern im Kontext einer Geschichte stehen, muß ihre Funktion für den Handlungsverlauf mit dem *dramenanalytischen Zugriff* herausgearbeitet und mit den Ergebnissen der assoziativ-impressionistischen Bedeutungsanalyse konfrontiert werden. Erst so erhält man das relevante filmanalytische Material, mit dem Handlung und Film wechselseitig als Interpretationsfolie aufeinander bezogen werden können.

Überblick über Arbeitsschritte bzw. Arbeitsbereiche der Medienanalyse im Handlungskontext

Die Analyse entwickelt sich als Prozeß des Aufeinanderbeziehens von Film und den Ereignissen in der Handlungssituation. Trotz aller fallbezogenen und interpretativen Komplexität und Uneindeutigkeit lassen sich drei Arbeitsbereiche als verbindlich beschreiben:

– Arbeitsbereich: Medienspuren identifizieren

Voraussetzung ist ein Text, der den Handlungszusammenhang in seiner Entwicklungsdynamik ganzheitlich beschreibt. Innerhalb dieses Textes wird dann nach Indikatoren für explizite oder implizite Medienspuren gesucht. (Explizite Medienspuren sind Hinweise auf Medienerlebnisse und Rezeptionssituationen, Verwendung von Mediensymbolik, Filmschilderung usw. Implizite Medienspuren sind u.a. dramaturgische Gemeinsamkeit. Im vorliegenden Fall wird Medienproduktion nachgespielt, die mit Showelementen durchsetzt ist.) Von diesen Indikatoren ausgehend wird das Medium beschafft, besichtigt und relevante Ausschnitte, dramaturgische Komponenten usw. isoliert und beschrieben.

– Arbeitsbereich: Verschriftlichung des Films und der Handlungssituation – Texte zu Film und Handlung

Um dem Kriterium der intersubjektiven Nachvollziehbarkeit der Analyse gerecht zu werden, müssen Handlungssituation und Film in Form aus-

gewählter schriftlicher Dokumente vorliegen. Die Dokumente zu den Medien bzw. zu den Handlungssituationen können diese nie ausschöpfen. Sie objektivieren trotzdem den Forschungsgegenstand unter dem Aspekt der jeweiligen Fragestellung. Die Verschriftlichung von Handlungssituationen und Medien setzt eine hermeneutische Sequenzierung voraus. Diese Sequenzierung ist von einer Zusammenhangsschilderung her zu entwickeln.
Im vorliegenden Fall wurden folgende Film-Texte erstellt: Schilderung des Handlungsverlaufs des Films/Beschreibung der Dramaturgie des Films / Beschreibung und Einstellungsprotokolle mehrerer Filmstellen / Stellung der Filmstellen im Filmkontext.

– *Arbeitsbereich: Vergleich von Film-Text und Handlungs-Text*

Wichtig für den Vergleich ist die Suche nach Übereinstimmungen und Unterschieden, bzw. Widersprüchen zwischen Film-Text und Handlungs-Text. Die Feststellung von Gemeinsamkeiten und Unterschieden ist die Basis, um nach Interpretationszusammenhängen bzw. -perspektiven zu suchen: Wie hilft der Film, die Handlungssituation zu deuten? / Wie hilft die Handlungssituation, den Film zu deuten?

Anmerkungen

1 In diesem Forschungsprojekt „Dynamik symbolischer Vermittlung von Alltagshandeln und Massenkommunikation“ wird u.a. das Konzept der „Gestaltungsräume“ erprobt. Vgl. Bachmair, v.d.Hövel 1988, Bachmair 1987 und 1990.

2 Für diese Frage ist es zunächst nicht wichtig festzustellen, woher das Sprachbild der lächelnden Hexe stammt, z.B. aus einem türkischen Märchen oder vielleicht aus einem Video. Im Rahmen der Auswertung der Beobachtungsprotokolle ist der Frage jedoch nachgegangen worden, woher dieses Sprachbild kommen könnte; nicht zuletzt mit der Hoffnung, über die Quelle der Symbolik weitere Interpretationshilfen zu bekommen, vielleicht sogar den Schlüssel zu Meleks handlungsleitenden Themen zu finden. Aus dem Beobachtungsmaterial ließ sich jedoch nichts gewinnen, was auf die Quelle dieser Symbolik hinweist.

3 Die wörtlichen Zitate stammen aus der Tonbandtranskription. Im Rahmen der teilnehmenden Beobachtung wurden neben subjektiven Erlebnisberichten Tonbanddokumente der beobachteten Situation erstellt. Die hier wiedergegebenen Transkriptionsausschnitte sind zeilenweise wie im Forschungsbericht durchnumeriert. Auszüge aus

diesem Transkriptionsabschnitt sind mit Zeilennumerierung wiedergegeben, z.B. (270) = Zeile 270. Alle anderen Zitate sind hier aus Gründen der Übersichtlichkeit ohne Angaben der Transkriptionszahlennummer gedruckt.
Die Transkriptionszeichen haben folgende Bedeutung:
Ziffer = Zeilennumerierung des Forschungsberichtes; / = Kurze Pause; // = Längere Pause; ( ) = Beginn und Ende einer Erläuterung; verm. = vermutlich liegt dem Tonbandmitschnitt folgende Aussage zugrunde.
Wegen des Umfanges der gesamten Transkriptionen wurde auf eine äußerst einfache Übertragung Wert gelegt, weshalb u.a. auf Auslassungszeichen verzichtet wurde. Darüber hinaus wurde versucht, in der Regel Wörter nach Höreinheiten zusammenzufassen.

4 Symbolische Darstellungen sind signifikante Aussagen oder Gesten eines Subjektes. Damit wird der subjektiv entäußernde Prozeßteil von Kommunikation bezeichnet, vgl. Bachmair 1989.

5 Zu weiteren Medienspuren siehe die Punkte 3.3 und Punkt 4.1

6 Daten zum Film „Der Untergang des Römischen Reiches“: Herstellung USA 1963, Laufzeit des Originals 175 Minuten, Regie Anthony Mann, Kamera Robert Krasker, Musik Dimitrie Tiomkin, Darsteller u.a. Sophia Loren, Stephen Boyd, Alec Guiness, Christopher Plummer, James Mason

7 Über den Handlungskontext hinaus, läßt sich die Verwendung von Filmsymbolik auch als symbolische Darstellung im Kontext von Meleks Persönlichkeit, ihres Kommunikations- und Interaktionsstils, somit ihrer handlungsleitenden Themen, identifizieren. Hier geht es um die Beziehung zwischen Massenkommunikation und Objekt, was jedoch unter Punkt 4.1 nur skizziert wird.

8 Hier wäre der Frage nachzugehen, welche medienspezifischen Komponenten Meleks Bemühen, verstanden zu werden, unterstützen, zum Beispiel die Zuordnung von moralischen Positionen zu Protagonisten.

9 Lächeln als Eigenschaft der Hexe und Grinsen als Eigenschaft von Timonides verstärkt die Kompatibilität der beiden Figuren und unterstützt die Erläuterungsfunktion, die Timonides in der Handlungssituation hat bzw. bekommen könnte.

10 Wichtige Literatur hier u.a. Berger/Luckmann, 1966, G.H. Mead, 1934.

11 Hier kann das Konzept der Medienförmigkeit von Sprache und handlungsleitenden Themen hilfreich sein.

Literatur

Albrecht, Gerd: Die Filmanalyse – Ziele und Methoden.In: Everschor, Franz (Hrsg.): Filmanalysen 2. Düsseldorf 1964.

Bachmair, Ben: Aneignungsversuche. In: Medien praktisch 1987, Heft 4, S. 56 – 59.

Bachmair, Ben.: Symbolische Vermittlung – Argumente, Beispiele und Stichworte zu einer Handlungs-, Kommunikations- und Medientheorie. In: Conrady, P.: Literatur-Erwerb. Kinder lesen Texte und Bilder. Frankfurt 1989.

Bachmair, Ben.: Gestaltungsräume inszenieren. In: Schill, W.; Tulodziecki, G. u.a. (Hrsg.): Medienpädagogik in der Schule. Opladen 1990.

Bachmair, Ben; v.d. Hövel, Martina: Medienpädagogische Beratung – Professionalisierung und Erziehung im Medien- und Konsumnetz. In: Medien und Erziehung 32/1988, Heft 4, S. 196–204.

Berger, Peter L.; Luckmann, Thomas: Die gesellschaftliche Konstruktion der Wirklichkeit. Eine Theorie der Wissenstheorie. Frankfurt 1970, Amerikanisches Original New York 1966.

Faulstich, Werner: Kleine Geschichte der ‚Filmanalyse in Deutschland' In: Korte, Helmut; Faulstich, Werner: Filmanalyse interdisziplinär. Göttingen 1988.

Kuchenbuch, Thomas: Filmanalyse. Theorien, Modelle, Kritik. Köln 1978.

Mead, George, M.: Mind, Self and Society. Chicago 1934.
deutsch: Geist, Identität und Gesellschaft. Frankfurt 1973.

Seeßlen, Georg: Probleme der Filmanalyse heute. Einwände, Notizen und Vorschläge zu einem Anspruch, der mit seinem Gegenstand in die Krise geraten ist. In: Medien und Erziehung, 30/1986, Heft 1, S. 2–13.

Seeßlen, Georg: Kategorien der Filmanalyse. Zu ihren Methoden und ihrer Geschichte. In: Medien praktisch, Heft 1/1986a, S. 4–9.

Silbermann, Alphons: Zur soziologischen und sozialpsychologischen Analyse des Films. In: Silbermann, Alphons; Schaaf, Michael; Adam, Gerhard: Filmanalyse. Grundlagen, Methoden, Didaktik. Oldenburg 1980.

Waltraud Orlik, Michael Charlton, Klaus Neumann

Mediensymbole und Selbstsymbolisierung – Schritte des Kindes zur Angstbewältigung

Einleitung

Anhand eines Fallbeispiels wollen wir im folgenden der These nachgehen, daß Kinder in Fernsehfilmen Figuren oder Szenen finden, die ihnen bei der Bewältigung ihres Alltags hilfreich zur Seite stehen können. Mediensymbole stellen nach dieser Vorstellung Sinnangebote dar, in denen das Kind sich selbst oder das Handeln seiner Umwelt gedeutet wiederfindet. Durch die Beschäftigung mit diesen Medienfiguren wird es dem Kind möglich, seine eigenen Bedürfnisse und Gefühle besser zu verstehen. In einem weiteren Schritt kann es dem Kind mit Hilfe dieser Selbstsymbolisierung gelingen, Wege zur Integrierung zuvor abgewehrter Gefühle in die eigene Persönlichkeit zu entdecken.

Wir wollen zum einen zeigen, daß nicht nur die klassischen Mythen und Märchen ein solches Selbstdeutungspotential bereitstellen. Auch eher triviale Fernsehfilme, wie zum Beispiel die vom Bayerischen Werbefernsehen produzierten „Pumuckl"-Filme, können von Kindern in diesem Sinne genutzt werden. Der Erfolg oder Mißerfolg einer Fernsehserie erklärt sich sicherlich zu einem ganz beträchtlichen Teil daraus, inwieweit hierbei prototypische Erfahrungsbereiche von Zuschauern angesprochen und in einer angemessenen Weise bearbeitet werden.

Zum anderen darf man aber auch nicht verkennen, daß schon Kinder als Zuschauer Fernsehgeschichten völlig abweichend von den vom Autor intendierten Sichtweisen auffassen und nach ihren eigenen Bedürfnissen verändern können. Unser entwicklungspsychologisches Fallbeispiel belegt, daß die Bedeutung einer Fernsehfigur für ein Kind große Veränderungen durchmachen kann, wenn der Zuschauer in seiner Persönlichkeitsentwicklung fortschreitet.

Fallbeispiel: Paul setzt sich mit dem Fernseh-Kobold Pumuckl auseinander

Im Rahmen der „Freiburger Längsschnittuntersuchung der Medienrezeption durch Vorschulkinder im familialen Kontext" (für nähere Einzelheiten dieser Untersuchung vgl. Charlton/Neumann in diesem Band) wurden sechs Kinder über zwei Jahre hinweg zu Spielkontakten und gemeinsamer Mediennutzung besucht.

Eines der Kinder, das wir hier Paul nennen wollen, hat sich lange Zeit mit einer bestimmten, den meisten Kindern wohlbekannten Medienfigur auseinandergesetzt: mit dem Fernseh-Kobold Pumuckl. Auch in den Spielen und Gesprächen mit den ihn besuchenden Beobachterinnen[1] hat Paul Pumuckl mehrmals erwähnt.

Teile des Fallmaterials wurden bereits in Arbeiten von Charlton u. Neumann (1986, S. 1–8) bzw. Braun u.a. (1988) interpretiert. Mit dem Abschluß der Längsschnittuntersuchung liegt das Fallmaterial inzwischen vollständig vor (s. Braun u.a. 1989, Bd. II: Fall Christian), so daß die begonnene Interpretation vertieft und auf eine umfassende längsschnittliche Betrachtung der Medienauseinandersetzung von Paul erweitert werden kann.

Pauls Lieblings-Fernsehserie, „Meister Eder und sein Pumuckl", wird zur Zeit der Untersuchung gar nicht gesendet. Dennoch ist der Fernseh-Kobold in seiner Kinderzimmerwelt präsent: An der Wand hängt ein Pumuckl-Plakat, und auf einem Regal sitzt eine Pumuckl-Holzpuppe. Wie wir im folgenden zeigen werden, spielt der Kobold auch in Pauls Phantasiewelt eine wichtige Rolle.

Im Alter von fünf Jahren und zwei Monaten kommt Paul in einem Spielkontakt einmal ganz unerwartet auf Pumuckl zu sprechen, als er gemeinsam mit den beiden Psychologinnen mit seiner Holzeisenbahn spielt. Da sich die Eisenbahnschranken manchmal von selber öffnen, sichert er sie mit Holzklötzen. Er erklärt dazu:

„Meister Eder und sein Pumuckl" (Szenenfoto)

Transkript (1)[2]: Paul erzählt von Pumuckl und den Wölfen

1 B1 so hält's besser (,) ne (,) so festgeklemmt (?)
2 P eigentlich können die's auf die Blöcke (,) ich mach's dann aber so (,) weil (,) weil sonst gehen die mir dauernd so auf (,) ne (,) wegen dem Pumuckl (,) und dem Wolf (.)
3 B2 wegen dem Pumuckl (?) (P: mhm) wieso (,) was machen die (?)
4 P die ham nämlich jedesmal so'n Fest (,) jeden Tag ham die so'n Fest (.) wenn ich was nicht (,) was (,) wenn ich was will (,) dann machen die's einfach anders (,) und vom
5 B2 das mußt du (,) das mußt du mir jetzt mal genauer erzählen (,) (P: mhm) das interessiert mich (.) was (,) was machen die da mit dem (?) die stellen das dann einfach hoch (?)

6 P ja (,) die machen dann halt einfach die (,) Weichen hoch (,) aber so können sie's natürlich nicht (,) die Schranken (B2: mhm) wenn's so ist (,) nämlich die (,) der Wolf (,) die sind nämlich nur ganz leicht (,) und wenn's zusammen machen (,) können's immer noch nicht (.)
7 B1 daß du so die Pumuckls überlistest (?)
8 P mhm (,) dann können die's (,) eben halt nicht so machen (,) (B1: mhm) ne (,) siehste und die (,) und die Lok hat nämlich dann auch nix zum Anstoßen (.) (B1: aha)
9 B2 machen die das denn um dich zu ärgern oder nur (,) weil sie Spaß dran
10 P nee (,) die machen mich zum (,) daß ich (,) daß ich mich furchtbar ärger' (.) (B2: mhm) deswegen wollen sie das machen (.) (B2: mhm)
11 B1 kommen die oft (,) oder sind die immer da (?)
12 P die sind immer da (,) die verstecken sich halt (.)
13 B1 die Pumuckls (,) (P: mhm) wie viele sind's denn (?)
14 P ganz (,) ganz viele
15 B1 kann man sie zählen (?)
16 P mhm (,) es sind (,) weil (,) weil die verstecken sich ja auch (,) und ich weiß auch nicht (,) (B1: ah) wie viele sich da verstecken (.)
17 B1 du weißt nur (,) daß es ganz (,) ganz viele sind (P: mhm) aha (,) und da mußt du immer gucken (,) ehm (,) daß dich das nicht so machen (,) daß es dich ärgert (?)
18 P ja (,) aber die verstecken sich ja (,) und die machen das nämlich so die Pumuckls (sehr schnell) die teilen ihren (,) Komm(en?) nämlich auch die Wölfen mit (,) und die Wölfen (,) die (,) die machen nämlich (,) machen mir nämlich dann in der Nacht Angst (,) ne (B2: ja) daß ich sowas Schlechtes träum (,) was Verrücktes (,) ne (B1+2: mhm) was mich ärgert (,) (B1: mhm) und die zaubern nämlich die Wölfe auch unsichtbar (.)
19 B1 ah das machen auch die Pumuckls (?) (P: mhm) mhm (.)
20 B2 sind die denn jetzt grad da (,) auch so (,) (P: mhm) jetzt (,) ganz unsichtbar (?)
21 P mhm (.) in der (,) in der hellen Luft sind sie nämlich doch unsichtbar (.)
22 B2 mhm (B1: mhm) spielst du denn mit denen manchmal auch (,) oder spielen die immer gegen dich (?)
23 P die spielen nur (,) gegen mich (,) mit denen spiel ich nie (,) weil ich die auch nicht gern hab (B2: ja) mhm (,) deswegen spiel ich mit denen auch nie (.)
24 B2 mhm (,) und machst du denn auch irgendwelche Streiche gegen die (?)
25 P das geht aber nicht (,) weil ich mich auch nicht unsichtbar zaubern kann (.)
26 B2 mhm (,) das ist doof (,) ne (?)
27 P mhm (,) wirklich doof (,) daß ich kein Pumuckl bin (.) (lacht)

Paul phantasiert hier real anwesende, in der Mehrzahl auftretende Pumuckls, die ihm Angst einjagen. Lassen sich diese Phantasien als Folgen der Fernsehrezeption erklären?

In der *Medienvorlage* ist Pumuckl ein kleiner, rothaariger Kobold, der für Menschen unsichtbar ist und ihnen so ständig Streiche spielt. Nur der Schreinermeister Eder hat Pumuckl einmal durch Zufall entdeckt, kann ihn also sehen und hat ihn bei sich aufgenommen.

Meister Eder ist oft verärgert über Pumuckls Streiche, kann ihm aber aufgrund seines kindlich-unschuldigen Charmes nie lange böse sein. Auch Pumuckls Zerknirschung nach Eders Strafpredigten hält nie lange an – er folgt schnell wieder seiner Koboldnatur. Es entsteht jedoch nie ein dauerhafter Schaden, da Meister Eder schließlich trotz seines Ärgers helfend und klärend eingreift.

Den Pumuckls in *Pauls Tagesphantasie* fehlt sowohl ein erwachsenes Gegenüber wie Meister Eder, der sie im zaume hält, als auch die freche Liebenswürdigkeit der Originalfigur. Sie sind für Paul eine unberechenbare Horde, die ihn in boshafter Weise ärgert und bedroht. Ihre Macht geht über das unsichtbare Manipulieren von Gegenständen hinaus: Durch ihre Verbündeten, die Wölfe, dringen sie sogar in Pauls Traumwelt ein und machen ihm Angst. Über diese Traumwelt erzählt er weiter, als eine Beobachterin nachfragt:

Transkript (2)[3]: Paul träumt von Kraken, die ihn fressen wollen

1 B2 sag mal (,) du hast das vorhin (,) du hast vorhin gesagt (,) du (,) du (,) träumst (,) daß manchmal (Krach) (die Pumuckls?) irgendwelche Träume schicken (.) willst mal so nen Traum erzählen (,) oder magst du's lieber nicht (?)
2 P nee weißt du sonst träum ich (,) weißt das kommt (,) das kommt halt alles vom Fernsehen her (.) (B1: ja?) das träum ich dann in der Nacht (,) ne (.)
3 B1 was träumst du denn da zum Beispiel so (?)
4 P und heute hab ich (,) heute nacht hab ich schon (,) von Kraken (,) die ne ganz riesige (,) die natürlich mich frißt (,) weil (mich?) hinter mir hergegangen ist (,) mich greifen wollte und fressen (,) (sehr schnell) aber ich wußte natürlich (,) daß Kraken kein (,) daß Kraken Pflanz(en) fressen wußte ich natürlich (.)
5 B1 wußtest du natürlich (,) ne
6 B2 ja (,) und du bist ja keine Pflanze (,) ne (?)
7 P und da hab ich halt gedacht (,) daß die mich fressen will (B1+2: mhm) und da waren (,) und da haben (,) hat sich das Wasser in nen Menschen verpuppt (B1: ah) ganz blitzschnell in Wasser (,) ne (B1+2: mhm) und das Ganze ist halt (,) wo nur Kraken drin leben (. . .) reingeschwemmt (,) ne (B1: mhm) (.) und da hab ich halt zuerst noch von meinem Zimmer hier geträumt (,) wo ne Dachrinne hier runter ging (,) und da war dann der See (.)
8 B2 und da war dann alles voller Kraken (?)
9 P mhm (,) da unten (.)

Paul führt hier selbst seine Angstträume auf das Fernsehen zurück. Natürlich ist nicht auszuschließen, daß Paul einen schrecklichen Film über Kraken gesehen hat. Das Ausmaß seiner emotionalen Beteiligung und die *spezifische* Ausgestaltung seiner Phantasie, d.h. die besondere Integration von magischer Kobold-Figur und Tiergestalten, weisen jedoch eher – so die These – auf Angstphantasien hin, die bereits vor dem Beginn einer Medienrezeption bestanden haben. Wir wollen daher im folgenden Pauls Erleben von Angst vor Tier- und Kobold-Figuren im Zusammenhang mit seiner Ich-Entwicklung untersuchen.

Exkurs: Tiersymbole in Traum und Phantasie

In der einschlägigen entwicklungspsychologischen Literatur werden vor allem die *kindlichen Ängste vor Tierfiguren* diskutiert. Ängste vor konkreten oder phantasierten Tiergestalten sind gerade in Pauls Alter keine Seltenheit: Der epidemiologischen Untersuchung von Shepherd, Oppenheim u. Mitchell (1973) zufolge ist die Angst vor Tieren vor allem für Fünfjährige typisch. Mit zunehmendem Alter wechseln die Angstinhalte, während die allgemeine Ängstlichkeit nahezu unverändert bleibt.

Auch bei Trauminhalten zeigt sich ein ähnlicher Verlauf: Alle von Strunz (1988) referierten Traumforscher berichten von einem erhöhten Vorkommen von Tiersymbolen in Kinderträumen. Van de Castle, der die Häufigkeit von Tier-Träumen in Abhängigkeit vom Alter empirisch untersucht hat, stellt fest: „With regard to children's dreams, an inverse relationship exists between chronological age and the frequency of animal dreams; as a child gets older, animal dreams decrease“ (1983, S. 172). Bei den von ihm ausgewerteten Träumen geht der Prozentsatz der Tierinhalte zurück von 39,4 % bei den Vierjährigen bis auf 7,5 % bei den Erwachsenen.

Da (geträumte oder reale) kindliche Tierangst in ihrem Ausmaß und ihrer Häufigkeit nicht vollständig durch – sicherlich vorhandene – Erlebnisse mit realen Tieren erklärt werden kann, muß sie eine bestimmte psychische Funktion haben.

Tierfiguren werden von den meisten Traumforschern recht übereinstimmend als Symbolisierungen der kindlichen Vitalität interpretiert (vgl. Strunz 1988, S. 178). Die Gefühle der Hilflosigkeit und Angst, die Kinder im Traum Tieren gegenüber erleben, werden in ihrem Alltag durch die vielfältigen emotionalen Anforderungen ausgelöst, die sowohl aus ihrer psychischen Innenwelt als auch aus ihrer Umwelt an sie herantreten. Kinder fühlen sich ihren eigenen Gefühlen, die wie Naturgewalten über sie hereinbrechen, oft ausgeliefert und empfinden Angst.

Bei der Entwicklung der Fähigkeit zur Bewältigung dieser Angst stellt die Auseinanderstzung mit Tierfiguren einen wichtigen ersten Schritt dar. In der Formulierung von Zulliger: „Kein Mensch kann in der Angst leben. Er sucht sie zu bekämpfen, zu überwinden, sich durch bestimmte Maßnahmen vor ihr zu schützen. Das kleinere Kind tut es sehr häufig dadurch, daß es seine ursprüngliche ‚diffuse' (= uneinheitliche, unbegründete) Angst *an ein Objekt heftet.* Es ängstigt sich beispielsweise vor Kühen, oder vor dunklen Räumen wie dem Keller oder Dachboden. Sobald es einem Kinde gelingt, seine Angst auf die geschilderte Art an ein Objekt zu fixieren, bedeutet dies bereits einen beachtenswerten Fortschritt seiner Angstbearbeitung, Angstbekämpfung. Denn jetzt braucht es das Angstobjekt nur zu umgehen, zu vermeiden, um angstfrei zu sein." (Zulliger 1966, S. 70; Hervorh. i. Orig.)

Durch Symbolisierung werden vormals unbestimmte, bedrohliche Gefühle greifbar. Damit ist die Voraussetzung für einen aktiven Umgang des Kindes mit seinen Impulsen gegeben. Es kann nun die Auseinandersetzung damit sozusagen außerhalb seiner selbst führen. Wenn es eine ‚Sprache' für seine Gefühle findet, kann es damit spielen: Symbolisierungen können zur Erprobung von Bewältigungsstrategien in der Phantasie dienen, indem sie variiert und in Phantasiegeschichten integriert werden. Die Funktion dieses Spielens ist dabei nicht in erster Linie der Aufbau von Distanz zur eigenen brisanten Emotionalität, sondern eine schrittweise Annäherung und Integration. „Je älter ferner Kinder werden, desto mehr stellt sich bei normalem Entwicklungsgang eine harmonischere Balance her zwischen den Anforderungen aus der Außenwelt und den Impulsen aus dem Inneren. Tiere verlieren damit ihre bedrohliche Funktion." (Strunz 1988, S. 179)

Eine ähnliche Einstellung vertritt auch Bettelheim, der sich ausführlich mit magischen Figuren in Märchengeschichten beschäftigt hat. Seiner

Meinung nach muß das Kind „verstehen, was in seinem Bewußten vorgeht, damit es auch mit dem zurechtkommt, was sich in seinem Unbewußten abspielt. Dieses Verständnis und diese Fähigkeit erringt es nicht durch rationales Erfassen seines Unbewußten, sondern nur, indem es mit ihm vertraut wird: indem es als Reaktion auf unbewußte Spannungen über entsprechende Elemente aus Geschichten nachgrübelt, sie neu zusammensetzt und darüber phantasiert. Dabei formt das Kind unbewußte Inhalte zu bewußten Phantasien, die es ihm dann ermöglichen, sich mit diesem Inhalt auseinanderzusetzen." (Bettelheim 1986, S. 13)

Paul und seine Symbole

Die Wölfe und Kraken Pauls sind noch recht einfach strukturierte, „griffige" Symbole. Im Zuge ihrer Entwicklung suchen sich Kinder jedoch komplexere, differenziertere Symbolisierungen zur Auseinandersetzung aus, die ihrer zunehmenden psychischen Differenzierung entsprechen. Einen sehr geeigneten Fundus dafür bieten *Mediengeschichten* – von der Gutenachtgeschichte der Eltern bis hin zu Geschichten aus eigenen Büchern, Kassetten und Fernsehen.

Für den fünfjährigen Paul sind die Tiersymbole der Kraken und Wölfe noch wichtig. Seiner Angst davor ist er jedoch bereits nicht mehr hilflos ausgeliefert. Er kann sie bewältigen, indem er z.B. intellektualisiert: „Daß Kraken Pflanzen fressen wußte ich natürlich" (Transkript 1, Interakt 4).

Im Zuge seiner Entwicklung beginnt Paul gleichzeitig, sich mit Pumuckl auseinanderzusetzen. Dieser ist ebenso wie die phantasierten Wölfe und Kraken mit Pauls Gefühlen der Hilflosigkeit verbunden, stellt aber ein differenzierteres Symbol dar: Ebenfalls ein Vitalitätssymbol, repräsentiert der Kobold zusätzlich den Charakter des Verborgenen und Unkontrollierbaren. Paul ist einerseits davon fasziniert, fühlt sich Pumuckl aber andererseits vor allem seiner magischen Fähigkeiten wegen unterlegen: „Das geht aber nicht, weil ich mich auch nicht unsichtbar zaubern kann." (Transkript 1, Interakt 25)

Er verarbeitet daher die Auseinandersetzung mit der Medienfigur, indem er sie in sein bereits *vorhandenes Angstszenario* integriert. Er gleicht den Charakter der von ihm phantasierten Pumuckls an den der Kraken und Wölfe an, indem er sie zu allgegenwärtigen, unpersönlichen Wesen macht, die ihn zu überwältigen drohen. Erst im Verlauf seines nächsten Lebensjahres wird Paul zu einer produktiveren Auseinandersetzung mit Pumuckl finden – darauf wird später einzugehen sein.

Wenn man nun fragt, warum gerade Pumuckl für Paul ein bedeutsames Symbol geworden ist, muß man Pauls Symbolverständnis auf dem Hintergrund seiner Lebenswelt betrachten. Im Verlauf der 2jährigen Untersuchungszeit hatten wir Gelegenheit, ihm und seiner Familie im Spiel und im Gespräch zu begegnen. Wir haben die Bedeutung von Pauls Ängsten im familialen Kontext folgendermaßen rekonstruiert:

Paul und seine jüngere Schwester wachsen in einer Familie auf, die sich engagiert um ein harmonisches, affektiv bezogenes Familienleben bemüht. Beide Eltern sind viel zu Hause und richten ihre Freizeitgestaltung deutlich auf die Kinder aus. Wichtige familiale Werte sind Verantwortlichkeit sich selbst und der sozialen Umwelt gegenüber, Fürsorglichkeit und Füreinander-da-Sein (bis hin zum caritativen Engagement der Eltern), und Kontrolle – als Strategie der Angstbewältigung und zur Aufrechterhaltung des Mythos vom Familienglück. Dies ist die „Kehrseite der Medaille", denn das Zusammenleben der Familie in enger Verbundenheit – übrigens in einer behaglichen, aber puppenstuben-kleinen Wohnung – birgt die Gefahr gegenseitiger Überkontrolle und der Tabuisierung von Ablösungs- und Distanzierungsbedürfnissen der einzelnen Familienmitglieder.

Paul weist neben früh entwickelten kognitiven Fähigkeiten eine ganz spezifische soziale Kompetenz auf. Er ist ein liebevolles, zärtliches Kind mit hoher Empathiefähigkeit, die Erwachsenen gegenüber fast unkindlich anmutet. Entsprechend dazu hat Paul Mühe mit den familiär auch weniger eingebetteten Gefühlen der Wut und Aggression. Im Zusammenhang mit der Notwendigkeit, seine heftigen und „unsozialen" Regungen zu kontrollieren, sind auch Pauls angstgeladene Tag- und Nachtträume zu verstehen: Seine eigenen unintegrierten, bedrohlichen inneren Impulse personifizieren sich als Angstgestalten, die sich in Pauls Phantasien gegen ihn richten.

In diesem Kontext ist die besondere Bedeutung verstehbar, die die Pumuckl-Figur für Paul besitzt: Da er seine eigenen unangepaßten, frechen Seiten in seiner Familie nicht ausleben kann, reizt ihn die Fähigkeit des Kobolds, durch magische Fähigkeiten ‚im Verborgenen zu wirken'. In seinen eigenen Worten: „Wirklich doof, daß ich kein Pumuckl bin" (Transkript 1, Interakt 27). Dieser Wunsch nach Nähe zu Pumuckl ist jedoch, wie wir oben gesehen haben, verbunden mit der Angst, dem Kobold nicht gewachsen zu sein – d.h. die eigenen Koboldimpulse nicht kontrollieren zu können und von ihnen überwältigt zu werden.

Ein gutes Jahr später: Pauls Verhältnis zu Pumuckl hat sich verändert

Mit 5;2 Jahren antwortete Paul auf die Frage nach seinem Verhältnis zu Pumuckl („Spielst du denn mit denen manchmal auch, oder spielen die immer gegen dich?" s. Transkript 1, Interakt 22): „Die spielen nur gegen mich, mit denen spiel ich nicht, weil ich die auch nicht gern hab, deswegen spiel ich mit denen auch nie" (Transkript 1, Interakt 23). Ein gutes Jahr später – Paul ist jetzt 6;4 Jahre alt – stellt die Beobachterin fast die gleiche Frage wieder, als Paul nach dem gemeinsamen Ansehen eines „Pumuckl"-Films wiederum von einem real anwesenden Kobold phantasiert. Sie fragt:

Transkript (3)[4]: Pumuckl spielt für Paul Streiche

1 B2 und hält der zu dir (,) oder spielt der gegen dich (.)
2 P wenn er will (,) ei (,) eigentlich bleibt er immer bei mir (,) und dann (,) wir tun uns auch nichts (,) nur (,) nur manchmal (,) macht macht er halt mit mir dumme Sachen (.)
3 B1 ja (?)
4 P ei (,) einmal hab ich ihn zum Beispiel auf meinen Blumen entdeckt (.)
5 B2 wie (.) in den Blumen drin (?)
6 P ja (.)
7 B1 jaaa (?)
8 P ja (,) als die grad offen waren und er (,) dann ist er bis in (,) bis in die späte Nacht rein da drin gesessen (,) und dann (,) und dann in der (,) in der Nacht war es dann zu und dann mußt' ich die Blume auffalten (.)
9 B1 sag bloß (.)

10 B2 damit er wieder rauskann hm (') (,) und dann hat er (,) war er fast wie in der Mausefalle ne (')
11 B1 hätt er alleine nicht geschafft (–) wieder rauszukommen (?)
12 P nein (') (,) dann hat er mir gedankt (') und dafür (,) hat er (,) hat er gesagt (,) er (,) er (,) geht morgen in 'n Laden und stehlt dort (.)
13 B1 waas (.)
14 B2 und was hätt er denn gestohlen (?)
15 P wenn ihm nicht (,) wenn (,) wenn er nicht wieder zu mir gekommen (,) und hat gesagt (,) er hat zuviel Angst (') und dann hätt (,) hätt er (,) mir 'nen Berliner geholt (.) (B2 lacht) und deshalb (,) und dann hätt er (,) hätt er mir nur die Mar (,) Marmelade übriggelassen (.)
16 B2 ahhh (.) der hat alles außenrum gevespert (?)
17 P ja (,) er hätt's gemacht (.) (B2: ja) wenn er wenn er nicht soviel Angst davor hätte (.) (leise) aber dann hätt er ja doch zuviel Angst davor gehabt (.) klar (.)
18 B2 vor was hatt' er Angst (?) daß er erwischt wird (?)
19 P nein (.) ja davor auch und (,) daß ich dann später (,) zur Strafe weg muß (.)
20 B1 aha (')
21 B2 ach so daß (,) daß dann (,) alle meinen du wärst's gewesen (.) ja (.) also das will er dann schon nicht (.) ne (?)
22 P mhm (')

Von einer Bedrohung Pauls durch unheimliche Pumuckls ist in dieser Erzählung nichts mehr zu spüren; Pauls Pumuckl hat sich dem Original stark angenähert und ist freundschaftlich mit ihm verbunden.

Dies liegt zum Teil daran, daß Paul sich in seiner Phantasie auf den vorher gesehenen Film „Der große Krach und seine Folgen" bezieht: Im *Film* hat Pumuckl das Schmuckkettchen eines Mädchens gestohlen und wird dafür von Meister Eder hinausgeworfen, da dieser seinen Ruf als ehrlicher Mann gefährdet sieht. Pumuckl treibt daraufhin im Haushalt eines Schlossers sein Unwesen, der jedoch kein Verständnis für Koboldstreiche hat. Als er gar plant, Pumuckl in einer Mausefalle zu fangen, kehrt dieser zu seinem Meister Eder zurück, der ihm inzwischen verziehen hat.

Paul scheint nun in seiner Geschichte die *Rolle Meister Eders* einzunehmen: Pumuckl bleibt immer bei ihm (Interakt 2), Paul kann ihn sehen (Interakt 4) und muß ihn aus einer Falle retten (Interakt 8). Den Kern der Mediengeschichte, Pumuckls Diebstahl und Bestrafung, greift Paul jedoch deutlich variierend auf: Während der „echte" Pumuckl aus eigenem, kindlich-spielerischem Antrieb Streiche spielt, will Pauls Pumuckl für *ihn* (Paul) stehlen; während Meister Eder kein Verständnis für die Sorgen um

„Meister Eder und sein Pumuckl“ (Szenenfoto)

seinen guten Ruf erfährt, ist Pauls Pumuckl besorgt, daß Paul seinetwegen bestraft werden könnte. Paul stellt also eine besondere Verschränkung zwischen sich (in der Erwachsenenrolle) und dem Kobold her.

Für die Auseinandersetzung Pauls mit seinen eigenen koboldhaften, aggressiven Impulsen bedeutet dies einen großen Schritt in Richtung einer Integration. Paul nähert sich diesem Teil seiner Persönlichkeit an, indem er sich als Bezugsperson Pumuckls, gewissermaßen also als dessen Über-Ich, phantasiert und sich so Pumuckls Loyalität sichert. Dies macht es ihm möglich, die nötige innere Distanz zum Kobold zu wahren und sich dennoch stellvertretend an dessen Streichen zu freuen, ohne sich direkt zu diesen Impulsen bekennen zu müssen. Gleichzeitig ist der von ihm phantasierte Pumuckl nicht mehr nur unheimlich und unkontrollierbar (vgl. Transkript 1), sondern äußeren Anforderungen zugänglich. Daß er jetzt ein ‚vernünftiges‘ Gegenüber akzeptiert, spiegelt Pauls fortgeschrittene Ich-Entwicklung wider: Sein Über-Ich ist soweit erstarkt, daß es die Koboldhaftigkeit ohne allzugroße Bedrohung zulassen kann.

Als Rest der alten Ängste bleibt Paul jedoch die Unsicherheit seines Arrangements mit dem Kobold bewußt: Dieser hält nur zu ihm, „wenn er will“, und spielt ihm manchmal doch noch einen Streich (Transkript 3, Interakt 2).

Im weiteren Verlauf der Spielsitzung verliert sich auch noch dieses verbleibende Unsicherheitsgefühl, und Pumuckl gewinnt für Paul sogar die Funktion eines *Hilfs-Ichs*:

In einer weiteren Erzählung nimmt Paul klar auf den *Familienkontext* Bezug: Pumuckl habe ausgerechnet bei einer der so seltenen Kindersendungen einen Kurzschluß im Fernsehen hervorgerufen. Er läßt die Beobachterinnen raten, welche Sendung betroffen war, und entscheidet sich schließlich für die „Sendung mit der Maus“. Die Beobachterin fragt:

Transkript (4)[5]: Paul als Pumuckls Auftraggeber

1 B1 was hat der denn gegen die Sendung mit der Maus (?)
2 P eigentlich (–) nee (.) es war doch nicht der Film (.)
3 B1 doch nicht (.)
4 P nach der Maus (.) (. . .) Nachrichten (.)
5 B2 Nachrichten hat er euch abgeschaltet (.)
6 P mhm (‘)
7 B2 würden das die Eltern auch machen (?) wenn ihr (,) Kindersendungen angeguckt habt (,) schalten die dann auch ab (?)
8 P m – m (.) (B2 unverständl.) machen wir (,) was ganz andres (.) (B2 unverständl.) m – m (–) (,) wir würden dann (. . .) Fernsehn gucken (,) nähmen sie bei uns am Arm (,) schmeißen uns hier ins Kinderzimmer so daß wir da hinten auf un (,) auf unser Polster donnern (–) (kichert) und dann (,) fliegt die Tür zu (.)
9 B2 Tür zu (‘) (,) und dann gucken die Alten (,) und ihr müßt auf dem Bett sitzen (.) (P: m – m) euch erst mal wieder aufrappeln (.)
10 P dann sausen wir wie der Blitz an die Tür (‘) (,) (B2: mhm) Blitz auf und rausgesaust (.) (,) aber ich saus dann meistens um die Ecke (‘) (B2: mhm) soll ich dir sagen warum (?)
11 B2 warum (?)
12 P (kichert) weil ich was Dümmeres (,) weil ich (,) weil ich mit ’m Pumuckl sprechen will der (,) der versteckt sich dann nämlich immer in der Küche (.)
13 B2 aha (.) und was heckt ihr dann aus miteinander in der Küche (?) (geflüstert) (was sprichst du mit dem?)
14 P mach ich mit ihm aus (,) was er (,) was er für ’ne Dummheit das nächste Mal machen soll (.)
15 B2 ach so der macht der führt deine Aufträge aus (.)

16 P aber das (,) das mit (,) mit den Nachrichten das war (,) das war nicht (,) das ha (,) hat er (,) sich selber ausgedacht (.) (,) (B1: das war nicht deine Idee) aber einmal hat er was Dummes ausgemacht (.) was von mi (,) mir 'ne Idee war (.)
17 B1 ja (') was denn (?)
18 B2 was (?)
19 P der hat die Bierflasche genommen und hat alles ausgetrunken (,) alle Säfte (,) alles was wir da hatten (.) nur (,) Bier (,) Cola (,) hat alles au (,) ausgetrunken (.)

Paul gibt dieser Erzählung eine entscheidende Wende, indem er Pumuckl seinen Streich doch nicht gegen die Kindersendung, sondern gegen die Nachrichten, also die Sendung der Eltern, ausführen läßt und ihm schließlich sogar Aufträge erteilt.

Pauls symbolisch vermittelte Auseinandersetzung mit der Medienfigur ist nun also soweit fortgeschritten, daß es ihm möglich ist, seine Impulse nicht nur deutlicher zu spüren, sondern auch klar *nach außen* zu richten: gegen seine Eltern. Die von Paul beschriebenen Maßnahmen, seine Schwester und ihn vom Fernsehen abzuhalten, liefern kein wirklichkeitsgetreues Abbild des elterlichen Erziehungsverhaltens, sondern spiegeln in erster Linie Pauls Gefühl wider, daß ihm etwas versagt wird. „Wie kommt es, daß geliebte Eltern sich in den Augen des Kindes in Ungeheuer verwandeln? Wenn wir uns in das Leben des Kindes einfühlen, bemerken wir, daß solche Verwandlungen besonders in den Augenblicken stattfinden, in denen wir gezwungen sind, dem kindlichen Vergnügen Einhalt zu gebieten, eine ergötzliche Tätigkeit zu unterbrechen, einen Wunsch abzuschlagen oder auf irgendeine Weise die Wünsche oder das Verlangen des Kindes zunichte zu machen." (Fraiberg 1972, S. 19/20)

Versagungen lösen Hilflosigkeit und Wut aus. Dies sind Gefühle, die Paul im Kontext seiner vernünftigen, auf Harmonie bedachten Familie kaum ausleben kann. Eine adäquate Ausdrucksmöglichkeit findet er hingegen in der Phantasie und im Rollenspiel. Paul erzählt kichernd und voller Vergnügen von den (phantasierten) drastischen Maßnahmen seiner Eltern und greift so einen wichtigen Bestandteil der Pumuckl-Geschichte auf: den Humor.

Haas u.a. (1984) ordnen die Pumuckl-Geschichten einem bestimmten Typ komisch-phantastischer Erzählungen zu, die anhand von phantastischen

Einzelfiguren die Qualitäten vitaler Kindlichkeit aufzeigen. Die egozentrischen, animistischen und prälogischen Eigenschaften dieser Figuren „– in ihrer engen Verbindung mit dem Phantastischen – werden durch die Tendenz der Komik gewertet. Das Kindliche kann als etwas Infantiles, Egozentrisches, Beschränktes erscheinen, das mit vernünftigen Normen der Erwachsenen nicht vereinbar ist, oder als etwas Frisches, Junges und Ungebrochenes, das geeignet ist, die langweilige und konventionalisierte Erwachsenengesellschaft nicht nur zu verspotten, sondern auch zu revitalisieren." (S. 286) Die Phantastik dieses Typs von Geschichten „bekundet einen Humor, der (...) nicht die Vernunft, sondern Lebensgefühl und Selbstbewußtsein stärken könnte. Kindlichkeit ist nicht als etwas Beschränktes zu überwinden, sondern als etwas Belebendes wachzuhalten." (S. 289)

Paul greift dieses Angebot der Geschichte auf und wird fast selbst zum ‚Pumuckl', als er sich an seinem phantasierten Streich koboldhaft freut. Er erschrickt dann jedoch vor sich selbst und schwächt den Streich wieder ab, indem er ihn statt gegen das elterliche Fernsehen gegen die ganze Familie richtet, der ein Nahrungsmittel entzogen wird. Das dahinterliegende Thema bleibt jedoch dasselbe: die Auseinandersetzung mit den eigenen Bedürfnissen, die nur zum Teil erfüllt werden.

Zusammenfassung der Falldarstellung

Paul setzt sich im Rahmen seiner Identitätsentwicklung mit der Medienfigur Pumuckl auseinander. Durch die in der Mediengeschichte angelegten Charakterzüge bietet sich die magische Koboldgestalt für eine Symbolisierung der frechen, unangepaßten Seiten Pauls an; Paul phantasiert sich ihn aber darüber hinaus zurecht, wie es seinen Bedürfnissen entspricht.

Als *Fünfjähriger* ist Paul seinen eigenen Impulsen noch weitgehend ausgeliefert; er gliedert daher die Figur des Pumuckl in sein bereits vorhandenes Angstszenario ein und bringt ihn mit angstbesetzten Tiergestalten in Verbindung.

Als *Sechsjähriger* dagegen kann er weitgehend mit der Originalgeschichte mitgehen und sich an Pumuckls Streichen freuen. Daß er dabei immer noch mit der Kontrolle seiner Impulse beschäftigt ist, zeigt sich an seiner besonderen Auseinandersetzung mit der Bestrafung Pumuckls. Er identifiziert sich zunächst auch nicht wie die meisten anderen Kinder mit dem Kobold selbst, sondern mit der erwachsenen Bezugsperson, die durch die Streiche Pumuckls kompromittiert werden könnte.

Im Fluß des Geschichtenerzählens nähert sich Paul dem Pumuckl dann weiter an. Er phantasiert sich als dessen Auftraggeber und nutzt ihn so als Hilfs-Ich. Es wird nun auch deutlich, gegen wen er die Hilfe des Kobolds braucht: gegen seine als versagend erlebten Eltern. Das befreiende Ausleben seiner Aggressionen ist Paul jedoch nur im starken Eintauchen in die Phantasiewelt möglich und wird von ihm auch schnell wieder abgeschwächt. Bis Paul den Pumuckl in sich ganz akzeptieren und integrieren kann, wird wohl noch einige Zeit vergehen.

Schlußfolgerung: Das Ineinander von kindlicher Entwicklung und Symbolverständnis

Wir haben also gesehen, daß die Auseinandersetzung Pauls mit Pumuckl nicht als unidirektionale Auswirkung der Mediengeschichte erklärt werden kann, sondern daß sie ein nur im Kontext seiner Lebenswelt verstehbares, *sinnhaftes Handeln* darstellt.

Das heißt nicht, daß die Seite des Medienangebots zu vernachlässigen wäre; Mediengeschichten setzen sicherlich einen thematisch und situationell bestimmten Rahmen und stellen so bestimmte Anforderungen an das Kind. Innerhalb dieses Rahmens bestehen jedoch vielfältige Möglichkeiten der Verarbeitung.

Paul ‚liest' sich die Pumuckl-Geschichten jeweils entsprechend seiner aktuellen Lebenssituation ‚zurecht'. Seine Auslegung der Charakterzüge Pumuckls ist dabei in unterschiedlichem Ausmaß an der Medienvorlage orientiert und spiegelt so Pauls Identitätsentwicklung wider: Je mehr er seine eigenen „Pumuckl-Anteile" angstfrei wahrnehmen kann, desto mehr kann er sich auch der Medienfigur ohne Abwandlungen zuwenden.

Die Auseinandersetzung mit Pumuckl ermöglicht Paul *Spielraum* im Umgang mit seinen Ängsten. Gleichzeitig gewinnt er so aber auch Spielraum im Umgang mit dem Medienangebot: Er kann es seinen Bedürfnissen entsprechend variieren und interpretieren. Der Erwerb dieses inneren Spielraums geht einher mit der Differenzierung seiner *Phantasietätigkeit.*

Schäfer (1986) schreibt der Phantasie eine wichtige Verbindungsfunktion zwischen ‚Innen' und ‚Außen', zwischen Ich und Nicht-Ich, zwischen Selbst und Realität zu: „Phantasien enthalten einen Selbstbezug. Dieser ist stets eingebettet in einen Bezug zur Nicht-Ich-Welt, der ebenfalls in den Phantasien, diese fördernd oder begrenzend, zum Tragen kommt. Man kann die Phantasien schließlich als einen Versuch ansehen, die subjektive, innere Wirklichkeit in irgendeiner einigermaßen dazu geeigneten Nicht-Ich-Wirklichkeit anzusiedeln, mit ihr zu verbinden und das Subjekt innerhalb einer Realität zu situieren." (S. 273)

Von diesem konstruktiven Phantasie-Begriff grenzt er das realitätsfliehende Phantasieren, das er ‚Illusion' nennt, folgendermaßen ab: „... daß Phantasien einen Bezug zum realen, gegenwärtigen Leben aufweisen, das Zurechtfinden in dieser Realität erleichtern, während Illusionen Energie davon abziehen, sich ihr gegenüber isolieren und sie in eine vergangene Realität investieren, von der sie sich nicht lösen können." (S. 287/288)

Mediengebrauch *kann* also zur Flucht in Illusionen benutzt werden, ebenso aber auch ein wichtiges Mittel zur aktiven, reflexiven Auseinandersetzung mit (inneren und äußeren) Realitäten werden. „Ein Kind, das seine Phantasie benutzt, um seine Probleme zu lösen, arbeitet an seiner eigenen geistigen Gesundheit. Es kann seine menschlichen Bindungen und seinen guten Kontakt mit der Wirklichkeit zugleich mit seiner Phantasiewelt aufrechterhalten. Mehr noch, es zeigt sich, daß der Kontakt des Kindes mit der richtigen Welt durch seine periodischen Ausflüge in die Phantasie gestärkt wird. Es wird leichter, die Enttäuschungen der Wirklichkeit zu ertragen und die Forderungen der Realität zu erfüllen, wenn man sich zwischendurch in eine Welt begeben kann, in der die tiefsten Wünsche Erfüllung finden." (Fraiberg 1972, S. 26)

Ob nun ein bestimmtes Kind Mediengeschichten zum lebensbewältigenden Phantasieren nutzt oder sich in Illusionswelten flüchtet, wird weder vom jeweiligen Symbolangebot noch von der Struktur der kindlichen Persönlichkeit und seines sozialen Umfeldes allein bestimmt. Viel wichtiger scheint zu sein, ob ein Kind selbst Vertrauen in sein Zurechtkommen mit der Welt setzen und seine Auseinandersetzung entsprechend gestalten kann. Zu dieser Art von Vertrauen können Unterstützungsleistungen der Bezugspersonen entscheidend beitragen.

Bittner (1981) fordert, Kindern entsprechende Symbolanregungen zur Verfügung zu stellen: „Wenn zugestanden wird, daß die Bildung von Selbst-Symbolen eine notwendige Komponente des Selbstwerdens darstellt, und wenn weiterhin gilt, daß sich diese Bildung von Selbst-Symbolen nicht im luftleeren Raum einer psychischen Innerlichkeit vollzieht, daß sie vielmehr auf ein Entgegenkommen symbolisierungsfähiger äußerer Realität angewiesen ist, so ergibt sich eine pädagogische Aufgabe: ‚Welt' an die Kinder heranzubringen, die ‚spricht', d.h. die der Auslegung fähig ist, an der Kinder etwas über sich selbst erfahren können." (ebd. S. 203).

Zu dieser Art von ‚sprechender Welt' gehören in der heutigen Zeit sicher auch die in den Massenmedien so vielfältig dargebotenen Charaktere und Geschichten.

Anmerkungen

1 Die Feldbeobachtungen wurden von Ruth Franck und Ruthild Rapp durchgeführt.

2 (P = Paul, B1 bzw. B2 = Beobachterin 1 bzw. 2, fortlaufende Numerierung der Interakte)
Alle Transkripte wurden nach dem System von Kallmeyer u. Schütze (1976, 6f.) angefertigt. Da gesprochene Sätze keine Satzzeichen enthalten, wird die Satzgliederung in der Konversationsanalyse durch besondere Transkriptionszeichen dargestellt. Dem Transkriptionssystem wurden folgende Zeichen entnommen:

(,)	= ganz kurzes Absetzen einer Äußerung
. . .	= Pause
mhm	= Pausenfüller, Rezeptionssignal, zweigipflig
(.)	= Senken der Stimme
(–)	= Stimme in der Schwebe

(') = Heben der Stimme
(?) = Frageintonation
sicher = auffällige Betonung
(lachen), (geht raus), (schnell) = Charakterisierung von nicht-sprachlichen Vorgängen bzw. Sprechweisen, Tonfall
(. . .) = unverständlich
(kommt?) = nicht genau verständlich, vermuteter Wortlaut
Charakterisierung von gleichzeitigem Sprechen durch Verschiebung paralleler Zeilen gegeneinander.

3 siehe Anmerkung 2

4 siehe Anmerkung 2

5 siehe Anmerkung 2

Literatur

Bettelheim, Bruno: Kinder brauchen Märchen. München: dtv 1980.

Bittner, Günther: Die Selbst-Symbolisierung des Kindes im pädagogischen Kontext. In: Bittner, Günther (Hg.): Selbstwerden des Kindes. Ein neues tiefenpsychologisches Konzept. Fellbach: Bonz 1981, S. 200 – 205.

Braun, Barbara; Charlton, Michael; Neumann, Klaus; Orlik, Waltraud; Rapp, Ruthild: Medienkonsum zur Lebensbewältigung. In: Heyse, H.; Wichterich, H. (Hg.): Alte Schule – neue Medien. Bonn: Dtsch. Psych. Verl. 1988, S. 59 – 65.

Braun, Barbara; Charlton, Michael; Neumann, Klaus; Orlik, Waltraud; Rapp, Ruthild: Freiburger Längsschnittuntersuchung der Medienrezeption durch Vorschulkinder im familialen Kontext (Text-Kontext-Korpus). Forschungsarbeiten des Psychologischen Instituts der Universität Freiburg, 1989.

Charlton, Michael; Neumann Klaus: Medienkonsum und Lebensbewältigung in der Familie. Methoden und Ergebnisse der strukturanalytischen Rezeptionsforschung – mit fünf Falldarstellungen. München; Weinheim: Psychologie Verlags Union 1986.

Fraiberg, Selma: Die magischen Jahre in der Persönlichkeitsentwicklung des Vorschulkindes. Psychoanalytische Erziehungsberatung. Reinbek: Rowohlt 1972.

Haas, Gerhard; Klingberg, Göte; Tabbert, Reinbert: Phantastische Kinder- und Jugendliteratur. In: Haas, Gerhard (Hg.): Kinder- und Jugendliteratur: Ein Handbuch. Stuttgart: Reclam 1984, S. 267 – 295.

Kallmeyer, W.; Schütze, Fritz: Konversationsanalyse. Studium Linguistik 1/1976, S. 1 – 28.

Schäfer, Gerd E.: Spiel, Spielraum und Verständigung. Untersuchungen zur Entwicklung von Spiel und Phantasie im Kindes- und Jugendalter. Weinheim, München: Juventa 1986.

Shepherd, M.; Oppenheim, B.; Mitchell, S.: Auffälliges Verhalten bei Kindern. Göttingen: Vandenhoeck u. Ruprecht 1973.

Strunz, Franz: Die Träume der Kinder. In: Psychother. med. Psychol. 38/1988/-, S. 175 – 184.

Van de Castle, R.L.: Animal figures in fantasy and dreams. In: A.H. Katcher; A.M. Beck (Hg.): New perspectives on our lives with companion animals. Philadelphia: University of Pennsylvania Press 1983, S. 148 – 173.

Zulliger, Hans: Die Angst unserer Kinder. Stuttgart: Klett 1966.

Heinz Hengst

Szenenwechsel
Die Scripts der Medienindustrien in der Kinderkultur

I. Veränderte Kontexte

Bezugspunkte einer Forschung, die das Medienhandeln von Kindern thematisiert, können nicht nur die konkreten Umwelten sein, in die dieses Handeln eingebettet ist. Zu berücksichtigen ist auch eine Entwicklungsdimension. Die spezifischen Formen der Medienzuwendung und die Medienkompetenzen der Kinder bilden sich unter Bedingungen heraus, in denen sich der Kontext Kindheit, die Relation von Kindheit und Erwachsensein ebenso verändern, wie das Mediensystem selbst stetem Wandel unterliegt.

1. Ausdifferenzierung des Kontextes Kindheit

Die Beschreibung des Wandels der Lebenswelt(en) von Kindern ist insofern schwierig, als die einschlägige Forschung wenig über die sozialisationsrelevanten Faktoren in den traditionellen Instanzen, das komplexe Zusammenspiel dieser Instanzen und ihre Beziehungen zu neuen Faktoren weiß. Es kommt hinzu, daß Befangenheiten in den eigenen Sozialisationserfahrungen den Blick für neue Bedingungen verstellen und ihre Bewertung erschweren. Trotzdem sind einige Veränderungen der Kindheitsbedingungen offensichtlich. Eine entscheidende Veränderung des Kontextes Kindheit liegt darin, daß er komplexer geworden und heterogener zusammengesetzt ist (als noch vor zwanzig Jahren). Die Kinder, die gegenwärtig in hochindustrialisierten Gesellschaften aufwachsen, machen ihre Erfahrungen in sehr unterschiedlichen Wirklichkeitsbereichen.

Es spielen erstens mehr erfahrungsrelevante Gruppen, Instanzen und Systeme in den Kinderalltag hinein, zweitens haben sich diese jeweils ausdifferenziert, und drittens bedingen die verschiedenen Veränderungen eine neue Umwelt, die mehr ist als die Summe ihrer Teile. Sie läßt sich nicht mit Nullsummenspielen, Kolonisierungs- und Verlustmodellen begreifen. So verbringen Kinder mehr Zeit in Institutionen. Es gibt insgesamt mehr öffentliche Kindheit. Es gibt mehr Medien- und kommerzielle Kindheit. Und es gibt nicht weniger Familienkindheit. Aber der Kontext Familie hat sich verändert, u.a. deshalb, weil Eltern sich gegenseitig und ihre Kinder eher als individuelle Partner sehen und behandeln, weil mehr Mütter berufstätig, die Ehebeziehungen labiler geworden sind, weil Kinder mehr Rückzugsmöglichkeiten (z.B. durch einen eigenen Raum in der Wohnung) haben und selbständiger geworden sind. Außerdem haben Gleichaltrige als Sozialisationsinstanzen in den schulischen Einrichtungen und im außerschulischen Bereich an Bedeutung gewonnen. Die Schule ist gleichzeitig wichtiger und unwichtiger geworden: wichtiger, weil unter Bedingungen der Bildungsexpansion ohne die Abschlußzeugnisse weiterführender Schulen die beruflichen Möglichkeiten auf ein Minimum zusammenschrumpfen; unwichtiger, weil der Ausbildungssektor immer mehr vom Beschäftigungssystem abgekoppelt worden ist. Trotz der ‚Unwirtlichkeit' und ‚Unwirklichkeit' der funktionsentmischten und automobilisierten Städte, trotz eines Trends zur ‚Verhäuslichung' von Kindheit, sind – wie viele Untersuchungen zeigen – (weit gefaßt) ‚Straßensozialisation' und ‚Draußen-Spielen' weiterhin relevante Aspekte der Freizeitgestaltung und Umwelterfahrung heutiger Kinder (vgl. u.a. die Untersuchung von Lang 1985). Auszugehen ist also von komplexen Umwelten, die Kinder mit sehr verschiedenartigen Situationen konfrontieren und ihnen neuartige Integrationsleistungen ermöglichen bzw. abverlangen.

2. Expansion und Erosion des Mediensystems

Die(se) für den heutigen Kontext Kindheit charakteristische Komplexität und Heterogenität findet eine Entsprechung bzw. einen besonderen Ausdruck im Mediensystem. Daß es multimedial und vielkanalig zusammengesetzt ist, hat Konsequenzen für das Handeln mit und das Alltagswissen über Medien. Die selektive Fixierung auf einzelne, dominierende oder neue Medien, sollte deshalb durch die Berücksichtigung eines dynamischen Medienensembles ersetzt werden. Die Entwicklung der beiden letzten Jahrzehnte führte zu einer Multiplizierung von Medien und Medienangeboten. Diese implizierte eine Reihe anderer (qualitativer) Veränderungen, die u.a. eine zunehmende Verwischung der Konturen der einzelnen Medien mit sich brachten. Ganz offensichtlich haben zunächst die Printmedien, dann aber auch die Hörmedien (z.B. kommerzielle Hörspiele für Kinder) dem Fernsehen Tribut gezollt. Sie sind auf manigfache Weise (u.a. durch die Entlehnung von Stoffen, die Reduzierung auf ‚Action', die Beschränkung des Wortschatzes, die Vereinfachung des Satzbaus etc.) gewissermaßen ‚tele-visualisiert' worden. Die jüngsten und die sich abzeichnenden Veränderungen im Medien- und Freizeitbereich lassen sich (trotz der Ausbreitung von Video und Privatfernsehen) nicht mehr in diesem Sinne als bloße Ausdifferenzierung der Fernsehkultur begreifen.

Bemerkenswert ist, daß sich eine unübersehbare Tendenz der Dekonturierung und Entstrukturierung nicht auf den intermedialen Bereich beschränkt, sondern zunehmend auch die Grenzen zwischen medialem und nichtmedialem Sektor ins Fließen gebracht hat. Das Mediensystem ist mit anderen Bereichen der Warenwelt und des Dienstleistungssektors fusioniert worden. Forciert wurde und wird diese Tendenz vor allem durch die Realisierung ständig neuer Varianten des Medienverbundes, also der simultanen, multimedialen und vielkanaligen Durchsetzung eines Symbols oder Scripts (Script hier im Sinne von Regieanweisung, jeweils aufeinander abgestimmten Requisiten, Kulissenvorgaben und Plots für die Medienkommunikation und Freizeitgestaltung) auf dem Markt.

Ein konstitutives Element der expandierenden und erodierenden Medienwelt ist auch darin zu sehen, daß sie in relevanten, jedenfalls frequentierten Bereichen, immer rascherer Zirkulation unterliegt.

Diese Veränderungen – zu erwähnen ist vor allem noch die zunehmende Verbreitung ‚interaktiver' Medien – machen es erforderlich, sich beim Versuch der Rekonstruktion von Medienerfahrungen auf eine dynamische, diffus gewordene Größe zu beziehen.

Kinder sind von all diesen Entwicklungen ganz unmittelbar betroffen. Und es dürfte einleuchten, daß eine Medienwelt des skizzierten Typs anders rezipiert und verarbeitet wird als ein kleines Medienensemble, in dem die einzelnen Medien feste Konturen haben.

Die Bedeutungen, die Kinder einzelnen Medien und deren Angeboten, willentlich oder gewohnheitsmäßig, zuschreiben, lassen sich zwar letztlich nur unter Berücksichtigung des veränderten Kontextes Kindheit, ihrer konkreten soziokulturellen Umwelten und ihrer Persönlichkeiten erschließen, hängen aber bereits in frühen Lebensjahren auch von ihren Erfahrungen mit einem expandierten Medienensemble ab.

Es gibt zu diesem Punkt zwar wenig systematische Forschung, aber man wird davon ausgehen können, daß diejenigen, die in und mit einer multimedialen Welt aufwachsen, Unterschiede zwischen den verschiedenen Medien nicht nur an deren (typischen) Inhalten und Produktstrukturen festmachen, sondern den einzelnen Medien Bedeutungen zuschreiben, Bedeutungen konstruieren, in denen die situativen Kontexte und die ‚Neben'-Aktivitäten, die sie gestatten, die Aufmerksamkeit, die sie verlangen, die personellen, räumlichen und zeitlichen Dispositionen, die sie ermöglichen, eine entscheidende Rolle spielen. Die Auswahl von, der Umgang mit, die Distanzierung und Bewertung von Medien, sind immer auch Antworten auf die erfahrene Struktur des gesamten Medienensembles.

Diese Antworten sind, wie die wachsende Attraktivität von Tonkassetten und anderen auditiven Medien, aber auch die spezifische Nutzung von Videofilmen, Computerspielen und bestimmten Elementen in Medienverbundsystemen durch Kinder und Jugendliche zeigen, kohorten- und/oder generationsspezifische Zugriffe auf ein ausdifferenziertes Medienensemble.

II. Zwischen Regieanweisungen und Scriptmanipulationen oder Aktivitätsenklaven im Schatten von Familie, Schule und Fernsehen

Als wichtiges Thema qualitativer (Kinder-)Medienforschung ergibt sich angesichts solcher Entwicklungen die Untersuchung (der Strukturen) der subjektiven Korrelate, der typischen Aktivitätenbündel, die die Heranwachsenden simultan, kurz- und langfristig in der Auseinandersetzung mit dem veränderten Medienensemble realisieren. Dabei darf der nichtmedienzentrierte Anteil der Aktivitäten nicht als bloße Restgröße betrachtet werden. Auszugehen ist von einer offeneren Beziehung zwischen der Nutzung von und der Beeinflussung durch Medien. Eine solche Sichtweise trägt den Erosionen des Mediensystems Rechnung, das gerade auch die Kinder immer häufiger mit Impulsen und Scripts konfrontiert, bei deren Aneignung die reine Medienrezeption nicht nur auf verschiedene Medien (audiovisuelle, auditive, ‚interaktive' und Printmedien) verteilt ist, sondern zu einem Moment unter vielen wird. Sie harmoniert auch mit der Tatsache, daß nichtmediale Aktivitäten und Kommunikationsformen keineswegs im Zuge fortschreitender Mediatisierung aus dem Kinder- und Jugendalltag verdrängt worden sind (vgl. bezogen auf Kinder: u.a. Arbeitsgemeinschaft Rundfunkwerbung 1981, Feilitzen 1984, Lang 1985; bezogen auf Jugendliche: u.a. Jugend und Medien 1986, Jugendliche + Erwachsene '85)

Auszugehen ist, wenn man die Befunde der vorliegenden repräsentativen Untersuchungen ernst nimmt, von verschiedenartigen Formen der Koexistenz und Vermittlung medialer und nichtmedialer Elemente und Aktivitäten. Als Thema empirischer Untersuchungen bietet sich beispielsweise der Versuch an, die Modi und den Sinn der (Neu-)Strukturierungs- und Integrationsbestrebungen der Kinder zu rekonstruieren.

Die gestiegene Bedeutung solcher Rekonstruktionen hängt mit folgendem zusammen: In Gesellschaften, die raschem und umfassendem strukturellen Wandel unterliegen, wie ihn gegenwärtig u.a. die demographischen Entwicklungen, grundlegende technologische Veränderungen, Marktexpansion und Indivudalisierungstendenzen indizieren, sind Kinder (und Jugendliche) zunehmend auf „Sozialisation in eigener Regie" verwiesen. Sie sind die „early adaptors", die Bevölkerungs-/Altersgruppe, die für neue Kulturelemente besonders empfänglich, und (wohl auch) am stärksten durch sie zu beeindrucken ist. Wer sie als Subjekte ernst nimmt, fragt nicht nur und nicht primär nach der Determination ihres Handelns durch die Bedingungen, die sie vorfinden, sondern begreift die Welt, mit der sie sich auseinandersetzen, als eine Kinderkultur, die sie selbst durch die Verarbeitung des Vorgefundenen (mit-)konstruieren. Kinderkulturanalyse wird dann zur Analyse der Kultur durch Kinder (vgl. Daun 1982, Hengst 1989), faßbar in den Aktivitäten und Deutungen der Kinder.

Die Erfahrungen, die sie im Umgang mit der gesamten Kultur, insonderheit mit dem Medienensemble, mit neuen Technologien und kommerzieller Kultur machen, sind möglicherweiser zukunftsrelevanter als das, was sie unter pädagogischer Betreuung lernen. Die ‚neuartigen Zugänge' (Mannheim 1965) der Heranwachsenden zu den verfügbaren kulturellen Beständen sind heute nicht mehr nur die, die der Generationenwandel grundsätzlich mit sich bringt, ohne die kultureller Wandel überhaupt nicht denkbar wäre.

Weil die Gegenwart der Kinder nicht mehr wie in statischeren Gesellschaften weitgehend mit der Vergangenheit der Erwachsenen identisch ist und deren Gegenwart nicht mehr die Zukunft der Kinder darstellt, muß von einem neuartigen Generationenverhältnis ausgegangen werden.

Kindheits- und Kindermedienforschung haben es unter solchen Bedingungen, wenn auch nicht – wie Margaret Mead (1974) provozierend formuliert hat – mit Kindern zu tun, von denen sie „nichts wissen", so doch mit einer Kindergeneration, deren Erfahrungen unbekannter sind als die früherer Kindergenerationen und die auch einen anderen Zukunftbezug haben. Sie lassen sich z.B. nicht mehr ohne weiteres der Kategorie des ‚Noch-nicht' subsumieren.

1. Anmerkungen zur Forschungsmethode

Als methodologische Konsequenz bietet sich bei einem solchen Vorverständnis eine Ethnologisierung der Forschung an. Ethnologisierung meint den Versuch, empirische soziale Welten so nachzuzeichnen, wie sie für die Adressaten/Untersuchten existieren (und nicht so, wie der Forscher sie sich vorstellt). Es geht also im gegebenen Zusammenhang darum, Forschungsprozesse über die Medienerfahrungen von Kindern so zu gestalten, daß sie wirklich Entdeckungsprozesse sind. Ethnologisierung bedeutet u.a., daß der sozialen Wirklichkeit keine Hypothesen aufgedrängt werden. Sie bedeutet Zurückhaltung beim Rückgriff auf Basistheorien, auf psychologische Theorien der Entwicklung, auf Identitätstheorien und Lebenslaufkonzepte etc.. Sie sollte einhergehen (s.o.) mit der Aufgabe einer ausschließlich medienzentrierten Perspektive, weil diese Gefahr läuft, den

Medieneinfluß falsch zu gewichten. Die Forschung muß (aber) für neue Elemente der Aneignung, für Fremdes in der Kinder(medien)kultur offen, sich der Gefahr bewußt sein, daß die Voreingenommenheit der erwachsenen Forscher durch die eigene Sozialisationsgeschichte auch blind macht für neue Bedingungen und Bewertungen.

Empirisch (ganzheitlich) zu erfassen sind in hochdifferenzierten Gesellschaften am ehesten Ausschnitte, Wirklichkeitsbereiche, die oft erst im Zusammenhang mit bestimmten Themenkomplexen Konturen gewinnen. Es sollte sich um Ausschnitte handeln, die dem veränderten Kontext Kindheit wie den veränderten Strukturen des Medienensembles entsprechen.

Die Bezugsgruppe der Gleichaltrigen

Bei der Untersuchung, auf die ich mich im folgenden beziehe, erfolgte zunächst eine Festlegung auf bestimmte Jahrgangskohorten, die Neun- bis Dreizehnjährigen. Für diese Auswahl spricht im gegebenen Zusammenhang folgendes: In diesem Alter sind Kinder sehr mobil, finden ihre Auseinandersetzungen mit Medien in verschiedenartigen sozialen Situationen statt. Kinder dieser Altersstufe nehmen an einer vergleichsweise großen Zahl kultureller Aktivitäten in sehr unterschiedlichen Einrichtungen teil. Vor allem in der schulfreien Zeit kommt den Beziehungen zu den Gleichaltrigen erhebliche Bedeutung zu. In den Beziehungen zu Gleichaltrigen, in den gemeinsamen Aktivitäten mit ihnen, die durch Symmetrie gekennzeichnet sind, werden Normen und Regeln sozialen Handelns verallgemeinert und differenziert, werden Interessen und Kompetenzen abgestimmt und verglichen, Verhaltensregeln erprobt und neu ausgehandelt. In Anbetracht der Tatsache, daß viele Neuerungen im technologischen und im Medienbereich nicht nur für die Kinder neu sind, und deshalb Umgangskonventionen fehlen, gewinnen Gruppenerfahrungen mit diesen Ausschnitten besondere Bedeutung.

Es bietet sich deshalb an, ihre Erfahrungen als gemeinsame (kulturelle) Erfahrungen Gleichaltiger zu untersuchen. Thematisch werden Auseinandersetzungen favorisiert, in die faszinierende Impulse aus dem Mediensystem, dem Arsenal der Freizeit- und Kulturindustrien, hineinspielen bzw. durch solche Impulse evoziert werden. Die Wahl eines Themas/Gegenstandes hängt auch davon ab, ob es/er für große Teile der Altersgruppe praktische Bedeutung hat.

Dabei wird die Altersgruppe in zwei Typen von Bezugsgruppen unterteilt. Es gibt die Bezugsgruppe, an der sich die Kinder (nur) orientieren (virtuelle Bezugsgruppe), und es gibt die, der sie angehören, in der sie aktiv werden, interagieren und kommunizieren (reale Bezugsgruppe).

Die erstgenannte (virtuelle) Gruppe ist auch die Instanz, an deren Konstituierung die Medien- und Konsumindustrien beträchtlichen Anteil haben. In der Auseinandersetzung mit deren Angeboten entwickeln sich Vorlieben, Handlungsmuster und Mentalitätsstrukturen, an die die Industrien (eine Art zirkulärer Prozeß) mit ständigen Neuinszenierungen anknüpfen.

Pädagogisch verdünnte Zonen

Bezüglich des Kontextes (des natürlichen ‚settings'), in dem empirische Untersuchungen durchgeführt werden sollten, gilt folgendes: generalisierte Festlegungen auf bestimmte soziale Orte sind nicht sinnvoll. Die Wahl sollte jedoch so erfolgen, daß die Kontrolle durch Pädagogen oder Sozialpädagogen (möglichst) ausgeschlossen ist; denn der intendierte Forschungsgegenstand ist „Sozialisation in eigener Regie" bzw. unter anonymer Kontrolle: als Wechselspiel von Medien-/Marktvorgaben und (eigenständigem) Gruppenhandeln.

Der soziale Ort, auf den abgehoben wird, ist (salopp formuliert) die „pädagogisch verdünnte Zone". Der Begriff Zone ist dabei nicht nur oder primär räumlich, sondern gewissermaßen vierdimensional zu verstehen, als *Zeitraum.* (Wenn die rasche und ständig sich beschleunigende Zirkulation ein konstitutives Element der Medien- und Konsumsphäre ist, dann muß die Dimension Zeit in eine subjektorientierte Forschung einbezogen werden.)

Wirklichkeit erhält ein solcher Zeitraum zum Beispiel im Zusammenhang mit einem Freizeitscript, das die Medien- und Kulturindustrien lancieren. (Das zeigt die langjährige Beobachtung dieses Ausschnitts der Kinderkultur.) Bestimmte medienkreierte Scripts stoßen in bestimmten räumlichen Umgebungen im Kreise Gleichaltriger eine zeitlang auf große Resonanz.

2. Zur Integration von medialem, sinnlich-tätigem und gruppenbezogenem Handeln in pädagogisch verdünnten Zonen – eine exemplarische Untersuchung

Forschungsgegenstände des skizzierten Typs sind komplexe, aus sehr unterschiedlichen Elementen zusammengesetzte Felder, deren Strukturen nicht von vornherein festliegen. Die wissenschaftliche Durchdringung eines solchen Feldes wirft deshalb besondere methodische Probleme auf. Sie betreffen Zugang, Beobachtung, Analyse, Systematisierung und Darstellung. Es ist notwendig, den ‚ethnologischen Blick' in adäquate Methoden zu übersetzen.

Ich möchte darauf am Beispiel einer Untersuchung der Bremer Kinder-Computerszene näher eingehen. Für die Durchführung dieser Untersuchung wurden Methoden gewählt, mit denen sich die Erfahrungen rekonstruieren ließen, die neun- bis dreizehnjährige Bremer Kinder in einem für den Untersuchungszeitraum (letztes Quartal 1983, erstes Quartal 1984) typischen Kontext, in den Computerabteilungen der Kaufhäuser und des Fachhandels, machten. Der Zeitpunkt der Wahl und der für die Untersuchung zur Verfügung stehende Zeitraum sprachen für dieses Untersuchungsfeld ebenso sehr wie der Umstand, daß es den skizzierten Kriterien weitgehend entgegen kam. Computer und Computerspiele sind attraktive Innovationen in der Medienwelt. Sie können nicht einfach in die Phalanx der Bildschirmmedien eingereiht werden. Der Bildschirm ist zwar integraler und faszinierender Bestandteil des (Medien-)Ensembles, mit dem gespielt wird, und Bildschirm-, Fernseherfahrungen sind eine gute Vorbereitung auf den Umgang mit Computern und Computerspielen. So begreift die amerikanische Medienpsychologin die Computerspielkompetenzen der Heranwachsenden als Ergebnis ihrer Fernsehsozialisation. Sie unterstellt, daß die Regeln der Computerspiele vor allem Fernsehliteralität, also die Fähigkeit verlangen, dynamisierte visuelle Informationen verarbeiten zu können (Greenfield 1987, S. 91ff.).

Diese Regeln müssen – anders als beim Schach und anderen Brett-, Karten- und Gesellschaftsspielen – primär über Beobachtung gelernt werden. Bewegung und Geschwindigkeit sind integrale Bestandteile der Spiele; Schnelligkeit ist unabdingbar. Die meisten Computerspiele erfordern die Fähigkeit, gleichzeitig verschiedene und verschiedenartige Informationen zu verarbeiten. Sie bedingen eine Strategie der Informationsverarbeitung, die Psychologen ‚parallel processing' nennen (ebd., S. 104).

Entscheidender als die visuelle Dimension ist jedoch das Novum, daß die Spiele ‚interaktive Computer-Mikrowelten' zugänglich machen. „Videospiele sind das erste Medium, das visuelle Dynamik mit einer aktiven Teilnehmerrolle für das Kind verbindet." (ebd., S. 95) Letztlich handelt es sich beim Computerspiel um einen neuen Typus von Medienverbund. Die herkömmliche Form des Medienverbundes legt eine zeitlich getrennte, separate Nutzung der einzelnen Elemente nahe oder läßt sie zu. (Man sieht beispielsweise erst den Film, dann inszeniert man mit den einschlägigen Spielfiguren oder Requisiten das Script auf eine andere Art, später wiederum liest man eine Buchversion oder hört die Tonkassettenbearbeitung – etwa zu „Batman" –.) Das Neue am ‚Medienverbund Computerspiel' besteht darin, daß er verschiedenartige Elemente so integriert, daß sie simultan angeeignet werden können/müssen. Das Computerspiel beansprucht das Sensorium umfassender, intensiver und aktivierender, als es elektronische Unterhaltungsmedien bisher getan haben.

Die Kaufhausabteilungen, in denen viele bundesdeutsche Kinder und Jugendliche ihre ersten Erfahrungen mit Computern und Computerscripts machten, waren pädagogisch verdünnte Zonen, Teil der halböffentlichen Sphäre, die bei den Erkundungen von (Groß-)Stadtkindern seit langem eine wichtige Rolle spielt (vgl. Ward 1977, Köhler 1981, Harms/Preissing 1988).

Zum methodischen Instrumentarium

Zur Erforschung der typischen Aktivitäten und Sichtweisen in diesem Feld wurde ein methodenpluraler Ansatz gewählt, der eine Ergänzung und wechselseitige Korrektur der einzelnen Methoden zuließ. Im Zentrum des methodischen Instrumentariums standen die klassischen Ethnomethode, die teilnehmende unstandardisierte Beobachtung und offene Befragungen. Letztlich ging es darum, die praktischen Erfahrungen der Kinder mit feldrelevanten Daten aller Art zu vermitteln. Die unstrukturierte teilnehmende Beobachtung wurde gewählt, weil sie den Beobachter am wenigsten festlegt, ihm die Chance gibt, komplexe Situationen und Handlungen zu erfassen. Diese Methode ist zwar mit einem Mangel an Kontrolle verbunden, sie hat aber den Vorteil, daß man die Perspektive ständig neuen Gegebenheiten und Erkenntnissen anpassen kann.

Teilnahme bedeutet im Rahmen des Projektes, daß die Untersuchenden sich in die Szene einführten und sich an den Aktivitäten beteiligten, um sie besser verstehen oder verständiger nach dem Sinn von Handlungen fragen zu können. Während sich Beobachtungen vor allem dazu eignen, Handlungsmuster zu registrieren, ermöglichen Interviews die Erfassung der Binnensichten, des subjektiv verfüg- und erfragbaren Wissens.

Bei der Erkundung der Kaufhauscomputerszene ergänzten offene bzw. unstrukturierte Interviews die unstrukturierte teilnehmende Beobachtung. Die Interviews, Einzel- und Gruppenbefragungen, dazu eine Reihe kürzerer Gespräche, wurden meistens ‚vor Ort', in den Kaufhausabteilungen und -cafeterien durchgeführt. Um Mehrperspektivität zu erreichen, wurden nicht nur Kinder, sondern auch andere in das Feld und die Thematik involvierte Personen befragt. Dazu zählten vor allem auch Jugendliche, die sich in der Szene bewegten. Außerdem wurden Gespräche mit betroffenen Erwachsenen geführt, u.a. mit Verkäufern, mit Firmenvertretern und Lehrern, die Computer-AGs leiteten. Als weitere Informationsquellen wurden die Listen mit den Spielprogrammen der Kinder und die Fachzeitschriften ausgewertet, die in der Szene kursierten.

Die Inhalts- und Bildanalysen wurden als vielversprechende Methoden entdeckt, die Szene als ideologische Realität zu rekonstruieren.

Die Durchführung des gesamten Projektes beanspruchte 1 1/2 Jahre, die Feldphase dauerte ca. sieben Monate. Zu Beginn stand zwar fest, daß empirisch zum Thema Kinder und Medien geforscht werden solle, doch nicht über welchen Gegenstand.

Das Interesse an einer Untersuchung der Kaufhauscomputerszene entwickelte sich im Zusammenhang mit Beobachtungen in der städtischen Konsumzone. Die Erweiterung des Feldes auf ‚Nachbarphänomene', oder besser: die Einbeziehung zweier weiterer Szenen in die Untersuchungen (BMX und Breakdance, s.u.), erfolgte als Reaktion auf Orientierungen und Umorientierungen der Kinder aus der Computerszene. (An diesen Umorientierungen, die auch die Notwendigkeit der Erweiterung des Samples mit sich brachten, wird deutlich, daß es aus Gründen der dem Forschungsgegenstand angemessenen Flexibilität nicht sinnvoll ist, vorher die Stichprobe genau festzulegen.)

Die Darstellung der Ergebnisse ethnographischer Untersuchungen zielt auf eine anschauliche Herausarbeitung der typischen Handlungen und Deutungen, die ein kulturelles Feld kennzeichnen. Das heißt, daß in den Abschlußberichten und Publikationen u.a. Abschnitte aus Beobachtungsprotokollen, aus Interviews zitiert werden, die das Typische des betreffenden Wirklichkeitsausschnittes treffen. Der Vorteil einer solchen Darstellungsweise liegt in ihrer Farbigkeit und Alltagsnähe (vgl. dazu u.a. Geertz 1983 u. Girtler 1984).[1]

Ich möchte der Forderung nach Anschaulichkeit in diesem Bericht wenigstens ansatzweise entsprechen, und zwar unter Bezugnahme auf einen einzigen Aspekt, auf das, was bei den Materialanalysen zum Projekt ‚Szenenwechsel' genannt wurde.

Die Motive und Anlässe der Kinder für ‚Szenenwechsel' können in besonderem Maße zur Erkenntnis der Vernetzung von Flüchtigem und Konstantem in ihren Orientierungen, und damit der Determinanten der Strukturierungsprozesse beitragen.

Einige Kinder kündigten Anfang Januar 1984 ihren Abschied aus der Computerszene mit der Begründung an, daß diese und der Computer für sie ‚ausgereizt' seien. Die Interviews zeigten, daß dieses ‚Ausgereiztsein' nicht bei allen Kindern mit Sättigung gleichgesetzt werden konnte, sondern daß sich viele Jungen eher den Mehrheitsinteressen in der Clique anschlossen, weil ihnen vor allem daran lag, viel Zeit mit der vertrauten Gruppe zu verbringen. Einige Cliquen planten eine intensivere Beschäftigung mit BMX-Rädern. Andere liebäugelten mit Breakdance. Nicht zuletzt die Beobachtung eines zunehmenden Interesses an diesen beiden Scripts trug dazu bei, daß in den Analysen die körperlich-tätige Dimension im Umgang mit Computerspielen, der verbreitetsten *computerzentrierten* Aktivität der Kinder, an Bedeutung gewann.

In den Gesprächen fanden sich Belege dafür, daß einige Jungen das Spielen als eine neue Sportvariante betrachteten. Daß bei einer Reihe von Kindern BMX und Breakdance zu Nachfolgescripts der Computerspiele avancieren konnten, hing damit zusammen, daß sie für neue Körpererfahrungen standen. (Auf eine Affinität von sportlicher Betätigung und den Umgang mit Computerspielen weist Sherry Turkle hin (1985, S. 78). Sie stützt sich dabei auf einschlägige Erlebnisberichte ihrer Interviewpartner. Für ein ausgeprägtes Interesse der befragten Kinder an Körpererfahrungen spricht auch das Faktum, daß sie (wie der Großteil ihrer Altersgenossen, vgl. Kabel 1987) Sportarten nannten, wenn sie nach ihren Lieblingshobbies gefragt wurden. Auch in der Phase des intensivsten Engagements in der Computerszene (mehrmals wöchentlich mehrere Stunden) gingen sie regelmäßig wenigstens einer Sportart im Verein nach.

Für das ‚Ausgereiztsein' ließen sich ebenfalls Erklärungen im Material finden. Sowohl Beobachtungen als Befragungen ergaben, daß das eigentliche Programm, welches die Jungen faszierte, eine reichhaltige Spielepalette war, die ständig ergänzt werden konnte. (Das Interesse an diesem Programm motivierte den Tausch, den An- und Verkauf von Spielen, der sich nach wenigen Monaten verselbständigte und neue Hauptbetätigungen wie das Kopieren, Sammeln und Katalogisieren von Programmen [auf Kosten des computerzentrierten Spielens] begünstigte.) Ein breites Spieleprogramm garantierten eine Zeitlang (aus Profitgründen, die den Kindern nicht verborgen blieben) die Bedingungen in den Kaufhausabteilungen. Seit Anfang 1984 ließ das Kaufhauspersonal (nicht in allen Häusern gleichzeitig) viele Aktivitäten und Kommunikationsmöglichkeiten nicht mehr zu, die im langgezogenen Weihnachtsgeschäft von 1983 an der Tagesordnung waren und Unterstützung fanden. (Z.B. wurden keine defekten Computer und Peripheriegeräte mehr repariert oder durch neue ersetzt, und kaum noch Spiele zur Verfügung gestellt. Außerdem wurde das Kopieren verboten.) Es war den Kindern jetzt nicht mehr möglich, die Kaufhäuser (und Fachgeschäfte) gegeneinander auszuspielen, indem sie einfach die Abteilungen boykottierten, in denen sich die Bedingungen für sie verschlechterten, die Verkäufer unfreundlich waren etc.. ‚Ausgereizt' waren die Computerspiele für einen Teil der Kinder auch deshalb, weil sie in der Auseinandersetzung mit Scripts der Medien- und Freizeitindustrien infolge von Gewöhnung auf rasche Wechsel setzen. ‚Ausgereizt' waren die Computerspiele schließlich auch deswegen, weil das (virtuelle) Bezugssystem der Gleichaltrigen bereits die neuen Scripts Breakdance und BMX (BMX = Bicycle-Moto-X(Cross) = Querfeldein- oder Kunstfahren mit einem Spezialrad) ‚testete'. Die Möglichkeiten und die Bedeutung von BMX waren durch eine kleine Episode in Steven Spielbergs Film „E.T." (der vor Weihnachten in die bundesdeutschen Kinos kam) den Kindern dieser Altersgruppe deutlich geworden.

In „E.T." gibt es eine wilde und dramatische Verfolgungsjagd zwischen einer Gruppe von Kindern auf geländegängigen Fahrrädern und Erwachsenen (Polizisten und NASA-Leuten) in Funkstreifenwagen und gepanzerten Fahrzeugen. Die Kinder können, da sie mit ihren Rädern sehr beweglich sind, ihre erwachsenen Verfolger eine Zeitlang narren. Dann aber ist bei einer Straßenblockade kein Durchkommen mehr. Doch kurz vor dem unvermeidlich erscheinenden Zusammenstoß hebt E.T., der in einem Korb auf dem Fahrrad des zehnjährigen Elliot mitfährt, einen Finger, die Räder setzen von der Erde ab und fliegen über die Wagendächer und Köpfe der Verfolger hinweg dem rettenden Wald zu. Diese Szene dauert nur wenige Minuten.

Den Forschenden, denen, die den Film bereits vor ihrer Exploration der BMX-Szene gesehen hatten, war diese Episode nicht besonders aufgefallen. (Sie wird übrigens auch in den vielen Rezensionen zum „E.T."-Film nicht ein einziges Mal erwähnt.)[2] Erst die Kinder klärten die Projektteilnehmer über die Bedeutung dieser Szene auf. Sie gaben den Anstoß zu den Recherchen, die verdeutlichen, weshalb diese Episode bei Kindern (weltweit) einen Run auf einen neuen Fahrradtyp und die vielkanalige Durchsetzung eines neuen Scripts auslösen konnte.[3]

Die Schilderung mag verdeutlichen, daß sehr unterschiedliche Motive und Interessen in die Aneignung kulturindustriell vermittelter Scripts eingehen. Sie kann außerdem verständlich machen, entlang welcher Linien im Projekt Kategorisierungen und Systematisierungen erfolgen mußten. Sie betrafen Interessen, Motive, Tätigkeiten und Kommunikationsformen.

Dem Material wurde (schließlich) ein (Kategorien-)Bündel abgewonnen, in dem das Zusammensein mit Gleichaltrigen/Gleichgesinnten, das Interesse an neuen/außergewöhnlichen Körpererfahrungen und/oder der körperlichen Selbstdarstellung, an der Eroberung halböffentlicher Räume und Plätze, an raschen Scriptwechseln konstant sind, und – wie die Knappheit der finanziellen Ressourcen der Kinder – entscheidend die Spielräume für Scriptmanipulationen, für Umnutzungen und eigenständige Aneignungsformen und damit auch Grenzen kulturindustrieller Steuerung abstecken.

Das Material drängte die Unterscheidung von zwei Typen von Kindern auf: den der Mode- und Subkulturorientierten und den der Experten/-Spezialisten. Bei den Letzteren stand die scriptzentrierte und -konforme Auseinandersetzung eindeutig im Vordergrund. (Ihre gesamte Freizeitgestaltung erfolgte scriptzentriert. Sie beherrschten nicht nur die jeweils zentrale Aktivität und Fachterminologie erkennbar besser als die anderen, sondern suchten auch gezielte Kontakte zu anderen Experten in der Szene, waren weniger gruppen- und modeorientiert, in der Regel etwas älter als die Mehrzahl der Beobachteten und Befragten. Sie waren eine kleine Minderheit. Alle Überlegungen in diesem Beitrag beziehen sich auf den ersten Typus.)

Die Anlage der Untersuchung läßt keine Erklärung für die Orientierung der Kinder in die eine oder andere Richtung zu. Es wurden nur wenige biographische Daten erhoben.

Die ermittelten demographischen Daten indizieren eine breite Streuung. Die Kinder (und Jugendlichen) in der Computer- und BMX-Szene rekrutierten sich aus den verschiedensten Bevölkerungsschichten und Stadtteilen. Sie verteilten sich auf alle Schultypen. Nur in der Breakdance-Szene waren Unterschichtkinder überrepräsentiert. Bei den aktiv Involvierten handelte es sich fast ausnahmslos um Jungen.

3. Neuartige Mischungen?

Meine Schlußbemerkungen gelten dem möglicherweise Neuen, das sich in den Auseinandersetzungen der Kinder in den drei Szenen, mit den drei Scripts, abzeichnet. Wer Neues fixieren will, muß vergleichen. Im gegebenen Zusammenhang stellt sich jedoch die Frage, was verglichen werden kann, wenn sich kulturelle Praxen im Umgang mit neuen und sehr komplexen Phänomenen entwickeln. Die bloße Neuheit von Phänomenen führt nicht per se zu neuartigen Verarbeitungs- und Aneignungsmustern.

In den Abschlußdiskussionen zum Projekt wurde eine erste Herausarbeitung des Neuartigen über die Unterscheidung von kindspezifischen, kohorten-/generationsspezifischen Zugriffen und darüber hinaus Periodeneffekten in den Orientierungen und Aktivitätsmustern versucht. Dem Begriff des Kindspezifischen wurden solche Aktivitäten subsumiert, mit denen die Kinder neue Elemente auf traditionelle Weise verarbeiten. In diesem Sinne sind das Sammeln, das Katalogisieren, aber auch das Tauschen, Kaufen und Verkaufen Phänomene, die in viele Bereiche vergangener und gegenwärtiger Kinderkultur hineinspielen. Hier findet also eine Assimilation des Neuen an traditionelle Kinderkulturaktivitäten statt. Dennoch kann nicht davon abgesehen werden, daß sich viele dieser Aktivitäten nicht mehr im Umgang mit eigens für Kinder produzierten Medien und Materialien entfalten. Sie werden auch nicht in Kinderreservaten, sondern in der (einen) Konsumsphäre ausgeübt. Es fehlt ihnen die traditionelle ‚Als-ob'-Dimension.

Bei den scriptzentralen Betätigungen wird die Zuordnung zu einer der genannten Kategorien noch schwieriger. Beim Computer handelt es sich auch insofern um ein ‚marginales Objekt' (Turkle 1984), als er kein Spielzeug im herkömmlichen Sinn ist. Die englischen Fachterminologien (Computer-, Breakdance- und BMX-Jargon) haben nicht die Bedeutung der alten (Kinder-)Geheimsprachen. Die Fachzeitschriften in allen drei Szenen sprechen keine Kindersprache (schon deswegen nicht, weil zumindest immer auch Jugendliche ihre Adressaten sind). Breakdancen und BMX-Fahren sind keine Betätigungen, denen elaboriertere im Erwachsenenalter folgen, also (auch) keine Vorstufen von Jogging, Heilfasten, Triathlon oder Bodybuilding. Andererseits lassen sich keine Erwachsenen auf diese Scripts ein.

Die Altersmischung in den Szenen indiziert eine Tendenz der Entstrukturierung von (zumindest) spezifischen Kinder- und Jugendaktivitäten. Ausdruck eines Periodentrends ist das Interesse an Körpererfahrungen und körperlicher Selbstdarstellung. Die Heranwachsenden beschreiten im Rahmen dieses Periodentrends vielfach eigene Wege. Von erheblicher Bedeutung sind Versuche einer neuartigen Integration von medialem, sinnlich-tätigem, körper- und gruppenbezogenem Handeln in pädagogisch verdünnten Zonen. Die entscheidende Scriptmanipulation gilt der Herstellung dieser Integration. Sobald sie nicht mehr möglich ist, verlieren medienkreierte Scripts an Bedeutung.

Zu untersuchen wäre, inwieweit das skizzierte Integrationsinteresse und entsprechende Integrationsversuche verallgemeinerbar sind, ob und wie sie sich in den Formen der Strukturierung und Organisierung der Gesamtheit der Freizeitaktivitäten niederschlagen. Außerdem müßte geklärt werden, ob bei Mädchen ähnliche Praxen der Vernetzung von Medienaktivitäten, Körper- und Gruppenerfahrungen verbreitet sind, welche Art von Aktivitätenverbund sie im Umgang mit den Scripts der Medien- und Freizeitindustrien favorisieren.

Anmerkungen

[1] Die Ergebnisse der Untersuchung zur Computerszene habe ich u.a. in folgenden Veröffentlichungen vorgestellt: Tuscheln, Handeln, Tauschen. Das heimliche Programm am Kaufhauscomputer. In: Bildschirm. Faszination oder Information (Jahresheft III des Friedrich Verlages), Velber 1985, S. 8 – 11; Soziales Lernen in der Konsumzone. Kinder im Umgang mit Kaufhauscomputern. In: Medium, Heft 7/1985, S. 13 – 20.

[2] Dabei handelt es sich, wie das Scateboard-Revival bei Kindern nach Zemeckis Film „Zurück in die Zukunft" (1985) zeigt (der ebenfalls von Spielberg produziert wurde), keineswegs um einen vernachlässigenswerten, einmaligen Versuch, ein Script via Kino breitenwirksam in der Kinderkultur durchzusetzen. In Zemeckis Film spielen riskante Scateboardfahrten des jugendlichen Helden eine ähnliche Rolle wie in der skizzierten „E.T."-Szene.

[3] Vgl. zum „E.T."-lancierten BMX-Script und den typischen Scriptmanipulationen der Kinder meinen Aufsatz: Selbstbehauptung in der Medienkultur. In: Medien praktisch, Heft 4/1985, S. 19 – 22.

Literatur

Arbeitsgemeinschaft Rundfunkwerbung (Hg.): Fernsehen im Alltag von Kindern, (Schriftenreihe Media Perspektiven 1) Frankfurt 1981, S. 297 – 601.

Daun, A.: Ethnological Research on Children. In: Ethnologica Scandinavica 1982, S. 42 – 52.

Feilitzen von, C.: Passiv eller aktiv? Om barns tv-tittande, bokläsning och fritid. In: PuP – Forskning om Radio och TV, Stockholm 1984, S. 56 – 74.

Filstead, W.J.: Soziale Welten aus erster Hand. In: Gerdes, K. (Hg.): Explorative Sozialforschung, Stuttgart 1979, S. 29ff.

Geertz, C.: Dichte Beschreibung. Beiträge zum Verstehen kultureller Systeme, Frankfurt 1983.

Girtler, R.: Methoden der qualitativen Sozialforschung, Wien/Köln/Graz 1984.

Greenfield, P.M.: Kinder und neue Medien. Die Wirkungen von Fernsehen, Videospielen und Computern, München/Weinheim 1987.

Harms, G.; Preissing, C.: Kinderöffentlichkeit und Straßensozialisation. Überlegungen zu städtischer Kindheit heute. In: Harms, G.; Preissing, C. (Hg.): Kinderalltag, Berlin 1988, S. 91 – 108.

Hengst, H. Tendenzen der Liquidierung von Kindheit. In: Hengst, H.; Köhler, M.; Riedmüller, B.; Wambach, M.: Kindheit als Fiktion, Frankfurt 1981, S. 11 – 72.

Hengst, H.: Tuscheln, Handeln, Tauschen. Das heimliche Programm am Kaufhauscomputer. In: Bildschirm. Faszination oder Information (Jahresheft III des Friedrich Verlages), Velber 1985, S. 8 – 11.

Hengst, H.: Perspektiven einer subjektorientierten Kinderkulturforschung. In: Hengst, H. (Hg.): Kindheit in Europa, Frankfurt 1985, S. 301 – 315.

Hengst, H.: Soziales lernen in der Konsumzone. Kinder im Umgang mit Kaufhauscomputern. In: Medium, Heft 7/1985, S. 13 – 20.

Hengst, H.: Selbstbehauptung in der Medienkultur. In: Medien praktisch, Heft 4/1985, S. 19 – 22.
Hengst, H.: Kinderkultur im Wandel. Neue Erfahrungen in pädagogisch verdünnten Zonen. In: Geulen, D. (Hg.): Kindheit. Neue Realitäten und Aspekte, Weinheim 1989, S. 86 – 107.
Jugend und Medien. Eine Studie der ARD/ZDF-Medienkommission und der Bertelsmann Stiftung, Frankfurt 1986.
Jugendwerk der Deutschen Shell (Hg.): Jugendliche + Erwachsene, Opladen 1985.
Kabel, R. u.a.: Jugend der 80er Jahre im Spiegel von Umfragen, Berlin 1987.
Kiefer, M.-L.: Massenkommunikation 1964 – 1985. In: Media Perspektiven 3/1987, S. 137 – 148.
Köhler, M.: Unterhaltung als Botschaft und Kauf als Erfahrung: Die Equipierung der Kindheit. In: Hengst, H. u.a. (Hg.): Kindheit als Fiktion, Frankfurt 1981, S. 73 – 131.
Lang, S.: Lebensbedingungen und Lebensqualität von Kindern, Frankfurt/New York 1985.
Mannheim, K.: Das Problem der Generationen. In: Friedeburg von, L. (Hg.): Jugend in der modernen Gesellschaft, Köln/Berlin 1965, S. 23 – 45.
Mast, C.: Medien und Alltag im Wandel, Konstanz 1985.
Mead, M.: Der Konflikt der Generationen. Jugend ohne Vorbild, München 1974.
Rittner, V.: Sportvereine und gewandelte Bedürfnisse. In: Pilz, G.A. (Hg.): Sport und Verein, Reinbek 1986, S. 43 – 55.
Ronge, V.: Mediennutzung versus personale Kommunikation. In: Rundfunk und Fernsehen 35/1987/4, S. 461 – 477.
Turkle, S.: Die Wunschmaschine. Vom Entstehen der Computerkultur, Reinbek 1984.
Ward, C.: Das Kind in der Stadt, Frankfurt 1977.

Stefan Aufenanger

Hermeneutische Fallrekonstruktion in der Medienforschung

„Die Ereignisse sind unvorhersehbar, solange sie nicht eingetreten sind. Wenn sie stattgefunden haben, dann kann man versuchen, sie zu verstehen, zu erklären. Man kann die Ereignisse miteinander verknüpfen und rückwirkend die Logik dieser Verknüpfung erfassen. In der Gegenwart gibt es nichts, was einem vorherzusagen erlaubte, was sich, unter so vielen möglichen denkbaren und anderen völlig undenkbaren Konstellationen, schließlich ereignen wird."

(Claude Lévi-Straus: „Das Nahe und das Ferne", 1989)

1. Problemstellung

Die deutschsprachige Medienwirkungsforschung der letzten Jahrzehnte war und ist auch größtenteils noch ziemlich einseitig an einfachen theoretischen Modellen und an standardisierten empirischen Forschungsmethoden orientiert. Dies mußte auch die DFG-Kommission bei ihrer Bestandsaufnahme konstatieren (DFG 1986). So wurden zum Teil sogar Forderungen erhoben, daß nur jene Studien eine wissenschaftliche Anerkennung finden könnten, die einen kausalen Nachweis von Wirkungen vorzeigen. Die dabei zur Anwendung kommenden Verfahren der Datenerhebung und besonders der Datenauswertung lassen jedoch stark zweifeln, ob dieser Nachweis so überhaupt zu führen ist. Darüber hinaus stellt sich auch die Frage, ob die Annahme von Wirkungen unter dem Aspekt der Kausalität eine für den Gegenstandsbereich von Sozialwissenschaften – und dazu zählen die Medien – angemessene Voraussetzung ist. Nicht nur, daß das Untersuchungsfeld sehr komplex ist und die Isolierung aller relevanten Faktoren fast unmöglich erscheint, muß als Kritik angemerkt werden, sondern der gesamte erkenntnistheoretische Gewinn einer solchen Forschungsstrategie steht zur Debatte. Wenn wir uns nämlich die Studien aus diesem Forschungsfeld etwas genauer ansehen, dann kann von der Forschungslogik her kaum neues Wissen über den Gegenstand selbst hervorgebracht werden. So verlangt zum Beispiel das klassische Design zuerst die Einnahme einer theoretischen Position über den zu untersuchenden Gegenstand, von der aus zu überprüfende Hypothesen abgeleitet werden. Was die dann folgende empirische Phase hervorbringen kann, ist entweder die Bestätigung oder die Ablehnung der aufgestellten Hypothesen. Auch wird in diesen Ansätzen die Wirklichkeit vorgegebenen Kategorien untergeordnet, d.h. es wird gefragt, ob bestimmte Ereignisse in schon vorab festgelegte Muster passen. Der Prozeß der Hypothesengenerierung und Theoriebildung geschieht dabei außerhalb des empirischen Forschungsprozesses und beruht auf der Interpretation der statistisch aufgezeigten Zusammenhänge. Aus dieser Sicht kann kein neues Wissen über den Gegenstand generiert werden.

In Abgrenzung zu dieser die Wirklichkeit mit Kategorien erfassenden Methodologie wird hier ein rekonstruktiver Ansatz vertreten.[1] Zentral für diese Position ist die anthropologisch und handlungstheoretisch fundierte Annahme der Regelgeleitetheit menschlichen Handelns und Denkens. Im Gegensatz zum naturwissenschaftlichen Begriff des Gesetzes wird der Begriff der Regel für den sozialwissenschaftlichen Objektbereich als angemessener angesehen. Dies wird mit der sprachlichen Konstituierung unseres Bewußtseins und der Bedeutungsstrukturiertheit der Sozialität begründet. Mit Sprache stellen wir soziale Realtität her und mit ihr kommunizieren wir auch über diese Realität. Der Begriff der Bedeutung verweist auf den regelhaften Zusammenhang von Objekt und seiner Symbolisierung einerseits sowie Symbol und Situation andererseits. Die Übernahme des Bedeutungsbegriffs im Anschluß an den amerikanischen Sozialphilosophen George Herbert Mead (1973) impliziert weiterhin, daß es zwei Ebenen der sozialen Realität gibt, nämlich die der objektiven Bedeutungsstrukturen und die der subjektiven Repräsentation dieser Strukturen. Mit der objektiven Strukturiertheit von Realität ist gemeint, daß die kooperative Teilnahme an der Gesellschaft auf intersubjektiv zur verfügungstehende Symbole angewiesen ist, die die Geltung erheben, ‚vernünftiges Handeln' sowie Verständigung zwischen Subjekten zu ermöglichen. Als prominentes kommunikatives Medium ist dabei die Sprache anzusehen, die diese Bedeutungsstrukturiertheit in sich trägt (Habermas 1981).

Der rekonstruktive Ansatz möchte nun die Regeln, die diese Bedeutungsstrukturen generieren, freilegen. Dabei bedient er sich hermeneutischer

Verfahren, also dem Weg der Sinnerschließung. In Erweiterung einer am literarischen Text orientierten philologischen Hermeneutik versteht sich der hier notwendig aufzugreifende methodologische Ansatz als ein sozialwissenschaftlicher, der den Textbegriff weiter faßt. Indem die soziale Wirklichkeit als bedeutungsstrukturiert erscheint, gewinnt sie die Form eines Textes, dessen Sinn prinzipiell erschlossen werden kann.[2]

Genau diese Bedeutungsstrukturen will die strukturale Hermeneutik rekonstruieren. Um die entsprechenden Bedeutungsgehalte offenzulegen, bedient sie sich des impliziten Wissens, welches wir selbst immer in unseren Handlungen und Sprechhandlungen verwenden, um sinnhafte Beziehungen herzustellen. Es handelt sich um jene Regelsysteme, die die Pragmatik unseres Handelns und Sprechens bestimmen. Wenn diese Regeln also unser Handeln und Sprechen bedingen, dann können wir sie genauso zur Beurteilung der pragmatischen Einbettung, also der sinnhaften Konstituierung von Handeln und Sprechen in der sozialen Realität verwenden. Von dieser sozialen Realität, dem Interaktionstext, werden für die hermeneutische Interpretation Protokolle hergestellt, die als materiale Grundlage für die rekonstruktive Vorgehensweise dienen (vgl. Oevermann 1979 und 1986).

2. Hermeneutische Fallrekonstruktion

2.1 Der Charakter der Fallrekonstruktion

Ist man bei der Einzelfall*studie* bestrebt, eine genaue Beschreibung aller möglichen Faktoren, Daten und Bedingungen des Falles vorzunehmen, um anschließend nach einer Theorie zu suchen, die sich auf diese Konstellation anwenden läßt, also von außen eine Erklärung heranführt, beansprucht die *Fallrekonstruktion,* die Geschichte des Falles von innen heraus, in der Sprache des Falles selbst, zu rekonstruieren. Dabei wird von der Annahme ausgegangen, daß jeder Fall eine spezifische Logik seiner Entfaltung enthält und daß diese sich als eine bestimmte Strukturierungslogik bestimmen läßt. Ist diese Logik durch den hermeneutisch-rekonstruktiven Zugang aufgedeckt, dann ist der Fall ‚verstanden' und es lassen sich Hypothesen über seinen weiteren Verlauf aufstellen. Es geht also in der Fallrekonstruktion um die Beantwortung der Frage, wie etwas zu dem geworden ist, was es ist. Da der hermeneutische Prozeß einer der Aufdeckung bzw. der Annäherung an die unter der Oberfläche verborgenen Strukturen ist, muß das Ergebnis der Rekonstruktion immer als eine Hypothese gesehen werden, die durch weitere Analysen überprüft werden muß.

Während die Einzelfall*studie* an einer mehr typologischen Beschreibung ihres Gegenstandes orientiert ist und dessen individuell Typisches aufzeigen möchte, interessiert sich die *Fallrekonstruktion* dagegen für das Allgemeine des Falles. Die Dialektik vom Besonderen und dem Allgemeinen ist eine zentrale Grundannahme der rekonstruktiven Hermeneutik. Währent die Einzelfallstudie den Fall mit von außen heranzutragenden Theorie verstehen will und damit subsumtionslogisch vorgeht, beansprucht das fallrekonstruktive Vorgehen, hermeneutisch den Sinngehalt und damit das Typische des Falles zu erschließen. Letzteres heißt, aus dem Fall selbst jene strukturellen Momente herauszuarbeiten, in denen das Besondere als eine prinzipielle Möglichkeit des Allgemeinen erscheint und umgekehrt, das Allgemeine als eine spezifische individuelle Variante auftritt.

2.2 Der Gegenstand der Fallrekonstruktion in der Medienforschung

In der Medienforschung läßt sich nun die Fallrekonstruktion in vielen Bereichen anwenden. Die Fragestellung einer rekonstruktiv-hermeneutisch verfahrenden Medienforschung kann sich zum Beispiel auf die strukturellen Gehalte von Medien bzw. Mediensystemen, von Handlungen im Umgang mit Medien, dem Denken über Medien bzw. den Einfluß von Medien auf das Denken konzentrieren. Da eine rekonstruktiv-hermeneutische Vorgehensweise somit auf verschiedene Gegenstandsbereiche zielen kann, ist es vor jeder Analyse wichtig, Fragestellung und Analysebereich aufeinander abzustimmen und festzulegen. Es geht also darum, was in der Fallrekonstruktion eigentlich der zu interpretierende Fall ist. Dies können zum Beispiel bei einer Filmanalyse der strukturelle Bedeutungsgehalt der bildlichen Gestaltungselemente, die Interaktionen der handelnden Personen oder die Form der Ansprache der Rezipienten sein.

Aber auch die Art und Weise des Umgangs mit bestimmten Medien, die inneren Wünsche und Motivierungen sowie spezifische Deutungsmuster in bezug auf Medien lassen sich hermeneutisch so rekonstruieren. Im folgenden soll an einem Interpretationsbeispiel die Verschränkung verschiedener Perspektiven sowie das Aufeinanderbeziehen unterschiedlicher Fallstrukturen verdeutlicht werden. Das übergreifende Thema ist eine Medienrezeptionssituation, die sich aus mehreren Elementen zusammensetzt. So ist zum einem das Medium und zum anderen der Rezipient für eine solche Analyse zentral. Darüber hinaus interessiert mich aber auch der Sozialisationshintergrund des rezipierenden Subjekts, um Aufklärung über die Art und Weise der Rezeption zu erlangen.

2.3 Konkrete Analyseschritte

An einem Beispiel möchte ich die Umsetzung des fallrekonstruktiven Ansatzes in der Medienforschung verdeutlichen. Ich beschränke mich aber auf Fragen, die im Zusammenhang des Medienrezeptionsprozesses auftauchen. Für die Analyse von solchen Rezeptionsfragen habe ich eine Vorgehensweise entwickelt, die drei unterschiedliche Schritte umfaßt:

In einem *ersten Schritt* wird der objektive Bedeutungsgehalt des Mediums bzw. der medialen Darstellung analysiert; d.h. zum Beispiel des Buches oder einer Fernsehsendung. Auch hier ist es wiederum entscheidend, die Analyseebene im Sinn der Auswahl des Falles festzulegen. Oftmals reicht es auch, die gesamte Handlungsstruktur eines Films oder einer Geschichte zu analysieren. Dieser Schritt geht von der oben schon eingeführten Annahme aus, daß alle sozialen Gebilde sich durch einen objektiven Bedeutungsgehalt auszeichnen, der rekonstruiert werden kann. Dieser Bedeutungsgehalt ist dem Rezipienten in den seltensten Fällen direkt zugänglich, da er erst interpretativ erschlossen werden muß. Er bildet aber jene Interpretationsoptionen ab, die dem rezipierenden Subjekt prinzipiell zur Verfügung stehen.

Der *zweite Schritt* ist auf das rezipierende Subjekt gerichtet. Das Interesse gilt der subjektiven Rezeptionsweise. Da Interpretieren ein Verstehensvorgang ist, kann dieser Schritt auch als jener bezeichnet werden, in dem es darum geht, zu verstehen, was das rezipierende Subjekt versteht. Dazu wird der Rezipient nach seinem Verständnis der Handlung oder nach den Charakteren der Geschichte befragt. Seine Antworten werden wiederum hermeneutisch hinsichtlich ihres Bedeutungsgehaltes rekonstruiert. Was in dieser Phase zum Vorschein kommt, sind die Deutungen und Interpretationen, die das rezipierende Subjekt an das Medium anlegt. Nun wird bei diesem zweiten Schritt nicht bei der Interpretation der Verstehensleistung des Rezipienten stehengeblieben: Auf dem Hintergrund der im ersten Schritt vorgenommenen Analyse wird nun die subjektive Interpretation des Rezipienten mit dem objektiven Bedeutungsgehalt der medialen Darstellung konfrontiert. Natürlich können hierbei Differenzen entstehen, die aber gerade für die Analyse interessant sind. Denn wenn die subjektive Interpretation eines Films zum Beispiel von der Interpretation des objektiven Bedeutungsgehalts abweicht, dann ist dies erklärungsbedürftig, da vermutet werden muß, daß hier andere als intersubjektiv gültig Kriterien zur Beurteilung eines Bedeutungsgehalts angelegt werden. Sie sind möglicherweise im dritten Schritt aufzufinden. In diesem zweiten Schritt der Analyse interessiert dagegen die Interpretationsleistungen des Rezipienten und seine subjektive Sichtweise des Medieninhaltes im Verhältnis zur Rekonstruktion des objektiven Bedeutungsgehaltes.

Der *dritte Schritt* fragt nun danach, wie die subjektiven Deutungen von Medien und die spezifischen Motivierungen, sich bestimmten Inhalten zuzuwenden, auf dem Hintergrund von Sozialisationsprozessen und sozio-kulturellen Einflüssen zustande gekommen sein könnten. Eine besondere Rolle dürften dabei die familialen Sozialisationsprozesse spielen, die in der frühen Kindheit die Ausbildung spezifischer Interpretationsweisen von Welt beeinflussen. Aus diesem Grund müssen hier diese Sozialisationsbedingungen erhoben werden. Diese Bedingungen lassen sich aber günstigstenfalls nur über eine eigene Studie erlangen, die auf die Herkunftsfamilie des rezipierenden Subjekts gerichtet ist. Da dies aber forschungspraktisch in den seltensten Fällen zu verwirklichen ist, muß auf diese Daten über biographische Anteile im Interview zurückgegriffen und darüber die familiendynamische Aspekte der Herkunftsfamilie erschlossen werden. Darüber hinaus spielen aber lebensweltliche und situationsbezogene Aspekte eine entscheidende Rolle. Auch sie müssen in die Fallrekonstruktion mit Berücksichtigung finden. Dieser dritte Schritt dient also dazu, die im zweiten Schritt aufgefundenen Differenzen zwischen der objektiven und der subjektiven Interpretation sowie Motivierungen für die Medienzuwendung verstehen zu können.

Nun geht aber die hier vorgestellte Reihenfolge der Schritte von einem experimentellen Forschungsdesign aus, wie es an anderer Stelle ausgeführt wurde.[3] Dabei wird zuerst ein Film analysiert und anschließend die spezifischen Rezeptionsweisen von Subjekten untersucht. In einer alltagsweltlichen Vorgehensweise wird man natürlich durch Äußerungen während eines Interviews oder durch Beobachtung einer Interaktionsszene auf ein bestimmtes Medium oder bestimmte Medieninhalte treffen, die eine Bedeutung für den Befragten haben können. In diesem Fall wird man sinnvoller Weise sich zuerst den Inhalt des Mediums genauer anschauen, also den oben beschriebenen ersten Schritt vollziehen, um in einer darauffolgenden Phase gezielt Fragen dazu stellen zu können, die dann in dem zweiten Schritt ausgewertet werden.

Im Schaubild sind die unterschiedlichen Ebenen – nicht Schritte! – dargestellt, auf denen eine Fallrekonstruktion operiert. Als Material sind auf der untersten Ebene der Film sowie das Interview vorhanden. Von dem Film werden nur die Zusammenfassung der Filmhandlung und eine Szene ausgewählt. Das Material repräsentiert auf der einen Seite das Medium und auf der anderen Seite den Rezipienten, und in unserem Fall auch noch die Sozialisationsgeschichte, also die Frage, wie die Art und Weise der Rezeption zustande gekommen sein könnte. Die mittlere Ebene gibt die Fragestellung wieder: Was bewegt ein bestimmtes Subjekt (Rezipient), sich einem bestimmten Medium zuzuwenden und wie kann diese Zuwendung situations- oder sozialisationsspezifisch erklärt werden? Die Interpretationen der einzelnen Schritte auf den unterschiedlichen Ebenen müssen zum Schluß in eine den ganzen Fall umgreifende Fallstrukturbeschreibung einmünden. In ihr muß auf der Grundlage der einzelnen Interpretationsschritte und ihrer Verbindung eine Antwort auf die Fragestellung gegeben werden, die nicht als ein theoretischer Zugriff auf den Fall geschehen darf, sondern nur aus diesem selbst heraus zu erfolgen hat. Nachträglich können aber bei theoretischen Ansätzen Anleihen zur Einordnung der Fallstruktur in einen allgemeineren Rahmen vorgenommen werden.

Schaubild

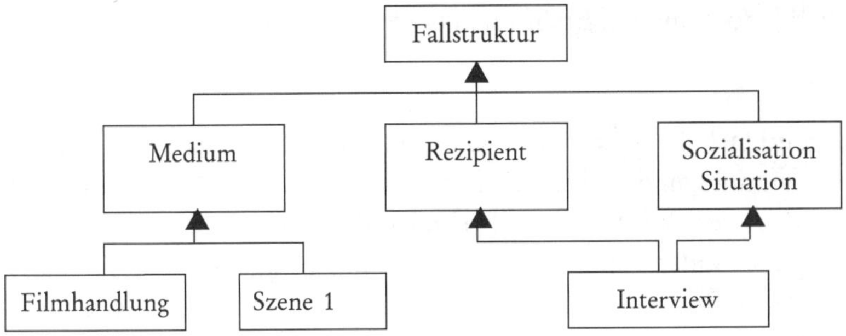

3. Interpretationsbeispiel

An einem Beispiel möchte ich exemplarisch die notwendigen Schritte und den konkreten Analyseprozeß vorstellen. Es handelt sich dabei um einen Ausschnitt aus einem größeren Projekt, in dem es um die Frage geht, wie Rezipienten Medieninhalte verstehen bzw. interpretieren und wie diese Interpretationen durch sozialisationsbedingte Effekte zustande gekommen sind. Dieser Ansatz geht von der Annahme aus, daß wir uns aufgrund innerer Motivierungen bestimmten Medieninhalten zuwenden und diese Motivierungen selbst wiederum durch lebensweltspezifische oder sozialisationsrelevante Bedingungen geprägt sind. Letzterer Aspekt wird in dem Beispiel jedoch nicht diskutiert, da dazu noch keine Daten vorliegen.

Die folgende Analyse bezieht sich auf die Frage, was eigentlich Jugendliche dazu motiviert haben könnte, sich Horrorfilme anzusehen. Das Anschauen von solchen Filmen ist in den letzten Jahren bei einer nicht geringen Zahl von Jugendlichen eine sehr beliebte Freizeittätigkeit geworden, die von den Erwachsenen aber verurteilt wird. Das Phänomen des Interesses an solchen Filmen kommt meist im Alter zwischen 14 und 17 Jahren auf und verliert sich zwischen 18 und 20 Jahren. Nur wenige Jugendliche zeigen nach dieser Altersschwelle noch Gefallen an dieser Art von Filmen. Die in der medienpädagogisch interessierten Öffentlichkeit geführte Debatte über den Horrorkonsum von Jugendlichen hat in den seltensten Fällen dazu geführt, sich näher mit den Gründen zu beschäftigen, die zu solchen Vorlieben führen. Die folgende Fallrekonstruktion möchte sich jedoch diesem Phänomen ein Stück nähern und es verstehbar machen.

Im vorliegenden Fall[4] geht es um das spezifische Interesse eines 19jährigen jungen Mannes an dem Horrorfilm „Tanz der Teufel I", der als Video vorliegt und in der Bundesrepublik Deutschland schon längere Zeit verboten ist. Diese Videos spielen im Alltag einiger Jugendlicher für deren Freizeitgestaltung eine entscheidende Rolle und werden häufig gemeinsam in Gruppen mit gleichaltrigen Freunden konsumiert. Obwohl auch Mädchen sich solche Filme ansehen, sind es doch überwiegend männliche Jugendliche, die sich für Horrorfilme interessieren. Wie aus einem Interview mit dem befragen jungen Mann deutlich wurde, hatte er den Videofilm schon sechsmal gesehen und dieser kann als sein Lieblings(horror)-film gelten. Für die folgende Analyse wurde das Beispiel nicht nur wegen der Anschaulichkeit der Methode der Fallrekonstruktion ausgewählt, sondern auch wegen des Alters des Befragten, der mit 19 Jahren schon etwas aus der üblichen Interessentengruppe herausfällt. Um so mehr dürfte damit eine hermeneutische Fallrekonstruktion Faktoren zum Vorschein bringen können, die eher auf eine innere Motivierung für seine Vorliebe schließen lassen, als auf äußere durch die Peer-Gruppe bedingte Anlässe.

Entsprechend den oben aufgeführten Schritten, wurde zuerst der Film ausführlich interpretiert und dann zum Interview übergangen. Da nicht nur das Interview sehr umfangreich ist, sondern auch der Film mit einer Länge von 90 Minuten eine ausführliche Darstellung nicht zuläßt, beschränke ich mich auf einen kleinen, aber meines Erachtens für die Fragestellung zentralen Aspekt. Auch eine präzise Interpretation des gesamten Films mit all seinen Bestandteilen, wie etwa Kameraführung, Schnitte oder Interaktionen der handelnden Personen kann hier wegen des Aufwands nicht durchgeführt werden.[5] Ich werde mich deshalb nur auf den Handlungscharakter des gesamten Films sowie auf eine kleine Szene beziehen, die in dem darauffolgenden Interviewausschnitt als Bezugspunkt von dem Befragten gewählt worden ist. Es handelt sich um jene Szene, die der junge Mann als die schlimmste des Films bezeichnet. Die Auswahl dieses Teils wird damit begründet, daß diese Szene etwas enthalten müßte, was Hinweise auf seine Motivierung zum Sehen des Films geben könnte. Denn wenn er den Film so oft gesehen hat und jedesmal eine grausame bzw. schlimme Szene in Kauf nimmt, dann müßte symbolisch in ihr etwas enthalten sein, das ihn unbewußt fasziniert. Bevor ich diese Szene interpretiere, soll jedoch erst einmal die Gesamthandlung des Films vorgestellt werden.

Zum methodischen Vorgehen bei der Interpretation der Filmhandlung: Die Handlung des Films wird so interpretiert, als wäre es eine reale Handlung, d.h. es wird davon abstrahiert, daß es sich um einen Film handelt. Aus dieser Perspektive spielt auch die vermeintlich subjektive Sichtweise eines Rezipienten keine Rolle, sondern nur die eines objektiven Dritten, der die Szene beobachtet. Dieser Beobachter repräsentiert die Sichtweise eines vernünftig handelnden Subjekts bzw. die Regeln angemessenen Handelns. Beim Interpretieren sucht man dazu Szenen aus dem Alltag, die der dargestellten ähnlich sind, nach dem Motto „das ist wie . . . " oder „was heißt das, wenn . . . ?" und beurteilt sie hinsichtlich der zugrunde liegenden Regeln bzw. Struktur. Damit hat man den strukturellen Gehalt einer Handlung herausgearbeitet. Danach wird versucht, diese Struktur zu verallgemeinern, d.h. allgemeinere Bedeutungsgehalte herauszuarbeiten, die im Zusammenhang mit anderen Teilen des Films zu sehen sind.

3.1 Zusammenfassung der Filmhandlung von „Tanz der Teufel I"

Zwei Paare und eine Frau, also fünf Personen, fahren zusammen für ein Wochenende auf eine einsame Hütte, weit abgelegen in einem Wald. Schon auf der Fahrt und auch bei der Ankunft geschehen einige mysteriöse Dinge. Am ersten Abend in der Hütte öffnet sich plötzlich eine Bodentür. Dort entdecken die Besucher ein Buch mit einer fremden Schrift und ein Tonbandgerät, auf dem ein Wissenschaftler von unheimlichen Geschehnissen erzählt und den Wald als lebend bezeichnet. Er kenne auch den Spruch, der die Wiederauferstehung von Toten herbeiführen könne. Im weiteren Verlauf des Abends wird jene Frau, die allein mitgekommen war, von etwas Unbekanntem in den Wald gelockt. Wie magisch wird sie von etwas angezogen und dringt immer tiefer in den Wald. Dort fallen Bäume um und Wurzeln beginnen sich um sie zu schlingen. Ihr werden

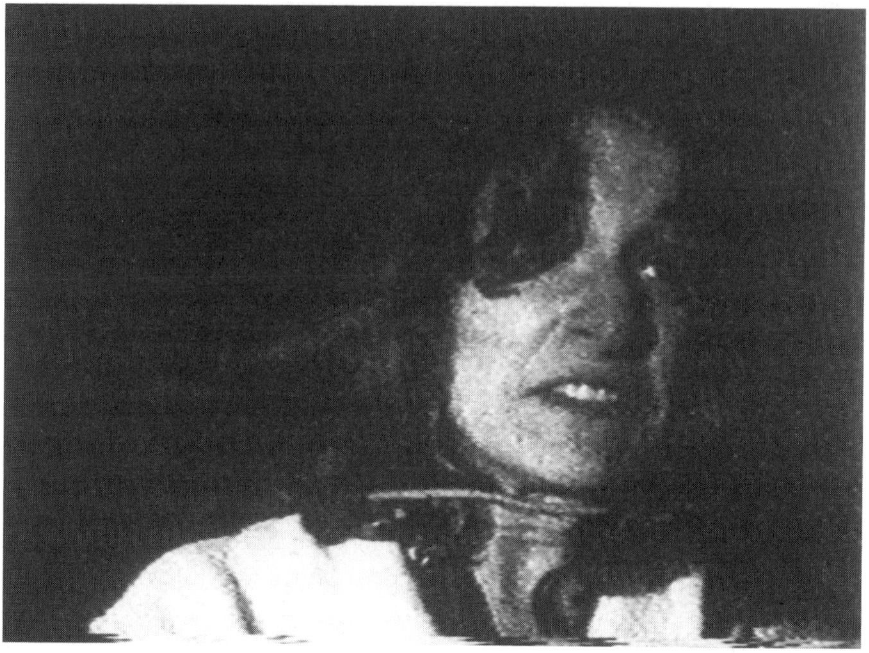

„Tanz der Teufel I": Die Wurzel legt sich um den Hals der jungen Frau

Teile ihrer Kleidung durch diese Wurzeln vom Leib gerissen, und sie wird zu Boden geworfen. Wie bei einer Vergewaltigung öffnen die Wurzeln ihr die Beine, während sie stöhnende Geräusche von sich gibt. Sie kann sich danach befreien und rennt in das Haus zurück. Dabei wird immer wieder die Kameraperspektive eines Verfolgers gezeigt. Im Haus erzählt sie den anderen, daß die Bäume leben würden. Sie will sofort nach Haus. Da alle Wege inzwischen für eine Rückfahrt versperrt sind, müssen alle die Nacht in der Hütte verbringen. Nun beginnen sich der Reihe nach die Frauen in unheimliche Wesen zu verwandeln, die die Männer bedrohen. Durch Zerstückelung der Frauen versuchen sich die Männer zu wehren, aber die Frauen stehen immer wieder lebend auf und setzen ihre Verfolgung der beiden Männer fort. Nachdem der eine schon tot ist, wird der andere von allen drei Frauen bedroht. Zum Schluß kann er sich dadurch retten, daß er das im Keller gefundene Buch mit der fremden Schrift ins Feuer werfen kann. Danach verfallen die Körper der Frauen und der Mann geht ins Freie, wo der Morgen anbricht. Dort meint er, die grausige Nacht über-

„Tanz der Teufel I“: Das Gesicht der jungen Frau nach der Verwandlung

lebt zu haben, wird aber von dem unbekannten Etwas, dargestellt durch eine subjektive Kamera, zum Schluß ebenfalls getötet.

Die Handlungsstruktur und das Thema des Films lassen sich knapp zusammenfassen: eine Frau verwandelt sich durch eine nichtbeobachtbare Macht in eine männerverfolgende ‚Hexe‘, steckt die anderen Frauen an, und gemeinsam bedrohen sie die Männer. Diese können sich nur wehren, indem sie versuchen, die Frauen zu zerstören.

Ich werde mich nun der Darstellung und Interpretation desjenigen Filmausschnitts zuwenden, auf den im folgenden Interviewausschnitt Bezug genommen wird. Es handelt sich um die im Filmüberblick gleich zu Anfang erwähnte Szene, in der die dritte, ohne Mann mitgekommene Frau durch etwas Magisches in den Wald gelockt wird. Ziellos läuft sie immer tiefer in den Wald, der auf einmal zu leben anfängt. Bäume fallen plötzlich um, Äste schlagen ihr ins Gesicht und immer mehr Wurzeln kommen aus dem Boden heraus und versuchen, sie zu fassen. Sie schlingen sich langsam um sie herum, reißen ihr die Kleidung vom Leib und werfen sie zu Boden. Am Boden gefesselt werden ihr von den Wurzeln die Beine auseinandergedrückt und die Kamera, die bisher distanziert das Geschehen beobachtete, fährt auf die geöffneten Beine zu. Gleichzeitig dringt eine starke Wurzel in ihren Körper ein. Die zu Beginn der Szene angstvollen Schreie der Frau vermischen sich in diesem Moment mit lustvollem Stöhnen. Kurz darauf kann sie sich von den Wurzeln befreien und flüchtet zum Haus zurück. Dort ist sie dann die Frau, die sich zuerst verwandelt und die Männer bedroht.

Dieser Filmausschnitt läßt sich ganz eindeutig als Vergewaltigungsszene interpretieren, in der die Frau als Opfer der unheimlichen Mächte des Waldes erscheint. Die Handlung wird aber auch so inszeniert, als ob sie sich verführen läßt, weil sie immer weiter in den Wald hineingeht, obwohl die Anzeichen des Unheils immer stärker werden. Damit erscheint sie mitschuldig an ihrer Vergewaltigung, d.h. das Opfer wird so ebenfalls zum Mittäter. Diese Doppeldeutigkeit taucht außerdem in ihrem Stöhnen während der Szene auf, welches darauf hindeuten soll, daß ihr das Ganze noch Lust bereitet.

Was läßt sich daraus folgern? Indem die Vergewaltigung der Frau gleichzeitig als Bereitschaft zur Verführung erscheint, werden in dieser Szene Gewalt und Lust bzw. Sexualität gleichgesetzt. Indirekt erscheint somit auch die weibliche Sexualität und damit auch die der Frau in dem Film abgewertet, da Sexualität nicht mehr Lebendiges und Lebensförderndes, sondern auch Zerstörerisches ist. Geht man nun von der Gesamthandlung des Films aus, so wird damit der Beginn der Veränderung der Frau dargestellt. Sie war als einzelne Frau mit den beiden anderen Paaren mitgekommen und erschien somit fast wie eine Heilige, die sich den mit einer Partnerschaft verbundenen Leidenschaft nicht hingeben würde. Mit dieser Szene vollzieht sich jedoch ihre Verwandlung zu einer Hure, die sich selbst dem unbekannten, sie gewalttätig nehmenden Etwas hingibt. Damit ist wiederum strukturell der Aspekt der Abwertung der Frau angesprochen.

Bedeutungsvoll an der Szene ist auch noch die Kameraführung, die von einer distanzierten zu einer subjektiven Sichtweise wechselt. Während des Öffnens der Beine durch die Wurzeln fährt die Kamera auf den Unterkörper der Frau so zu, daß der Zuschauer nicht nur zum Voyeur des Geschehens wird, sondern sich auch in die Perspektive des imaginären Vergewaltigers versetzen kann. Der Film tut also so, als ob der Zuschauer der Vergewaltiger wäre.

Wenn man sich jetzt wieder von der konkreten Interpretation löst und verallgemeinernd fragt, welche Bedeutung eine solche Struktur haben kann, dann wird vor allem folgendes deutlich: Mit dieser Szene ist natürlich ein Identifikationspotential im Film geschaffen, welches möglicherweise für die Rezeption eine nicht zu unterschätzende Bedeutung gewinnen könnte. Es findet eine Vermischung der Perspektiven des imaginären Etwas, welches die Frau vergewaltigt, und der des Zuschauers statt. Da die Frau aber ja fast freiwillig in den Wald hineingegangen ist und bei der Vergewaltigung noch Lust verspürt, läßt sich so diese Tat leichter rechtfertigen, womit natürlich auch eine Identifikation mit dem imaginären Etwas leichter fällt. Weil die Kameraführung so tut, als ob der Zuschauer der Vergewaltiger sei, also stellvertretend für ihn handelt, gleichzeitig aber keine konkrete Person erscheint, bietet diese Szene Distanzierung und Identifikation zugleich an. Damit scheint der zentrale strukturelle Bedeutungsgehalt dieser Szene entschlüsselt zu sein, der auf der Ebene der Filmhandlung die Frau abwertet und an ihrer Veränderung mitschuldig erscheinen läßt und durch die formale Gestaltung der Kameraführung Identifikation und Distanzierung anbietet. Verbindet man diese beiden Aspekte, so läßt sich schon eine erste Hypothese über eine Motivierung zur Rezeption dieses Films aufstellen. Dieser Film dürfte vor allem für jene Rezipienten interessant sein, die in der Abwertung der Frau und einer damit einhergehenden, gewünschten Vergewaltigung ihre eigene Beziehung zu Frauen gespiegelt sehen.

Mit dieser Herausarbeitung des Bedeutungsgehalts des Films bzw. eines bestimmten Filmausschnittes läßt sich nun zu dem ausgewählten Interview übergehen, in dem letztgenannte Szene angesprochen wird.[6] Es handelt sich um den oben beschriebenen zweiten Schritt der Fallrekonstruktion. Bei der Interviewinterpretation wird eigentlich prinzipiell gleich wie bei der Bild- oder Filminterpretation vorgegangen. Auch hierbei geht es um die Frage, was eine Äußerung an sich ausdrückt. Der Bezugspunkt des Angemessenheitsurteils ist aber nicht wie bei Interaktionen der Kontext, sondern der Sachverhalt, der geschildert wird. Wenn wir ein Interview interpretieren, dann fragen wir, wie das Verhältnis von dem, *was* gesagt wird, zu dem, *wie* es gesagt wird, ist. Bei Interviews ist es auch wichtig, die Frage des Interviewers ebenfalls zu analysieren, da mit einer bestimmten Frage auch entsprechende Antwortoptionen determiniert werden. Auch hier gilt es wieder, die Antwort des Befragten mit der Intention der Frage zu vergleichen. In einer möglichen Abweichung des Erwartbaren offenbart sich schon dann ein Teil der Struktur, die die Motivierung repräsentiert.

3.2 Interview[7]

F: Welche Szene bei „Tanz der Teufel" findest du am schlimmsten?

Die Frage zielt auf die Einschätzung des Films durch den Befragten. Etwas ‚schlimm' finden kann sich sowohl auf kognitive wie auch auf affektive Aspekte beziehen. Ein kognitives Urteil stellt diese Äußerung dann dar, wenn sie etwas über die Machart, den Ausdrucksgehalt oder im Inhalt vorkommende Vorurteile bzw. Stereotypen aussagt. Der Begriff ‚schlimm' wird aber auch verwendet, wenn die emotionale Betroffenheit durch die Szene zum Ausdruck gebracht werden soll. Es kann sich dabei entweder um ein inneres Aufwühlen, um Ekel oder auch um ein Erschrecken handeln, welches sich auf die Darstellung bzw. den Handlungsablauf bezieht. Für einen Horrorfilm dürfte die kognitiv orientierte Beurteilung nur dann als Maßstab herangezogen werden, wenn man sich diesen Film unter distanzierten, ästhetischen Gesichtspunkten ansieht. Das in einem solchen Film vorkommende Grauen würde einen dann kalt lassen.

A: Dort, wo sich die Frau verändert, wo sie rausgeht und sich wegen den Wurzeln, die sie berühren, verändert.

Daß genau jene Szene als die schlimmste bezeichnet wird, in der die eine einzelne Frau sich verändert, ist auf den ersten Blick verwunderlich, wenn man die grausamen Szenen des restlichen Films kennt. Das ‚schlimm' bezieht sich auf die Veränderung der Frau, die in den Wald gegangen war und dort von den Wurzeln vergewaltigt wurde. Diese Szene ist auch der Ausgangspunkt für den Wandel der Frauen, die im folgenden dann die Männer bedrohen. Was kann einen also an der Veränderung einer Frau so besonders erschrecken? Auszuschließen ist eine empathische Reaktion für die Situation der Frau, da kein Passiv verwendet wird (z.B. „Wie sie verändert wurde"). Die Betonung liegt auf dem aktiven Aspekt, der Veränderung. Diese ist aber kaum äußerlich zu vermerken, sondern betrifft die Beziehung zu den Männern. Damit wird schon deutlich, daß die mit der Veränderung der Frau einhergehende Bedrohung der Männer als ‚schlimm' empfunden wird.

Ich versuche also eine erste Strukturbeschreibung: Eine Äußerung, wie die vorliegende, in der gesagt wird, daß jene Szene am schlimmsten sei, in der die Frau sich verändert, kann nur dann als ‚sinnvoll' angesehen werden, wenn die Veränderung selbst sich als etwas Bedrohliches oder ähnliches begreifen läßt.

Welche Motivierung einer solchen Äußerung zugrunde liegen könnte, soll im weiteren verfolgt werden. Damit könnte auch eine erste Strukturhypothese über den Fall, also über mögliche Gründe für die Zuwendung zu Horrorfilmen, aufgestellt werden.

Da im Film die Frau sich nicht äußerlich verändert, sondern innerlich, indem aus einer freundschaftlichen Beziehung zu den Männern und den anderen Frauen eine Bedrohung der anderen wird, müssen mögliche Gründe in der Symbolik einer solchen Veränderung, die als Verwandlung verstanden werden kann, gesucht werden.

Da die Frau im Film nicht den Zuschauer, sondern die männlichen Handlungspartner bedroht, muß eine starke Identifikation mit den Männern im Film durch den Befragten angenommen werden. Die Bedrohung durch Frauen, wenn sie nicht mehr die sind, die sie einmal waren oder wie man sie kennt, wird also als real erlebt. Es bleibt aber nun die Frage noch offen, ob die Verwandlung an sich als bedrohlich verstanden wird oder die verwandelte Frau. Die Annahme des ersten Aspekts würde bedeuten, daß durch eine Verwandlung die Frau sich der Kontrolle durch den Mann entzieht. Er weiß nicht mehr, woran er ist. Diese Sichtweise würde darauf schließen lassen, daß der Befragte eine sehr stereotype Einstellung zu Frauen besitzt: Frauen müssen für ihn berechenbar sein, sonst wird die Situation für ihn bedrohlich. Die Annahme des zweiten Aspekts ließe auf ein gestörtes Verhältnis zu Frauen schließen, welches zwar für die Pubertät bei Männern nicht unüblich ist, bei einem 19jährigen jedoch aufmerken läßt. Beide Hypothesen schließen sich jedoch nicht aus, ja ergänzen sich sogar.

Methodisch wurde bei der Interpretation der ersten Antwort des Befragten so vorgegangen, daß nach einer sinnvollen Begründung für eine solche Antwort gesucht wurde. Da sie nicht in den durch die Frage implizierten Normalitätsbereich gefallen ist, habe ich nach Motivierungen für eine solche Antwort gesucht. Dabei handelt es sich nur um Hypothesen, die darüber eine Erklärung abgeben wollen, wie eine Antwort, wie jene, die auf die vorausgegangene Frage folgte, entstanden sein könnte und einen Sinn gibt.

Die bisherige Interpretation soll durch eine andere Stelle des Interviews, in der noch einmal auf die eben zitierte Stelle der Verwandlung der Frau eingegangen wird, überprüft werden.

F: Wenn Du zum Beispiel die Szene siehst, in der die Frau sich verändert, wo die Wurzeln kommen, wenn du dir so überlegst, was habe ich da so für Gefühle oder was fällt mir da so ein?

Die Frage zielt nun genauer auf die Gefühle, die der Befragte beim Sehen der erwähnten Szene hat. Damit wird die kognitive Komponente der Beurteilung ausgeblendet und die affektive gefordert. Der Befragte muß sich also auf sein emotionales Erleben konzentrieren.

A: Ja, ich habe mir da so überlegt von den Gefühlen her, wie hart das ist für den anderen, wo sich die Freundin verwandelt. Wie hart das sein muß, was er durchmacht, was er für Nerven braucht und so. Er, der sicher seine Freundin gerne hat und so und weiß nicht wie fest liebt und so. Und dann muß er sehen, daß sie sich verändert, daß sie plötzlich ein Monster ist. Da denkt er ja, was habe ich für eine Freundin oder denkt sich, ja hat die mir nie erzählt, daß sie ein Monster wird bei Vollmond oder so.

Der Befragte hebt noch einmal die Veränderung der Frau als besonders bedrohlich hervor, bezieht jedoch die verlangte emotionale Beurteilung nicht auf diese Frau, sondern auf ihren Freund.[8] Damit übergeht er wiederum die Aufforderung nach einer emotionalen Beurteilung. Er selbst nimmt dazu keine Stellung, sondern er hat sich ‚überlegt', welche Gefühle der Mann im Film haben muß. Nicht die Frau ist die Leidende, sondern der Mann. Bezieht man diese Äußerung auf den Sachverhalt, der im Film gezeigt wird, so überrascht diese einseitige Empathie für die Situation des Mannes und weniger der Frau. Das kann nur jemand sagen, der für die Frau überhaupt nichts übrig hat. Der Mann wird bemitleidet, weil die Verwandlung der Frau unangekündigt erfolgt. Absurd ist natürlich auch die Erwartung an eine Freundin, daß diese ihrem Freund von ihrer bevorstehenden Verwandlung erzählt. Indem der Frau dieser Vorwurf gemacht wird, wird ihr indirekt auch eine Schuld an ihrer Verwandlung und damit auch an der erfolgten Vergewaltigung – jedenfalls aus der Sicht des Befragten – zugeschrieben.

Die bisherige Interpretation zeigt wieder die Identifikation mit dem Mann im Film und seinem Leiden, die der Befragte vollzieht. Nicht die Frau macht etwas mit, indem sie zur Hexe wird, sondern ihr Freund, der auf diese Verwandlung keinen Einfluß nehmen kann. Diese Äußerung spricht außerdem für eine sehr sachbezogene Beziehung zu Frauen, denn nur über Sachen kann man die Kontrolle behalten. Deutlich wird dadurch wiederum die Angst vor dem Verlust der Kontrolle über Frauen. Außerdem ist die Bedrohung des Mannes durch die Frau wieder zentrales Thema. Damit hat sich die aufgrund der Interpretation der ersten Antwort aufgestellte Strukturhypothese auch bei der Analyse dieser Antwort bestätigt.

Unter methodischen Gesichtspunkten müßte nun das Interview weiter interpretiert werden, um diese Strukturhypothese zu stützen oder Stellen zu finden, die sie widerlegen bzw. zu einer Revision zwingen. Diese Stellen können nach zwei alternativen Vorgehensweisen ausgesucht werden, wenn das Interview zu ausführlich ist und man nicht alles interpretieren möchte. Der erste Weg ist der der zufälligen Auswahl weiterer Interviewsequenzen, der zweite der des Kontrastprinzips. Letzteres besagt, daß beim Durchlesen des Interviews jene Stellen ausführlich interpretiert werden sollen, in denen intuitiv ein Widerspruch zu der aufgestellten Strukturhypothese auffällt. Wird in beiden Fällen, der zufälligen und der kontrastiven Auswahl, aber diese Hypothese bestätigt, indem eine gleiche Strukturbeschreibung gewonnen wurde, dann kann die bisherige Interpretation als sehr gefestigt gelten und zu weiteren Fragestellungen übergegangen werden. Von dieser Situation wird in der vorliegenden Analyse ausgegangen.

Ich fasse die bisherigen Interpretationen zu den beiden Interviewausschnitten zusammen. Der Befragte identifiziert sich sehr stark mit den Männern im Film, die von den Frauen bedroht werden. Das Bedrohlich drückt sich besonders jedoch in der Verwandlung der Frauen aus, die es den Männern nicht mehr ermöglicht, diese zu kontrollieren. Des Befragten Mitgefühl gilt dementsprechend also nicht den sich verwandelnden Frauen, sondern den mit dieser Verwandlung überraschten Männern. Das deutet daraufhin, daß der Film hier thematisch etwas anschneidet, was als inneres Problem des Befragten gelten muß. Nur so ist die Motivierung zu den vorliegenden Antworten zu verstehen, die einen direkten Bezug zu dem Bedeutungsgehalt des Films finden können.

Im folgenden möchte ich das Interpretationsergebnis der Filmhandlung und des kurzen Interviewausschnitts vergleichen, also das Ergebnis des methodisch ersten mit dem zweiten Schritt. Das, was der Film in seiner Handlungsstruktur ausdrückt und was als Interpretationsergebnis oben festgehalten wurde – die Bedrohung der Männer durch Frauen –, wird von dem Befragten zwar als Sinngehalt des Films verstanden, gewinnt aber aufgrund der Identifikation mit den männlichen Figuren eine persönliche Bedeutung. Die Antworten des Befragten können so konsequenterweise nur als Ausdruck von Projektionen innerer Probleme auf die Handlungsgeschichte verstanden werden. Die bisherigen Interpretationen deuten darauf hin, daß diese inneren Probleme sich im Umfeld der Beziehungen des Befragten zu Frauen festmachen lassen. Es ist zu vermuten, daß der Befragte ein problematisches Verhältnis zu Frauen hat, so daß vielleicht Äußerungen von ihm zu diesem Thema besonders aufschlußreich sein könnten. Um diese weitergehende Hypothese zu überprüfen, werden im folgenden zusätzlich Interviewstellen herangezogen, die die Beziehung des Befragten zu Frauen thematisieren. Es handelt sich zuerst um eine Stelle, in der seine Mutter erwähnt wird. Ich werde diese Stellen ausführlich zitieren, um anschließend eine Interpretation vorzustellen.

Methodisch gesehen erfolgt hier der Übergang zu dem dritten Schritt der Fallrekonstruktion, indem situations- und sozialisationsbezogene Daten des Interviews herangezogen werden. Diese weitere Analyse dient dazu, mögliche Gründe für die in der ersten Strukturhypothese unterstellte Motivierung für das Ansehen solcher Horrorfilme wie „Tanz der Teufel“ besser ergründen zu können.

F: Vorhin hast du gesagt, du hättest einmal deine Mutter erschrocken. Kannst du mir erklären, wie du das gemacht hast?

A: Ja, ich habe so eine Maske gekauft, so eine weiße, oder, die alles bedeckt,

F: So, wie bei „Freitag der 13.“?[9]

A: Ja. Dann habe ich so mit einem wasserfesten Filzstift Narben gezeichnet, oder nachher den Mund ausgeschnitten und die Augen, oder? ... und da habe ich so Schlitzaugen gemacht, damit es weniger auffällt, oder? ... und dann habe ich so Draculazähne reingetan, so einen schwarzen Mantel oder wie der Dracula selber, es gab zwei, von den Zähnen her, wie der Dracula und von der Maske her wie der Frankenstein, oder? ... und hier so Handschuhe, weiße, oder? ... und an einem Ort hatte ich so einen Arm, der so einen Haken gehabt hat und wie bei den Piraten und dann bin ich so über die Straße gelaufen, oder? ...

F: Und dann bist du zu deiner Mutter ... ?

A: Ja, habe die Türe aufgemacht und so ins Schlafzimmer, habe noch so Geräusche gemacht, die Mutter hat schon meinen Vater geweckt, sie hat Licht gemacht. Ich ging so runter, der Sirup ist mit runter gelaufen, und sie Ahhhhh (Schrei). Ein Schrei, so und ich bin in mein Zimmer gerannt und habe gelacht. Das mache ich gerne, den Frauen Schreck einjagen.

F: Wieso gerade den Frauen?

A: Weil die am meisten Angst haben.

Sehr verwunderlich bei der Erzählung des Befragten ist seine Verwandlung in ein Monster, also jenes Phänomen, welches er im Film als bedrohlich empfunden hat. Das Eindringen in das elterliche Schlafzimmer[10] gleicht einer ödipalen Situation, insbesonders weil er seine Schilderungen auf die Mutter und nicht auch auf den Vater bezieht. Seine eigene Mutter in der Gestalt eines Dracula im Schlafzimmer zu erschrecken, weist auf eine starke Respektlosigkeit gegenüber Frauen hin. Was kann es nun aber bedeuten, wenn jemand gerne Frauen erschreckt und vor allem seine Mutter im Schlafzimmer? Geht man von dem Alter des jungen Mannes aus und berücksichtigt man bei ihm noch eine gewisse verzögerte Entwicklung, die sich etwa rein kognitiv zum Beispiel in seiner Schwierigkeit zeigte, den Film vollständig wiederzugeben, ohne ihn mit dem zweiten Film „Tanz der Teufel II" zu vermischen,[11] dann würden für ihn noch die Annahmen über die Probleme der Adoleszenzphase gelten. Hier liegt als Entwicklungsaufgabe vor allem die Ablösung von den elterlichen und besonders gegengeschlechtlichen Bezugspersonen und die Neuorientierung an Frauen außerhalb der Familie vor. In dieser Phase müssen ambivalente Gefühle gegenüber der Mutter, aber auch gegenüber anderen Frauen bewältigt werden. Die geliebte Mutter kann nicht als Objekt ödipaler Wünsche bleiben, sie muß durch andere Frauen abgelöst werden. So eine Handlung, wie der Befragte sie beschreibt, kann man eigentlich nur ausführen, wenn man Aggressionen gegen die Mutter verspürt.

Durch seine Begründung, daß er Frauen gerne einen Schreck einjagt, weil sie Angst hätten, wird auch ein anderer Aspekt seiner Persönlichkeit deutlich. Es ist natürlich einfach, jene Leute zu erschrecken, die Angst haben, weil man von denen nichts zu befürchten hat. Indem man sich also schwache Stellen von anderen aussucht, kann man selbst als stark erschienen. Da seine Vorstellung von Frauen aber auf Stereotypen beruht, wird er natürlich um so enttäuschter sein, wenn Frauen anders Handeln, als er es erwartet. Aus dieser Überlegung heraus ist auch seine Angst vor der Verwandlung von Frauen im Film verständlich, da verwandelte Frauen nicht mehr erwartungsgemäß reagieren.

Daß er seine vermeintliche Stärke gerade gegenüber seiner Mutter im Draculakostüm erproben kann, deutet auf eine schwache Mutter hin, die sein Verhalten nicht angemessen interpretiert und damit auch nicht entsprechend darauf reagiert. Das Eindringen des fast erwachsenen Sohnes in das elterliche Schlafzimmer müßte eigentlich eine Zurechtweisung seines Verhaltens verlangen, scheint aber – was nicht ganz eindeutig aus seinen Schilderungen hervorgeht – nicht zu erfolgen. Es dürfte also eine ungelöste Spannung in der Beziehung zwischen ihm und seiner Mutter bzw. Frauen im allgemeinen vorliegen, die nun im weiteren Verlauf des Interviews überprüft werden soll. Dazu wird auf andere Stellen zurückgegriffen, in denen seine Beziehung zu seiner Freundin thematisiert wird. Sie sollen zum Abschluß noch referiert werden.

A: *Die Mutter, die Mutter sagt immer, hmmm, ohne Frauen kannst du überhaupt nie sein. Immer nur hast du die Frauen im Kopf. Dann sage ich, hmm, das ist schön, hä, wenn du das Harem hast, mußt du es haben, sage ich ihr immer. Sie sagt, hä, geh nur, der pere (Vater) wird wütend ... (unverständlich) hm so am Wochenende bring ich drei Stück nach Hause, immer andere Mädchen. ... sagt er: hm, wie manche (viele) hast du, ich denke du hast eine Freundin. Ja, ich habe nur eine. Das ist Nachwuchs, falls die andere Schluß macht. ...*

In dieser Schilderung stellt der Junge sich als Frauenheld dar. Auch die Behandlung der Frauen unter sachlogischen Gesichtspunkten (drei Stück) bestätigt seine oben schon herausgearbeitete Beziehung zu Frauen.

A: *Das begreife ich einfach nicht. Immer diese Frauen. Wenn eine Frau verliebt ist in einen und dann kommt ein anderer, macht ihr schöne Augen, tschau, darfst gehen, geht sie zum anderen. ...*

F: *Hast du das Gefühl, das sei so?*

A: *Ja, nicht alle, aber einige. Ich kenne viele, die so sind. Das schönste ist, alleine zu sein. Da hat man keine Probleme. Immer mit der Freundin weg und wenn du weg gehst, mußt du sie anrufen. Ich hole sie am Freitag immer ab. Und wenn ich sonst weggehe und so, sagt sie nein, und so, sei doch mit mir zusammen ...*

In diesen Abschnitten kritisiert er nun am Verhalten der Frauen genau jenen Aspekt, den er kurz vorher für sich selbst in Anspruch genommen hat. Hatte er vorher die Vielzahl seiner Freundinnen erwähnt und sie als Nachwuchs bezeichnet, ist dies nun der Punkt, der ihm an Mädchen nicht behagt. Auch reproduziert sich seine sehr einseitige Sichtweise im Verhältnis zu Frauen. Wenn Frauen selbständig handeln, versteht er dies als Bedrohung und möchte flüchten. Letzteres drückt sich im Allein-Sein-Wollen aus.

3.3 Zusammenfassung

In der Zusammenfassung soll nun versucht werden, den Fall der Medienrezeption von Horrorfilmen, exemplarisch untersucht an dem Horrorfilm „Tanz der Teufel I" und einem 19jährigen jungen Mann, zu rekonstruieren und zu verallgemeinern. Es geht um die Zusammenführung der im Schaubild dargestellten unteren Ebenen in eine umfassende Beschreibung der Fallstruktur. Darüber hinaus sollen weiterführende Hypothesen über das Zustandekommen des Falls, also über die Motivierung zur Rezeption, aufgestellt und theoretische Ansätze zitiert werden, die den Fall selbst theoretisch zu fassen vermögen.

Die Interpretation des Films bzw. einer Filmszene sowie eines Interviews mit einem 19jährigen, der diesen Horrorfilm als seinen Lieblingsfilm bezeichnet, hat interessante Zusammenhänge zwischen dem Bedeutungsgehalt des Films und der inneren Problematik des Befragten aufgezeigt. Wird in dem Film die Bedrohung der Männer durch verwandelte Frauen als Thema angesprochen, so scheint die Beziehungsstörung zu Frauen in der Alltagswelt des Rezipienten hier eine entsprechende Deckung zu finden. Filmisch gestaltete subjektive Perspektiven, wie etwa in der Vergewaltigungsszene zu Beginn des Films, sowie die aggressive und zerstörerische Abwehr durch die Männer als Antwort auf die Bedrohung der Frauen stellen weiterhin Identifikationsmöglichkeiten dar. Der Horrorfilm bietet Themen an, an denen der Rezipient stellvertretend seine unbewältigten Probleme im Umgang mit Frauen ausagieren kann. Somit entsprechen sich diese Themen des Films mit den inneren Themen des Befragten. Daraus folgert auch die Antwort auf die Frage, was die Motivierung für das Anschauen des Films ausmacht. Der Jugendliche findet in der symbolischen Darstellung der Beziehung der beiden Geschlechter eine Bewältigungsmöglichkeit seiner Probleme in der Beziehung zu Frauen.

Wagner-Winterhager (1984) hat diese Problematik allgemein und auf dem Hintergrund tiefenpsychologischer Theorieelemente interpretiert. Danach sind diese Art von Horrorfilmen deswegen für Jugendliche so anziehend, „weil und insofern diese Jugendlichen in den sadistisch-sexuell getönten Handlungspassagen Möglichkeiten finden, innere Konfliktspannungen sexueller Art auf gefahrlose Weise voyeuristisch auszuleben" (S. 363). Die Autorin verweist vor allem auf die in den Filmen durch die Handlungen bestimmter Figuren angebotenen zielverschobenen Handlungen. Dies bedeutet, daß der Zuschauer zum Beispiel in der Projektion auf einen Mörder von Frauen diesen als Nicht-Ich sehen kann und somit in keine Gewissenskonflikte kommt, wenn diese ambivalente Einstellung zu Frauen sein Thema ist. Dies ist ja auch eines unserer Interpretationsergebnisse. Aufgrund der Dramaturgie der Filmhandlung erlebt diese Handlung dann sogar noch eine moralische Rechtfertigung. In unserem Film „Tanz der Teufel" geschieht dies durch die von der Frau mitbedingten Verwandlung zu einer Hexe – sie hat sich ja verführen lassen – und durch die Bedrohung der Männer durch die Frauen, die nur mit Gewalt abgewehrt werden kann. Die – vermutlich unbewußt motivierte – Vorliebe für solche Filme läßt nach Wagner-Winterhager auf eine mangelnde Bewältigung des psychosexuellen Lösungsprozesses in der Adoleszenz schließen. Auch diese Deutung trifft auf unseren Fall zu. Seine unbewältigte Thematik – seine Beziehung zu Frauen – wird für den Befragten im Film symbolisch bewältigbar.

Es läßt sich aufgrund der vorliegenden Daten natürlich wenig über die familiendynamischen Bedingungen einer solchen mangelnden Bewältigung des adoleszenten Lösungsprozesses sagen. Zu fragen wäre aber, ob die in den 70er und 80er Jahren aufkommende Entwicklung auf dem Videomarkt mit der starken Nachfrage nach Horrorfilmen nicht auch gesellschaftliche Gründe hat. In unserem interpretierten Fall gibt es meines Erachtens einige Hinweise darauf, daß die Emanzipationsbewegung der Frau gerade jenen Männern Schwierigkeiten bereitet, die in ihrem Denken in traditionellen und stereotypen Rollenmustern verhaftet sind. Die

Verwandlung der Frauen in der Gesellschaft zu selbstbewußten und selbstbestimmten Wesen muß genau diesen Männern unheimlich erscheinen. Die Medien bieten diesen Männern nun eine Projektionsfolie für ihre Ängste vor Frauen an, indem sie in Horrorfilmen sich gegen die Verwandlung der Frauen symbolisch zur Wehr setzen können.

Mit der Aufnahme der Überlegungen aus tiefenpsychologischer Sicht habe ich versucht, die Interpretationsergebnisse der hermeneutischen Fallrekonstruktion theoretisch zu beschreiben und nicht zu erklären. Diese Annahme ist ja nicht gleich zu Beginn als eine Art Folie über den Fall gelegt worden, sondern wurde erst zum Schluß herangezogen. Die strukturellen Elemente des Falls sind durch die hermeneutische Interpretation des Falls selbst zum Vorschein gekommen.

4. Schlußfolgerungen

Wie die vorliegende hermeneutische Fallrekonstruktion gezeigt haben sollte, läßt sich in der Medienforschung eine qualitative, am Einzelfall orientierte Vorgehensweise erkenntnisgewinnend durchführen. Der vorgestellte Weg versucht dem komplexen Phänomen der Medienrezeption und seinen möglichen Gründen gerecht zu werden, indem verschiedene Faktoren, wie etwa Film und Verstehensprozesse beim Rezipienten, in den Untersuchungsgang mitein- und vor allem aufeinander bezogen werden. In Abgrenzung von traditionellen Einzelfallstudien versucht die Fallrekonstruktion ohne theoretische Kategorien, sondern allein mit Hilfe des Alltagswissens der Interpreten, den Fall zu verstehen. Mit dem fallrekonstruktiven Vorgehen können präziser als mit anderen Methoden tieferliegende Prozesse und Dynamiken aufgeschlüsselt werden. Trotz der Bezogenheit auf einen einzelnen Fall werden bei der Interpretation Aussagen gewonnen, die über das Besondere des Falls hinausreichen, da ja immer bei der Interpretation einer Handlung oder einer Interviewäußerung zuerst der Normalfall, also das Allgemeine, rekonstruiert werden muß. In diesem Sinne ist die Dialektik von Besonderem und Allgemeinem in der Fallrekonstruktion zu sehen, da sie immer beides zugleich beinhaltet.

Eine für die hermeneutische Fallrekonstruktion noch offene Frage ist die der Verallgemeinerung der Ergebnisse, die mit dem Begriff der Strukturgeneralisierung gefaßt wird. Um die in der Einzelfallrekonstruktion gewonnenen Ergebnisse auf eine breite Basis stellen zu können, müssen weitere Fallrekonstruktionen unternommen werden, die genauso wie hier vorgeschlagen vorgehen sollten. Dabei sollte die Auswahl der weiteren Fälle nach dem Prinzip des ‚theoretical sampling' von Glaser/Strauss (1967) erfolgen. Die theoretisch geleitete Suche geht von dem Interpretationsergebnis des ersten Falls aus und sucht weitere Fälle, die die aufgestellte Strukturhypothese bzw. Fallbeschreibung verallgemeinern helfen. In dem vorliegenden Beispiel müßte diese Suche in zwei Richtungen erfolgen: zum einen sollte die Vermutung der gestörten Beziehung von Männern zu Frauen als eine mögliche Motivierung der Rezeption von Horrorfilmen überprüft werden; zum anderen muß aber auch gefragt werden, welche Gründe Mädchen bzw. junge Frauen haben könnten, solche Filme zu rezipieren. Mit einer solchen Strategie liesse sich das in diesem Beitrag beschriebene Phänomen der Medienrezeption erst weiter aufklären und damit einen Beitrag für das Verständnis des Umgangs mit Medien in unserem Alltag leisten.

Anmerkungen

1 Vgl. zum rekonstruktiven Ansatz die beiden Aufsätze von Jürgen Habermas: „Die Philosophie als Platzhalter und Interpret" und „Rekonstruktive vs. verstehende Sozialwissenschaften", beide in: ders.: Moralbewußtsein und kommunikatives Handeln. Frankfurt 1983, S. 9–28 und S. 29–52.

2 Den Textbegriff dieser strukturalen Hermeneutik hat Ulrich Oevermann (1986) herausgearbeitet.

3 Vgl. Stefan Aufenanger, Stephanie Ester und Barbara Ludewig: Das kindliche Verstehen verstehen. Erste Versuche zu einer qualitativen Analyse von Rezeptionsweisen und -bedingungen bei Kindern anhand von Fernsehfilmen. Oldenburg 1989, S. 111–128.

4 Ich danke Denise Chervet für die Zurverfügungstellung des Interviews sowie für die gemeinsame Interpretation.

5 Ein Beispiel für eine ausführliche struktural-hermeneutische Interpretation einer Fernsehszene anhand einer Filmpartitur findet sich bei Margrit Lenssen u. Stefan Aufenanger: Zur Rekonstruktion von Interaktionsstrukturen. Neue Wege zur Fernsehanalyse. In: St. Aufenanger u. M. Lenssen (Hg.): Handlung und Sinnstruktur. Bedeutung und Anwendung der objektiven Hermeneutik. München 1986 (Kindt).

[6] Das Interview wurde in schweitzerdeutsch geführt, so daß manche Wortwahl kommentiert werden mußte.

[7] Im folgenden wird mit ‚F' die Frage des Interviewers und mit ‚A' die Antwort des Interviewten abgekürzt.

[8] Auch hier liegt wieder eine Verwechslung der Szenen vor. Die Frau im Film, die sich durch die Wurzeln verwandelte, war allein mitgekommen, hat aber später die anderen beiden Frauen auch noch verwandelt. Diese drei Frauen kämpfen dann gemeinsam gegen die Männer. Die Schilderung bezieht sich also auf eine spätere Szene und nicht auf die Waldszene.

[9] „Freitag der 13." ist neben „Muttertag" einer der bekanntesten Horrorfilme.

[10] An einer anderen Stelle des Interviews erzählte er schon einmal die gleiche Szene, erwähnt aber nicht den Vater: „. . . und ich hab nachher die Mutter so geweckt mit dieser Maske. Die hatte einen rechten Schock. Die hat nicht gepennt die ganze Nacht".

[11] Diese Vermischung erfolgte gleich zu Beginn des Interviews, als er aufgefordert wurde, eine Inhaltsangabe des Films zu machen. In seiner Schilderung wurden fortwährend Szenen des ersten Films („Tanz der Teufel I") mit dem zweiten Film („Tanz der Teufel II") vermischt. Beide Filme sind sich in ihrer Handlung jedoch sehr ähnlich.

Literatur

Deutsche Forschungsgemeinschaft (Hg.): Medienwirkungsforschung in der Bundesrepublik Deutschland, Weinheim 1986.

Glaser, Barney; Strauss, Anselm: The discovery of grounded theory. Strategies for qualitative research. Chicago 1967.

Habermas, Jürgen: Theorie des kommunikativen Handelns, Band 2, Frankfurt 1981.

Oevermann, Ulrich: Sozialisationstheorie. Ansätze zu einer soziologischen Sozialisationstheorie und ihre Konsequenzen für die allgemeine soziologische Analyse. In: Lüschen, G. (Hg.): Deutsche Soziologie seit 1945. Opladen 1979, S. 143 – 168.

Oevermann, Ulrich: Kontroversen über sinnverstehende Soziologie. Einige wiederkehrende Probleme und Mißverständnisse in der Rezeption der ‚objektiven Hermeneutik'. In: Aufenanger, St.; Lenssen, M. (Hg.): Handlung und Sinnstruktur. Bedeutung und Anwendung der objektiven Hermeneutik. München 1986, S. 19 – 83.

Mead, Georg Herbert: Geist, Identität und Gesellschaft. Frankfurt 1973.

Wagner-Winterhager, Luise: Warum haben Jugendliche Lust zu grausamen Filmen? In: Neue Sammlung, 24/1984/-, S. 356 – 370.

Michael Charlton, Klaus Neumann, Mara Niemann

Kinder schreiben Zuschauerbriefe

Ein Beispiel für die Vermittlung von Massen- und Individualkommunikation[1]

1. Zuschauerbriefe als Form der Kommunikation zwischen Produzent und Rezipient

Nicht nur die Sendeanstalten sondern auch die Medienforscher sind an der Zuhörer- und Zuschauerpost interessiert. Die erbetenen und/oder nicht erbetenen schriftlichen Rückmeldungen der Medienkonsumenten an die Funkhäuser geben einen gleichsam „natürlichen", nicht forschungsmäßig provozierten Einblick in die Rezeption der Sendungen durch den jeweiligen Zuhörer bzw. Zuschauer. Die Mediennutzer stellen mit ihrem Briefeschreiben einen Kommunikationszusammenhang besonderer Art her, nämlich eine Vermittlung von Massen- und Individualkommunikation. Im Kommunikationsverlauf von Zuschauen/Zuhören – Schreiben – Antwort-Erhalten treten Produzenten und Konsumenten in einen *direkten* Dialog, was naheliegenderweise im Rahmen der Partizipationsdebatte zu dem Gedanken führt, das Briefeschreiben an Sendeanstalten als eine Form der aktiven Beteiligung des Publikums an der Produktion von Massenkommunikation anzusehen.

Mit der „Folgekommunikation" haben sich die Programmproduzenten, die rundfunkinterne Forschung sowie die universitäre kommunikationswissenschaftliche Medienforschung zwar beschäftigt, der Ertrag bisheriger Analysen ist aber alles andere als befriedigend. Die Rundfunkhäuser sehen die Zuschriften leider häufiger nur als eine Art von Abstimmungszettel über die Akzeptanz einer Sendung (pro oder contra) an oder halten die Zuschauerbriefe – jedenfalls in öffentlichen Verlautbarungen – gar für völlig aussageleer, was jedoch nicht bedeutet, daß im Einzelfall nicht doch ein Redakteur Zuschauerbriefe für eine wichtige Informationsquelle hält. Auch die kommunikationswissenschaftliche Forschung schöpft das Aussagepotential solcher Briefe bislang nur unzureichend aus, wenn sie etwa Typologien der schreibenden Zuschauer zu erstellen versucht oder auch die Frage der Repräsentativität von Zuschauerpost zu beantworten sich bemüht (zur Sichtung relevanter Literatur siehe Huth und Krzeminski 1981; Scheuch 1986). In den Briefen der Medienrezipienten steht jedoch mehr, auf das es sich sicherlich mit Gewinn einzugehen lohnt.

In dieser Arbeit wird dafür plädiert, die Briefe der Medienkonsumenten gleichsam als Rezeptionsprozeßprotokolle zu sehen und differenzierter zu analysieren. Die Äußerungen der Rezipienten können Hinweise darauf enthalten, welche Bedürfnisse der Zuschauer mit der Rezeption befriedigen wollte, welche Erwartungen er gegenüber dem Produkt hatte und ob sie erfüllt worden sind. Möglicherweise läßt sich auch Aufschluß darüber gewinnen, warum der Rezipient einen aktiven Dialog mit dem Produzenten aufnehmen will, welche kommunikativen Bedürfnisse also durch bloßes Zuschauen und Zuhören nicht befriedigt worden sind.

1.1 Zuschauerpost als Folgekommunikation

In einer differenzierten Abhandlung über das Thema Zuschauerpost stellen die beiden Autoren Huth und Krzeminski (1981) die Schreibtätigkeit in einen weiteren Rezeptionszusammenhang. Nichterbetene, sendungsbezogene Zuschriften werden als Fortsetzung eines Kommunikationsprozesses zwischen Rezipient und Medienakteur angesehen. Im Unterschied zu dem Beispiel einer anderen Form der Folgekommunikation, dem „two-step flow of communication" im Rahmen der Alltagskommunikation etwa, wird bei der Schreibtätigkeit der Kommunikator beibehalten. Die para-soziale Interaktion mit dem Medienakteur (programmatisch: Teichert 1973; siehe auch: Neumann und Charlton 1989), also die *Massen*kommunikation, wird im Rahmen der direkten Kommunikation via brieflichem Kontakt fortgeführt. Bestimmte Programmformen (z.B. Shows, Diskussionssendungen, aber wohl auch: Familienserien) führen beim Rezipienten zu einer Situationsdefinition, „in der Sendungen als Dialoge erlebt werden und das Schreiben von Briefen als eine ‚natürliche' Möglichkeit erscheint, das ‚Gespräch' fortzusetzen" (Huth und Krzeminski 1981, S. 62). Die Briefe an die Rundfunkanstalten belegen die dialogische Struktur sowohl der Medienrezeption als auch der Anschlußkommunikation: Viele Zuschriften werden ausdrücklich als Beiträge zur Fortsetzung der in den Sendungen begonnenen Interaktionen und Gespräche verfaßt.

Die Perspektive, Medienrezeption als einen dialogischen Prozeß zu begreifen, der eine Fortsetzung, eine Folgekommunikation, in Form von Alltagsgespräch und Schreibtätigkeit (*Inter*-Kommunikation), aber auch in Form eines Gesprächs mit sich selbst (*Intra*-Kommunikation) finden kann, betont, daß Hörfunk und Fernsehen bruchlos in den Alltag und die Lebensbewältigungsprozesse des einzelnen integriert sind. Die Frage, die in diesem Zusammenhang weiter interessiert, ist die, warum Rezipienten unaufgefordert an die Redaktionen der Rundfunkhäuser schreiben.

1.2 Folgekommunikation und Gratifikationen

Huth und Krzeminski (1981) greifen bei der Beantwortung dieser Frage auf den „uses and gratifications approach" (Nutzenansatz) zurück, allerdings stehen sie diesem kritisch gegenüber und bieten eine – auch mit Blick auf die *allgemeine* kommunikationswissenschaftliche Theoriebildung – vielversprechende Re-Formulierung dieses Ansatzes an. Einer der zentralen Problempunkte des Nutzenansatzes ist bekanntlich darin zu sehen, daß die theoretische Herleitung der „needs" und „gratifications" unzureichend ist: Bedürfnis- und Nutzenkataloge werden relativ variabel und beliebig aufgestellt, vergrößert und verkleinert. Zwei Verfahren finden hierbei Verwendung. Zum einen werden grundlegende menschliche Bedürfnisse postuliert, denen spezifische Gratifikationsmöglichkeiten zugeordnet werden, zum anderen werden auf quasi-induktivem Wege aus empirischen Beobachtungen heraus bestimmte Gratifikationstypen abgeleitet. Die Probleme der beiden Vorgehensweisen sind offenbar: Der erste Weg muß sich mit den Grenzen und der Reichweite der Diskussion der philosophischen Anthropologie auseinandersetzen, der zweite mit den Unzulänglichkeiten von Ad-hoc-Systematisierungen.

Huth und Krzeminski schlagen demgegenüber vor, nicht von *allgemeinen* anthropologischen Überlegungen zu Natur und Wesen der Menschen auszugehen, sondern stattdessen den *spezifischen* Bezugspunkt der *mensch-*

lichen Kommunikation zum Ausgangspunkt einer Systematisierung von durch Mediennutzungen erreichbaren Gratifikationen zu machen: „Es (liegt) nahe, von jenen Bedürfnissen auszugehen, die durch die sozialen Funktionen der Kommunikation befriedigt werden“ (Huth und Krzeminski 1981, S. 96). Im Aufgriff und Weiterentwicklung der Bühler'schen Sprachpsychologie unterscheiden die Autoren (a) eine ich-gerichtete, (b) eine kontakt-gerichtete und (c) eine welt-gerichtete Funktion (analog den sprachvermittelten „Realitätsfundamenten“ von Bühler: einer, dem anderen, über die Dinge), denen einzelne Gratifikationen zugeordnet werden können.

Diese Synopsis von Gratifikationsklassen und -typen ist nicht als abgeschlossen zu betrachten. Innerhalb der aufgeführten *Klassen* lassen sich mit Blick auf die Gratifikations*typen* Ergänzungen und Differenzierungen denken, die mit der Spezifik bestimmter Programmformen oder Zuschauergruppen zusammenhängen (siehe Tab. 1).

Tabelle 1: Klassen und Typen von Gratifikationen beim Schreiben von Zuschauerbriefen

GRATIFIKATIONS-KLASSEN	GRATIFIKATIONSTYPEN Rezeptionsgratifikationen	Schreibgratifikationen
ich-gerichtet	Diversion	
	Affekt	Affekt
	Identity Ausdruck	Identity
kontakt-gerichtet	Companionship	Companionship
	Social Utility	
	Sharing	Sharing
	Vertretensein – repräsentativ	Vertretensein – repräsentativ
	– advokativ	– advokativ Vermittlung Handlungswissen
welt-gerichtet	Handlungswissen	
	Orientierungswissen	Orientierungswissen

aus: L. Huth u. M. Krzeminski: Zuschauerpost – ein Folge-Problem massenmedialer Kommunikation. Tübingen: Niemeyer 1981, S. 114

In verschiedenen Arbeiten ist immer wieder versucht worden, den Nutzenansatz auf eine theoretisch sicherere Grundlage zu stellen: Einmal wurde dafür plädiert, den „uses and gratifications approach" um Elemente des Symbolischen Interaktionismus zu erweitern (z.B. Renckstorf 1977, 1980), einmal wird in umgekehrter Richtung der Integration des Nutzenansatzes in den Symbolischen Interaktionismus das Wort geredet (z.B. Altheide 1985) und schließlich wird eine kognitive Systemtheorie zur Fundierung des „uses and gratifications approach" herangezogen (z.B. Palmgreen 1984). Alle diese Diskussionsvarianten stehen jedoch vor gravierenden Problemen, so daß die Zugrundelegung des sprachpsychologischen und sprachwissenschaftlichen Ansatzes zur Re-Formulierung des Nutzenansatzes durch Huth und Krzeminski als ein erfolgversprechender konkurrierender Weg angesehen werden kann.

Interessanterweise decken sich die von Huth und Krzeminski entworfenen Klassifikationsklassen und -typen mit der Klassifikation von Medienrezeptionshandlungen, die aus subjekt- und handlungstheoretischer Sicht von Charlton und Neumann (1986; Braun, Charlton, Neumann u.a. 1989) entwickelt wurden: Der Gebrauch von Massenmedien und die Auseinandersetzung mit Medieninhalten werden in den Rahmen der Selbst-, Sozial- und Sachauseinandersetzung des Rezipienten gestellt. Der Grund dieser Kompatibilität ist darin zu sehen, daß in beiden Ansätzen die menschliche Kommunikations- und Handlungsfähigkeit zum Ausgangspunkt der Systematisierung gemacht wird (bei Huth und Krzeminski die Bühler'schen Funktionen sprachlicher Kommunikation, bei Charlton und Neumann der Kanon der allgemeinen Theorien sozialen Handelns). Während Huth und Krzeminski jedoch einem funktionalistischen Denken den Vorzug geben, betonen letztere den konstruktivistischen Charakter von Medienrezeptionshandlungen (zur Diskussion: Funktionalismus vs. Handlungstheorie siehe z.B. Joas 1986) und plädieren für eine kategoriale Trennung von Nutzenansatz und (Medien-)Handlungstheorie (Neumann und Charlton 1989).

1.3 Methoden der Analyse von Gratifikationen

In einer empirischen Studie über die Zuschauerpost zu der ZDF-Sendung „Spielraum“ untersuchen Huth und Krzeminski sehr detailliert und methodisch kreativ die anfangs gestellte Frage: Wer schreibt was warum an wen? Kern der Analyse der Gratifikationen ist die kategoriengeleitete inhaltsanalytische Auswertung der Briefe. Die Autoren ordnen bestimmte Textpassagen aus den Zuschauerbriefen den o.g. Gratifikationsklassen und -typen zu. Diesem inhaltsanalytischen Zuordnungsverfahren – auch wenn es wie bei den Autoren tendenziell immer sorgfältig durchgeführt wird – haftet das Problem der Validität der Zuschreibungen von Bedürfnissen und Motiven, die in den Briefen ausgedrückt werden, an: Die Gefahr, subjektiv zu urteilen, Botschaften zu verzerren oder auch an tiefer liegenden Informationen vorbeizugehen, steht immer im Raum.

Einen methodisch interessanten Vorschlag macht Oevermann (1981), wenn er dafür plädiert, Briefe mit dem Verfahren der objektiven oder strukturalen Hermeneutik zu analysieren. In einem Fallbeispiel eines Briefes einer Geschäftsleitung an eine Angestellte arbeitet er die *manifeste* Information (Forderung einer Verhaltensänderung der Angestellten), aber auch die *latenten* Botschaften des Briefes (z.B. Ausübung von Herrschaft durch Verwendung von Sprachformeln, die zu einer Infantilisierung des Adressaten, der Angestellten also, führt) heraus.

2. Analysematerial und Fragestellung der eigenen Untersuchung

Unsere Analyse stützt sich auf sämtliche Zuschauerbriefe, die die zuständige Fernseh-Redaktion ‚Kleinkinderprogramm‘ des Norddeutschen Rundfunks zu ihrer Serie „Hallo Spencer“ in den ersten sechs Jahren ihrer Ausstrahlung erreicht haben. Die Briefe lagen uns lediglich in einer anonymisierten Fassung vor, d.h. wir verfügen über keinerlei Angaben zur Person des jeweiligen Briefschreibers.

In den jeweils halbstündigen Sendungen der NDR-Kinderfernsehserie „Hallo Spencer“ werden zwei Schauplätze miteinander verbunden. Zum einen wird dort ein Fernsehstudio gezeigt, in dem ein (Puppenfigur-)Moderator namens Spencer durch die Sendung führt: Er begrüßt die Zuschauer, er kommentiert die laufende Handlung, unterhält sich mit den Puppenfigur-Akteuren und verabschiedet sich schließlich im Namen aller von den Zuschauern.

Die anderen elf Puppenfigur-Akteure leben in einer Art von „Großfamilie" in einem „Dorf": Jedes Mitglied der Puppengemeinschaft hat seinen Wohnplatz und – wichtig – seine eigene Rolle und seinen eigenen Charakter. Aus besonderen Ereignissen heraus (z.B. eine Dorfmüllabfuhr wird organisiert) oder aufgrund von Soziodynamiken in der Gruppe (z.B. Eifersüchteleien) entwickeln sich witzige Geschichten, die unterhalten sollen. Die Sendung ist so konzipiert, daß der Zuschauer schnell die Akteure und deren Lebenswelt kennengelernt hat. Durch den Moderator, der die Zuschauer direkt anspricht und laufend in die Handlung einbezieht, wird der Rezipient kontinuierlich in die Puppenwelt von „Hallo Spencer" integriert. Es entsteht eine Kommunikationsstruktur, die deutlich *dialogisch* konzipiert ist (für Einzelheiten siehe Charlton und Neumann 1982).

Die Fragestellung unserer Untersuchung lautete: Wie kommt dieses Kommunikationsangebot bei der Zielgruppe der zuschauenden Kinder an? Wie gehen sie auf das Beziehungsangebot des Puppen-Moderators ein? Welche Motive und Bedürfnisse haben die Zuschauer zum Schreiben veranlaßt?

Neben diesen inhaltlichen Fragen verfolgten wir auch eine methodologische Zielsetzung mit unserer Untersuchung. Wir wollten feststellen, welcher zusätzliche Gewinn gegenüber einer kategorialen, quantitativen Inhaltsanalyse mit Hilfe des Verfahrens der strukturalen Hermeneutik nach Oevermann zu erzielen ist.

3. Quantitative Analyse der Zuschauerpost

3.1 Inhaltsanalyse der Briefe

In eine erste, *quantitative* Auswertung wurden alle 183 Briefe einbezogen, die die Redaktion Kleinkinderprogramm/Fernsehen des NDR zwischen 1980 (Ausstrahlung der ersten 5 Pilotfolgen) und 1986 zur Sendereihe „Hallo Spencer“ erreicht haben.

Die *Briefschreiber* waren zu etwa 2/3 Kinder (n = 123), die restlichen Briefe sind von Eltern im Auftrag von Kindern geschrieben worden. Einige Schreiber machten genauere Altersangaben zu sich selbst (n = 64). Sie waren zwischen 6 und 15 Jahren alt (Median = 9 Jahre). Etwas mehr als die Hälfte der von Kindern selbst verfaßten Briefe stammte von Jungen (n = 77).

In bezug auf die *Adressierung der Briefe* lassen sich grob zwei Gruppen unterscheiden. Der größere Teil war an die Institution Fernsehen oder eine bestimmte Unterabteilung (z.B. Redaktion) gerichtet (n = 113). Ein beträchtlicher Teil der Briefschreiber wandte sich jedoch „direkt“ an Spencer (n = 70) oder gab die von Spencer regelmäßig verwendete Zuschauerbegrüßung („Liebe Leute“, „Hallo, liebe Leute“ oder „Hallo, Freunde von A bis Z, von 1 bis 100, von Osten bis Westen“) wieder. Dabei unterschieden sich Kinder und Erwachsene nicht in der Wahl der Anrede (37,4 % vs. 35,0 % Zuschriften an Spencer).

Auch die *Themen,* mit denen sich die Schreiber beschäftigten, lassen sich in eher institutionen- bzw. produktbezogene Themen und eher personenbezogene Themen (Person des Schreibers oder Spencer als Puppenperson) aufteilen. Zu der ersten Gruppe zählen allgemeine Urteile über die Sendereihe, Bitten und Fragen bezüglich Wiederholungen oder neuer Sendetermine und Bitten um Werbematerial (besonders häufig: Bitten um Aufkleber mit Puppenabbildungen (N = 35)).

Von diesen Stellungnahmen und Anfragen unterscheidet sich recht deutlich eine zweite Gruppe von Äußerungen. Hier ging es dem Schreiber darum, entweder etwas *Persönliches* von sich selbst zu erzählen (z.B. Mitteilungen über eine gerade überstandene Krankheit, eine Urlaubsreise oder einfach die Bemerkung, daß es dem Schreiber selbst gut gehe); oder der Schreiber erkundigte sich bei Spencer nach dessen Befinden („Wie geht es Dir?", „Ich hoffe, es geht Dir besser!") oder ließ Grüße an andere Puppen ausrichten. Ein Kind wünschte sich von Spencer einen bestimmten Liedertext, ein anderes wollte genauso wie dieser mit dem Finger schnipsen lernen; ein Kind bat Spencer darum, daß er sich selbst als Handpuppe herstellen und diese ihm zuschicken möge; und einige Briefeschreiber fragten, ob sie Spencer einmal besuchen dürften. Manche Briefe enthielten auch persönliche Geschenke (z.B. selbstgemalte Bilder, Fotos vom Absender usw.) Tabelle 2 zeigt, welche empirische Beziehung sich zwischen Briefschreiber, Adressat und Thema aufzeigen läßt.

TABELLE 2: Themenbereiche (produktbezogene vs. personenbezogene Aussagen) in Abhängigkeit von Briefautor und Adressat (N = 308)*

Schreiber:	Kind		Erwachsener f. Kind	
Adressat:	Institution	Puppe	Institution	Puppe
Themen:				
produktbezogen	91	44	48	23
personenbezogen	19	52	9	22

* Jede in sich abgeschlossene Mitteilung, Frage oder Bitte wurde als einzelne Aussage gewertet. Die meisten der 183 Briefe enthielten mehr als eine Aussage bzw. als ein Thema.

Es besteht ein deutlicher Zusammenhang zwischen Adressat und Thema (= 42,5; df = 1; p 0,001), jedoch kein Zusammenhang zwischen Briefeschreiber und Themenauswahl (α = 0,34; df = 1; n.s.). Kinder und Erwachsene, die für Kinder schreiben, sprechen also in gleicher Weise unterschiedliche Themen an, entsprechend dem Umstand, ob sie sich an Spencer oder an die Institution Fernsehen wenden.

3.2 Zusammenfassung und Interpretation der Ergebnisse der quantitativen Analyse

(1) Auch bei Zuschauern von Kindersendungen findet sich das Phänomen der *Folgekommunikation.* In insgesamt 183 Briefen haben Kinder die para-soziale Interaktion mit dem Gegenüber im Medium Fernsehen durch das Schreiben von Briefen fortgesetzt.

(2) Dabei sprachen 35 – 40 % der Briefschreiber (Kinder und Eltern im Auftrag von Kindern) die Puppenfigur Spencer *direkt* an. Die deutlich hörerbezogene Ansprache des „Moderators" Spencer wurde also von einem beträchtlichen Teil der Schreiber „beantwortet".

(3) *Erwachsene,* die stellvertretend für ihre Kinder geschrieben haben, wandten sich prozentual genauso häufig direkt an die Puppe Spencer wie Kinder, die ihren Brief selbst verfaßt hatten. Die Eltern verhielten sich also offensichtlich tatsächlich als Sprachrohr ihrer Kinder.

(4) Von den 141 Bitten, Fragen und Mitteilungen an Spencer sind 74 in *persönlicher* Weise formuliert. Die Zuschauer greifen nicht nur in der Anrede, sondern auch inhaltlich das freundschaftliche „Beziehungsangebot" des „Moderators" auf. Als Hypothese für eine weitere Überprüfung am Einzelfall ließe sich vermuten, daß dieses Zuschauerverhalten – im System von Huth und Krzeminski – durch die Gratifikationtypen „Identity", „Companionship" und „Sharing" (vgl. Tab. 1) motiviert ist. Daß gerade diese Aspekte im Vordergrund stehen, könnte auf die Sendungsform und die besondere Zuschauerpopulation zurückgeführt werden.

(5) In der eher *produktbezogenen* Zuschauerpost spielt die Bitte um Aufkleber eine größere Rolle. Solche Aufkleber können von Kindern als Stichwortgeber im Kontakt mit Gleichaltrigen sowie als Tauschgegenstände benutzt werden. Sie werden also vermutlich – mit Huth und Krzeminski – aus Gründen der „Social utility" angefordert.

4. Zwischenüberlegung: Fernsehen als „magic window“

Die Analyse der Zuschauerbriefe zeigt, daß auch Kinder sich mit Fernsehmedienangeboten anhaltender beschäftigen. Sie tun dies sogar auch aktiv in dem Sinne, daß sie zum Schreibzeug greifen und sich brieflich an die Redaktion bzw. den Sendungsmoderator einer von Ihnen rezipierten Sendung wenden. 67 % der Briefaussagen sind in produktorientierter Intention verfaßt worden (Wunsch nach Aufkleber usw.). In den anderen 33 % der Briefaussagen wenden sich die Briefschreiber(innen) mit ihren Bitten, Fragen und Mitteilungen direkt an den Sendungsmoderator, die Puppenfigur Spencer. Sie teilen dabei Persönliches von sich mit oder nehmen einen freudschaftlichen Dialog mit Spencer auf. Wie kann man diesen persönlichen Kontaktaufbau zwischen einer *Puppe* und einem Rezipienten erklären? Liegt es daran, daß Kinder dieses Alters noch nicht „richtig“ zwischen Realität und medialer Fiktion unterscheiden können?

Ein Blick in die Literatur zum Thema „Fernsehen als ‚magic window‘“ (Fragestellung hierbei: Ab wann sind Kinder in der Lage, den fiktionalen Charakter der TV-Realität zu verstehen? Ab welchem kognitiven Entwicklungsstadium glauben Kinder nicht mehr, Fernsehen sei ein „magisches Fenster“, durch das man in die *reale* Alltagswelt *wirklicher* Menschen hineinschauen könne?) ergibt folgendes Bild:

Als wesentlicher Prädiktor für die Wahrnehmung der Medienrealität durch Kinder erweist sich der kognitive Entwicklungsstand. Kinder im *präoperationalen* Stadium (bis etwa 7 Jahre) erleben Fernsehen häufig als eine Art magisches Fenster auf die Alltagswelt, mit Hilfe dessen sie tatsächlich gerade ablaufende Lebensvollzüge beobachten können (Bonfadelli 1981; Dorr 1983; Hawkins 1977). Bis zum Alter von 5 Jahren ist es für Kinder außerdem nur möglich zu glauben, mit Personen im Fernsehen auf irgendeine mysteriöse Art tatsächlich in Kontakt zu sein, was sich darin äußert, daß sie diese Personen ansprechen und glauben, von ihnen gehört und gesehen zu werden (Böhme-Dürr 1987, 1988; Dorr 1980; Rydin 1984; Singer und Singer 1981). Überhaupt besteht für Vorschulkinder eine physische Nähe zwischen Fernseh- und Alltagswelt, und es wird als eine wichtige Entwicklungsaufgabe angesehen, diese zu separieren (Jaglom und Garner 1981). Mit Eintritt ins Stadium der *konkreten Operationen* zeigen Kinder deutliche Veränderungen in nahezu allen untersuchten Bereichen. Sie erkennen nunmehr, daß verschiedene Fernsehsendungen einen unterschiedlichen Realitätsgehalt haben können und zeigen damit ein differenzierteres Verständnis des Begriffs „wirklich“ (Dorr 1983). Auch gelingt ihnen jetzt die Unterscheidung von Zeichentrickfiguren, Puppen und menschlichen Akteuren im Fernsehen (Baron 1980; Brown u.a. 1979; Quarforth 1979) und das Verständnis dessen, daß

Personen im Fernsehen zum Teil durch Schauspieler dargestellt werden, wächst (Baron 1980; Fernie 1980, 1981).

Kinder aller Altersstufen beurteilen die Wirklichkeit von Fernsehinhalten nicht anhand *eines* Kriteriums, sondern verwenden *komplexe Strategien,* die sowohl Vergleiche zwischen diesen Inhalten und ihrer Alltagswirklichkeit als auch Kenntnisse über technische und ökonomische Aspekte des Mediums beinhalten (Kelly 1981; Morison u.a. 1978, 1981). Letztgenannte Kenntnisse entwickeln sich allerdings relativ spät, sind bei jüngeren Kindern kaum vorhanden und können erst ab dem Alter von 10 bis 12 Jahren als einigermaßen fortgeschritten angesehen werden (Baron 1980). Ab 8 Jahren verstehen Kinder jedoch bereits, daß Fernsehprogramme gemacht sind und können dies zur Beurteilung der Fernsehrealität heranziehen (Dorr 1983; Fernie 1981; Hawkins 1977).

Neben der kognitiven Entwicklung erweisen sich die soeben genannten *Kenntnisse über das Medium* (Baron 1980; Dorr 1983; Kelly 1981; Morison u.a. 1978) sowie die Beurteilung der Medienrealität durch *bedeutsame Bezugspersonen* (Greenberg und Reeves 1976; Messaris und Kerr 1984) als wichtige Prädiktoren für die Wahrnehmung der Medienrealität, wobei letzteres von der Forschung bisher viel zu wenig berücksichtigt wurde. Bezüglich der Erfahrung mit dem Medium liegen widersprüchliche Ergebnisse vor (Greenberg und Reeves 1976; Morison u.a. 1978). Ein höherer *IQ* scheint ein differenzierteres Verständnis der Wirklichkeit verschiedener Fernsehinhalte zu gewährleisten (Greenberg und Reeves 1976), *Medienerziehungsprogramme* vermögen die Realitätsbeurteilung von Kindern zu beeinflussen und bei Vorschulkindern „reifere“ Beurteilungen zu erzeugen (Rapaczynski u.a. 1982).

Untersuchungen zum Konzept subjektiv perzipierter Medienrealität zeigen, daß *verschiedene Dimensionen* unterschieden werden können (Hawkins 1977). Während jüngere Kinder sich bei der Beurteilung eher an groben Verletzungen der *physikalischen* Realität orientieren und beim Vergleich mit der Alltagswelt danach schauen, ob etwas tatsächlich in dieser existiert oder nicht, erfolgt die Beurteilung durch ältere Kinder eher anhand einer Einschätzung der Plausibilität der Charaktere, einer kritischen Beurteilung der Intention des Autors und einer Orientierung an Verletzungen der *psychologischen* und *sozialen* Realität (Morison u.a. 1981).

Kinder im präoperationalen Stadium sind im allgemeinen nicht in der Lage zu erklären, was sie meinen, wenn sie etwas im Fernsehen als *„wirklich“* bezeichnen (Dorr 1983). Eine Unterscheidung zwischen Realität und Phantasie ist für sie noch nicht von Bedeutung, und sie können sich daher unter der Realitätsfrage noch nichts vorstellen (Bonfadelli 1981), was wichtige Konsequenzen für Medienuntersuchungen in dieser Altersstufe hat. Direkte Fragen nach dem Wirklichkeitsgehalt bestimmter Inhalte, Charaktere etc. scheiden damit aus. Im konkret-operationalen Stadium verwenden Kinder die Kategorie „Realität/Phantasie“ häufiger und meinen mit „wirklich“ in erster Linie *„möglich“* (Dorr 1983). Beurteilungen, die vor allem jüngere Kinder über Fernsehinhalte abgeben, sind stets *situationsspezifisch* und nie konsistent hinsichtlich des gesamten Programmangebots. Generalisierungen auf andere Inhalte sowie auf das Fernsehen als Ganzes sind damit nicht möglich (Bonfadelli 1981; Klapper 1981).

Die referierten Untersuchungen zeigen deutlich das Alter von 7/8 Jahren als einen wichtigen Wendepunkt der Wahrnehmungsentwicklung an: Magisches und animistisches Denken nimmt ab, Realität und Fiktion werden zunehmend differenziert.

Viele Detailfragen bleiben jedoch noch offen und auch *Kritik* ist an den o.g. Wahrnehmungsstudien zu üben: (a) Obwohl sich viele Untersuchungen theoretisch und methodisch an Piagets Arbeiten orientieren, fallen sie doch hinter den von diesem erreichten *Methodenstand* zurück. Piaget wußte, daß vieles, was Kinder erzählen, gar nicht „wahr" sein muß. Um methodischen Fallen und damit Irrtümern zu entgehen, unterschied er deshalb spezifische Reaktionstypen von Kindern („Mir ist es wurst"-Haltung, Fabulieren, suggerierte Überzeugung, ausgelöste Überzeugung, spontane Überzeugung), auf die hin er seine Interviews mit den Kindern kontrollierte. Keine der dargestellten Untersuchungen reflektiert diese kindlichen Reaktionstypen, was die Gültigkeit der Arbeiten einschränkt. (b) In allen Studien ist der *Begriff „(un-)wirklich"* unklar – unklar besonders auch für die befragten Kinder. (c) Oft wird ein klares „entweder – oder", ein klares „vorher – nachher" von Wahrnehmungsleistungen herauszuarbeiten versucht. Dabei zeigt es sich jedoch, daß ein vermeintlich eindeutiges „ja oder nein" die relevante Forschungsperspektive verstellt: Nicht ein *Nacheinander* sondern das *Ineinander* von Realität und Fiktion, Magie und Animismus ist der Punkt, der verstärkt untersucht werden sollte (Lurcat 1982; s. auch die folgende Feinanalyse der III. Äußerung des Kinder-Zuschauerbriefes).

Die Kinder, die die Zuschauerbriefe verfaßt haben, sind zwischen 6 und 15 Jahre alt (Median: 9 Jahre). Viele der Verfasser(innen) waren zum Zeitpunkt des Briefeschreibens demnach in der Lage, Realität und Fiktion zu unterscheiden. Zudem – und das ist wichtig zu betonen – schreiben auch Erwachsene gleichermaßen wie die Kinder *persönlich* an die *Puppe* Spencer, d.h. sie schreiben eben so, als sei Spencer ein „richtiges" menschliches Wesen. Es ist also wenig sinnvoll, dieses Briefeschreiben an Spencer mit der These eines Defizits in der Wahrnehmungsleistung der Rezipienten zu begründen: Mangelnde Wahrnehmungsfähigkeit – bei den Kindern entwicklungsbedingt – führe dazu, daß Puppen und Menschen verwechselt würden. Wenn also *nicht* ein Defizit Grund zum Briefeschreiben in der vorliegenden Form ist, was motiviert Kinder und Erwachsene dann zu ihrer Handlung?

Auf dem Hintergrund des Konzepts *Massenkommunikation als Dialog* (Kohli 1977) wird das Schreiben von Zuschauerbriefen als vermittelndes Element von Individual- und Massenkommunikation verstehbar: Im Rahmen eines para-sozialen Dialogs mit einem Medienakteur setzt sich der

Rezipient mit sich selbst, der Sozial- und Sachwelt auseinander. Der parasoziale Dialog zwischen beiden wird in der Folge, d.h. *nach* der Sendung, in diesem Fall per Brief weitergeführt. Die Gratifikationen, die ein Rezipient im Prozeß der Medienrezeption erhalten kann, sind weiter oben im Rahmen der Diskussion des Konzepts von Huth und Krzeminski bereits besprochen worden.

In unserem besonderen Fall haben wir es mit einem Puppenmoderator einer Kinderserie zu tun. Sein Aussehen ist wie das der anderen Serien-Puppenakteure ästhetisch das eines „*Zwitterwesens*", halb Tier, halb Mensch. Für Kinder – aber eben auch für Erwachsene (!) – haben solche Zwitterwesen eine besondere Bedeutung: Sie transzendieren die Wirklichkeitsgrenzen und -ebenen von Realität und Fiktion. Fabelwesen (z.B. eine Meerjungfrau) vermitteln zwischen Wirklichkeit und übersinnlichen Sphären, kleinwüchsige Menschen vermitteln zwischen Jugend und Alter, zwischen Kinder- und Erwachsenenwelt (Weinraub und Putney 1978) – so geschehen in der ZDF-Kinderserie „Anderland". Diese Mittlerstellung prädestiniert solche Figuren im besonderen, für Kinder (aber auch für Erwachsene) *Ansprechpartner* zu sein – eben Ansprechpartner für eine deutlich persönlich gefärbte, private Kommunikation. Welche Ausprägung ein solcher Folge-Dialog zwischen Kind und Puppenmoderator haben kann, soll im weiteren im Rahmen einer rekonstruktiv vorgehenden Analyse eines einzelnen Zuschauerbriefes aufgezeigt werden.

5. Strukturale Analyse eines ausgewählten Zuschauerbriefes

5.1 Die Methode der strukturalen Hermeneutik

Wie oben bereits erwähnt, läßt sich bei der Analyse der Schreibmotive mit Hilfe des Verfahrens der strukturalen Hermeneutik (Oevermann u.a. 1979) ein Gewinn an Genauigkeit gegenüber dem von Huth und Krzeminski (1981) gewählten Vorgehen erzielen. Allerdings geht eine solche Präzisierung zu Lasten der Anzahl der analysierbaren Briefe, da das Verfahren von Oevermann in seiner empirischen Anwendung sehr aufwendig ist. Repräsentative Motivanalysen können so nicht durchgeführt werden, jedoch kann die genaue Betrachtung des Einzelfalls zu theoretisch fruchtbaren Hypothesen führen.

Die objektive Hermeneutik kennt zwei Analyseverfahren: die „Feinanalyse" (vgl. Oevermann u.a. 1979, S. 394ff) und die „Kontextsuche" (Oevermann u.a. 1979, S. 415ff. sowie Oevermann 1986, s. 38ff). Bei der hier angewendeten Kontextmethode werden zu jeder Äußerung bzw. Texteinheit extensiv solche Situationen gesucht, in denen die Äußerung als regelhaft und sinnhaltig verstanden werden kann. Kriterium für die Angemessenheit ist das Regelwissen (tacit-knowledge) der Interpreten(-gruppe). Im Falle einer Briefanalyse kann zusätzlich auch auf explizierte Anwendungsvorschriften zum Briefeschreiben (Briefmuster, Schreibhilfen, wie sie in großer Zahl auf dem Büchermarkt sind) und auf Ergebnisse der literaturwissenschaftlichen Textsortenforschung zurückgegriffen werden (vgl. Bürgel 1979; Emert 1979; Ettel 1984).[2]

Die Kontextfindung erfolgt sequentiell, d.h. frühere Äußerungen werden ohne Berücksichtigung von nachfolgenden Textstellen in fiktiven Kontexten verortet. Spätere Lesarten müssen jedoch mit vorangehenden Kontextbeschreibungen vereinbar sein. Auf diese Weise ergibt sich bei fortschreitender Analyse eine (trichterförmige) Reduzierung der Lesartenvielfalt. Das Verfahren steht und fällt mit der Reichhaltigkeit der anfänglichen Kontextauswahl. Es konnten daher auch einige eher komisch (exotisch) oder eher trivial (selbstverständlich) wirkende Lesarten nicht ausgespart werden.

5.2 Bestimmung der zu analysierenden Fallstruktur

Für die weiterführende Analyse wurde ein Brief ausgewählt, der bei der quantitativen Inhaltsanalyse in die Kategorie *„Kind an Puppe, personenbezogene Thematik"* eingeordnet worden ist.

Der Zuschauerbrief im Wortlaut[3]

Lieber Spencer
Hier schike ich
dir ein par
Hustenbonbons
dein heisere
stime soll balt
vorübergehen
ach eines habe
ich ja ganz fergesen
ich sehe dich jedes
mall tschüs
von (Vor- und Nachname eines männlichen Briefautors)

Bei dem zu untersuchenden Brief handelt es sich um einen unaufgefordert eingegangenen Zuschauerbrief an die Redaktion ‚Kleinkinderprogramm' des NDR, Hamburg. Untersucht werden sollen speziell die *Motive* und *Bedürfnisse,* die der Briefautor beim Verfassen seines Schreibens an das Funkhaus hatte. Zudem wird gefragt, welche *Beziehungstruktur* sich zwischen Zuschauer resp. Briefschreiber und Adressat resp. Redaktion herstellt.

Das Wissen, daß es sich bei dem zu untersuchenden Schriftdokument um einen unverlangt verschickten Brief an eine Sendeanstalt handelt, schränkt den Handlungsrahmen, in dem der Brief geschrieben bzw. rezipiert wurde, zunächst ein (z.B. ändert sich der Handlungsrahmen deutlich, wenn es sich um einen Schriftverkehr zwischen Werksleitung und einer Angestellten, wie ihn Oevermann (1981) analysiert hat, handelt).

Bei genauem Hinsehen bleibt jedoch ein sehr großes Handlungsspektrum für den Briefschreiber erhalten: Er kann einen Brief auf der Grundlage ei-

Der Puppenmoderator Spencer aus der Serie „Hallo Spencer"

Zwei Kinderzeichnungen zur Serie „Hallo Spencer“

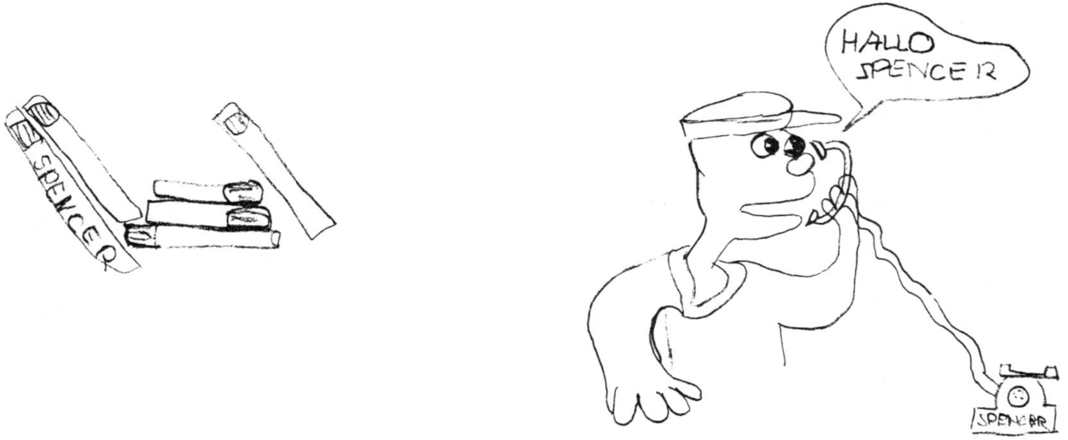

ner nahen und vertrauten Beziehung (z.B. Brief an einen Kummerkasten-Onkel oder „Liebesbrief“ an eine Schauspieler- oder Puppenfigur) schreiben. Er kann aber auch einen Brief im Rahmen einer distanzierten Beziehung (z.B. eine förmliche Bitte oder auch eine Beschwerde) verfassen.

Die Nicht-Strukturiertheit der Folgekommunikation zwischen Zuschauer und Redaktion eröffnet also einen *weiten* Handlungsspielraum. Daher wird in der vorliegenden Analyse die Interpretation des Textes *extensiver* erfolgen: Auch auf den ersten Blick vielleicht unwahrscheinlich anmutende Text-/Kontext-Varianten sollen aufgelistet und diskutiert werden.

5.3 Sequentielle Analyse des Brieftextes

I. Äußerung: „Lieber Spencer“

(1) Es handelt sich bei diesem Textteil um eine gebräuchliche Formel zur Eröffnung eines Briefes. Um die *Spezifität* dieser Anrede herauszuarbeiten, sollen zunächst beispielhaft gängige *Anredemuster* in Briefen aufgelistet werden:

Als Anredeform lassen sich die Varianten „lieber ...“ und „sehr geehrter ...“ unterscheiden. Die Formulierung „lieber ...“ ist eine Ausdrucksform, die auf eine vertrautere Beziehung zwischen Briefschreiber und Adressat hinweist. Der Gebrauch von „lieber ...“ signalisiert eine Beziehung von „mittlerer Nähe“. Diese Brieferöffnung schließt in der Regel – jedenfalls tendenziell – eine besonders enge und intime Beziehung aus (eine entsprechende Formulierung wäre hier „mein Schatz“). Die Anredeform „sehr geehrter ...“ ist dagegen weit distanzierter.

Die Form „lieber ...“ kann mit einem Vor- und/oder Nachnamen kombiniert werden, es kann auch z.B. mit dem Anredemuster „Herr“ bzw. „Frau“ *und* Namen verbunden werden. Weiterhin läßt sich auch eine Funktionsbezeichnung in Kombination mit „lieber ...“ denken (z.B. „lieber (Herr) Handwerker“).

In unserer Äußerung finden wir die Kombination „lieber ...“ und ein Name („Spencer“). Unklar ist, ob es sich bei dem Namen um einen Vor- oder Nachnamen handelt, beides wäre denkbar. Im Rahmen des Milieus gesellschaftlich hoher Schichten ist die Verwendung der Kombination „lieber ...“ und Nachname durchaus nicht unüblich (z.B. gegenüber Dienstboten). Aber auch z.B. in dem Milieu von Handwerkern findet diese Kombination Verwendung, wenn sich z.B. Arbeitskollegen rufen.

Gleichwohl scheint es wahrscheinlicher, im Rahmen einer Folgekommunikation anzunehmen, daß die Anredeform „lieber ...“ hier mit einem Vornamen für eine männliche Person kombiniert worden ist.

(2) Die Anredeform „lieber ..." in Kombination mit einem Vornamen deutet – wie dargelegt – auf eine vertrautere Beziehung zwischen Briefschreiber und Adressat hin. Es ist zu fragen, auf welche sich gegenseitig ausschließenden *Handlungskontexte* eine solche Äußerung verweisen könnte:

(2.1) Die Grußformel findet eine routinisierte Verwendung im Rahmen einer über Organisationszugehörigkeit geregelten Beziehung (z.B. Kollegenkontakt, Gewerkschaftskontakt).

(2.2) Zwischen Briefschreiber und Adressat besteht *tatsächlich* eine *persönliche* Bekanntschaft und Freundschaft.

(2.3) Zwischen beiden wird von der Seite des Briefschreibers aus eine Nähe und Vertrautheit *kontrafaktisch* unterstellt. Dies kann:

(2.3.1) spaßhaft gemeint sein;

(2.3.2) eine Form der Anbiederung bzw. des Aufdrängens von Intimität sein; hier ließen sich die Varianten (a) strategischer Distanzlosigkeit („liebe Mitbürger") und (b) individualkommunikativer Distanzlosigkeit (als Persönlichkeitszug eines einzelnen) unterscheiden;

(2.3.3) dies kann aber auch Ausdruck der dialogischen Beziehung zwischen Autor und Leser eines Textes sein („lieber Leser"; „intimacy at a distance", Horton und Wohl 1956).

(2.4) Denkbar ist auch der Umstand, daß der Schreiber nicht die Regeln der Anredeform in einem Brief kennt. Dies trifft für die Fälle zu, daß

(2.4.1) ein jüngeres Kind oder auch ein geistig Minderbegabter einen Brief schreibt;

(2.4.2) ein der deutschen Sprache noch nicht kundiger Ausländer einen solchen Text verfaßt.

(2.5) Schließlich ist noch die Variante zu erwähnen, daß ein solcher Brief im Rahmen einer Beziehung zu einem transzendenten Wesen („lieber Gott", „lieber Weihnachtsmann"; für den Fall einer Folgekommunikation: z.B. „liebe Fee") geschrieben wird.

(3) Auf dem Hintergrund der vorliegenden Fallstruktur liegt das Resümee nahe, daß ein Briefschreiber im Aufgriff einer Anredeform von Nähe und Vertrautheit im Rahmen einer Ich-Du-Beziehung eine männliche Person, die mit dem Vornamen angesprochen wird, in der Kinderprogramm-Redaktion einer Sendeanstalt anschreibt.

II. Äußerung: „Hier schike ich dir ein par Hustenbonbons"

Paraphrase: „Ich schicke Dir mit diesem Brief ein paar Hustenbonbons"

(1) Der Briefautor redet den Adressaten mit *„du"* an, was sich in den Beziehungsrahmen der Anredeform „lieber Spencer" bruchlos einfügt.

(2) Die mitgeteilte Handlung – der Akteur schickt dem Gegenüber Spencer Hustenbonbons – beinhaltet, daß es sich bei dem Brief um einen *Begleitbrief* handelt. Es wird zu prüfen sein, ob das Objekt, das geschickt wird, das eigentlich Wichtige des Briefkontaktes ist (der Brief wäre dann lediglich begleitend) oder ob das Schreiben selber Kern des Kontaktes ist, wobei das mitgeschickte Objekt die Briefaussagen auf nichtsprachliche Art und Weise verstärken oder abschwächen würde.

(3) Bei dem Objekt, das verschickt wird, handelt es sich um „ein paar Hustenbonbons". *Hustenbonbons* sind prinzipiell überall zu kaufen, es handelt sich um ein nichtverschreibungspflichtiges Medikament mit einigem Genußwert. Da diese zudem brieflich unpraktisch zu verschicken sind, stellt sich die Frage, *warum* unser Briefschreiber an seinen Adressaten Hustenbonbons verschickt.

(3.1) Zunächst ist zu klären, ob es einen ausdrücklichen *Anlaß* für das Handeln gegeben hat: Gab es (a) eine Aufforderung durch den Adressaten, auf die der Briefschreiber reagiert? (b) Sind es egoistische Motive (ein strategisches Motiv wäre hier z.B. das Versenden einer Warenprobe; ein kommunikatives, jedoch egoistisches Motiv wäre z.B., im Rahmen einer überbehüteten Beziehung den Kommunikationspartner mit einer solchen Zusendung zu binden (konkret: Mutter schickt erwachsenem Sohn Hustenbonbons)) oder altruistische Motive (der Adressat wünscht sich die Zusendung solcher Hustenbonbons oder der Absender weiß, daß der Adressat sich über diese Geste freut), die den Briefschreiber tätig werden lassen?

Vertieft man die Frage nach möglichen *Motiven* für die Handlung, jemandem Hustenbonbons zu schicken, lassen sich folgende Varianten denken:

(3.1.1) Der Sender verfügt über Hustenbonbons, der Empfänger aufgrund eines realen Mangelzustandes nicht (z.B. Empfänger wohnt an einem Ort mit schlechter Versorgungslage).

(3.1.2) Der Sender schickt dem Adressaten die Bonbons auf der Basis von kontinuierlicher oder punktueller Fürsorglichkeit und Aufmerksamkeit. Hier ließe sich weiter fragen, ob (a) dies aktuell notwendig ist (Adressat ist krank und verfügt über keine Hustenbonbons) , (b) der Sender vorsorglich handelt (Adressat könnte krank werden), (c) der Absender z.B. überbehütend handelt (Mutter schickt Hustenbonbons an ihren gesunden erwachsenen Sohn).

(3.1.3) Der Sender handelt auf der Basis von Freundschaft und Vertrautheit in dem Sinne, daß er Hustenbonbons verschickt ohne Sachzwänge (kein Mangel, keine Krankheit vorhanden) nach dem Motto: „Kleine Geschenke erhalten die Freundschaft". Hier stünde die *Geste* im Vordergrund der Handlung, nicht das Objekt, das verschickt wird.

(3.1.4) Der Sender könnte aber auch einen Witz oder Unfug machen bzw. zynisch handeln (z.B.: Versenden von Hustenbonbons an einen schlechten Opernsänger).

(3.1.5) Zu fragen ist auch, wem Fürsorge, Freundschaft oder Witz gelten sollen: (a) einer nahen, sehr wichtigen Person (signifikanter Anderer) oder (b) einer weniger nahen und wichtigen Person.

(4) Die *Mengenangabe* „ein paar" ist eine unpräzise Angabe. Es heißt weder „Hustenbonbons" noch etwa „eine Packung Hustenbonbons". Die statt dessen gebrauchte Angabe („ein paar") ist eine saloppe, ungenaue Formulierung: Die präzise Anzahl ist nicht wichtig, sondern die Geste scheint zu zählen.

(5) *Satzbau* und *Schreibstil* weisen folgende Besonderheiten auf: (a) Der Text ist im Schreibstil der Mündlichkeit (Koch und Oesterreicher 1985) verfaßt (z.B. Verwendung des Wortes „hier" zum Satzbeginn). (b) Entsprechend den Unterrichtszielen in der Grundschule sind folgende Charakteristika und *Fehler* für einen durchschnittlich begabten Schüler im ersten oder zu Beginn des zweiten Schuljahres typisch: (i) Schriftgröße (der Brief ist in sehr großer Schrift geschrieben), (ii) Rechtschreibfehler (die Worte „par" und „schike" sind falsch geschrieben, zudem wird das Wort „dir" nicht groß geschrieben). Aufgrund dieser Schriftmerkmale handelt es sich bei dem Briefautor mit großer Wahrscheinlichkeit um ein 7 – 8jähriges Kind.

(6) Mit dem Wissen, daß es sich bei dem Briefautor mit großer Wahrscheinlichkeit um ein *Schulkind* handelt, kann gezielter gefragt werden, ob dadurch Handlungsalternativen, die oben aufgelistet wurden, ausgeschlossen werden können. Folgende Handlungsmotive sind weniger wahrscheinlich:

(6.1) Variante (3.1a): Reagieren auf Aufforderung (eine solche Aufforderung fand nicht statt);

Variante (3.1b): Verschicken einer Warenprobe, Handlung im Rahmen einer überbehüteten Mutter-Kind-Beziehung;

Variante (3.1.1): Absender kennt die Lebensumstände des Adressaten in dieser Hinsicht nicht;

Variante (3.1.2): Eine kontinuierliche, verantwortliche Fürsorge für die Gesundheit eines anderen, der nicht versorgt ist, kann ein Kind in der Regel in diesem Alter noch nicht übernehmen.

(6.2) Variante (3.1.2): punktuelle Fürsorglichkeit und Aufmerksamkeit, Variante (3.1.3): Freundschaft und Vertrautheit und Variante (3.1.4): Witz und Ulk können für ein Kind dieses Alters *realisierbar* sein. Das Verschicken der Hustenbonbons kann als Geste eingesetzt werden, eine Beziehung zu „pflegen" oder zu festigen („Kleine Geschenke erfreuen").

III. Äußerung: „dein heisere Stime soll balt vorübergehen"

Diese Äußerung ist auf den ersten Blick leicht verständlich. Bei dem Bemühen jedoch, diese zu paraphrasieren, entstehen Schwierigkeiten. Deshalb soll der Versuch unternommen werden, nach Handlungskontexten zu suchen, in denen eine solche Äußerung regelhaft ist.

Paraphrase / Erwachsenensprache: „Ich wünsche Dir, daß Deine Heiserkeit bald vorübergeht."

Paraphrase / Kindersprache: „Ich befehle: Heisere Stimme, gehe bald vorüber!"

(1) Eine solche Satzkonstruktion ist regelhaft im Rahmen einer Mutter-Kind-Beziehung, die von einer basalen Komplementarität von Unterstützungsleistungen geprägt ist: das Kind erwartet von der Mutter, daß diese es im Rahmen ihrer Möglichkeiten unterstützt und für das Kind solche Tätigkeiten ausführt, die dieses selbst noch nicht machen kann (oder tun will). Die Mutter übernimmt hier häufig die Funktion eines Hilfs-Ichs für das Kind (Martens 1979; Neumann 1983). Eine typische Handlungssituation wäre etwa: Ein dem Kind nicht bekannter Mann kommt in den Raum, in dem sich Mutter und Kind aufhalten und das Kind sagt dann nach einer Weile zu der Mutter: „Der fremde Mann soll gehen, Mama!" Die Mutter wird vom Kind *imperativisch* in die Pflicht genommen, anstelle des Kindes dafür zu sorgen, daß der Mann geht.

(2) Eine weitere Variante dieser imperativen Satzkonstruktion („Du sollst nicht ...") ist zu finden, wenn Kinder sagen: „Der Ofen soll mich nicht brennen!" Auch hier wird ein Imperativ zu handeln ausgesprochen, Adressat ist jedoch kein Mensch, sondern ein materielles Ding, der Ofen. Das kindliche Denken ist hier von *Animismus* geprägt. Sein und Sollen werden noch nicht adäquat getrennt, Naturereignisse oder -gegenstände werden in die Seinsmodalität des sozialen Handelns hineingestellt: Der Ofen wird zum Aktor, der sich entsprechend der Aufforderung des Kindes verhalten soll bzw. handeln soll.

(3) In der zu deutenden dritten Äußerung des Zuschauerbriefes läßt sich eine *Mischung* zwischen animistischem und realistischem Denken beim schreibenden Kind ausmachen. Das Kind greift die ihm aus der Interaktion mit seiner Mutter bekannte imperative Satzkonstruktion auf (ein Aktor soll etwas machen), zweitens wird ein Naturereignis zu einem sozialen Ereignis umdefiniert (der Aktor ist die heisere Stimme) und drittens wird in der Zeitperspektive, die das Kind im Zeitwort und Verb zum

Ausdruck bringt (etwas soll bald vorübergehen) deutlich, daß das Kind nicht ganz und gar dem animistischen Denken verfallen ist, sondern auch realistisch denken kann: Das Kind weiß, daß die Heilung einer Krankheit mit einer Genesungszeit verbunden ist. Auch ein starkes Gebot – das ist dem Kind klar – kann diesen Zeitfaktor nicht umgehen. In der Satzkonstruktion mischen sich also animistische und realistische Denkanteile, was für ein 7–8jähriges Kind im übrigen keineswegs ungewöhnlich ist. Kinder dieses Alters stehen am Übergang von Animismus zum Realismus (Piaget 1980; Buggle 1988). Auf der Grundlage dieser Ableitung beansprucht also die obige kindersprachliche Paraphrase ihre Gültigkeit.

(4) Besonderheiten der *Schreibweise:* Die sprachlichen Charakteristika der Äußerung entsprechen dem oben beschriebenen Leistungsstand eines 7–8jährigen Kindes.

(5) Welche Bedeutung hat diese Äußerung im Kontext eines Zuschauerbriefes? In konventioneller Weise soll dieser Satz die Handlung des Biefschreibers, dem Empfänger Hustenbonbons zu schicken, *rationalisieren.* Der Begründungszusammenhang, der sich herstellt, lautet: Der Adressat (Spencer) hat eine heisere Stimme, der Sender schickt ihm als eine Form von Freundschafts- bzw. Fürsorgegeste ein paar Hustenbonbons, damit er damit etwas gegen die Heiserkeit unternehmen kann.

(6) Warum soll „Spencer" etwas gegen seine heisere Stimme unternehmen? Auf die Motive von Fürsorge, Freundschaft bzw. Witz wurde bereits verwiesen. Denkbar wären jedoch weitere *Motiv*varianten:

(6.1) Vorstellbar wäre, daß das Kind die Normalität einer nicht heiseren Stimme reklamiert: Eine als unvertraut wahrgenommene Stimme soll wieder „normal", also vertraut werden. Oder: Eine als unangenehm empfundene Stimme soll angenehmer werden; eine schlecht verständliche Stimme soll besser hörbar werden.

(6.2) Auf seiten des Briefschreibers besteht die Sorge, auf den Adressaten aufgrund von verschlimmerter Krankheit verzichten zu müssen (Angst vor dem Verlust eines signifikanten (Medien-)Anderen).

IV. Äußerung. „ach eines habe ich ja ganz fergesen"

Paraphrase: „Ach, eines habe ich ja ganz vergessen:"

(1) Diese Äußerung folgt einer konventionellen Sprachregel, um in einem Brief einen *Themenwechsel* anzuzeigen. Es wird deutlich, daß der eigentliche Brief beendet ist und eine Art von Postscriptum beginnt. Der Inhalt des Briefes, nämlich *Begleit*brief zu einer Sendung Hustenbonbons zu sein, wird bestätigt: Es sind keine weiteren Aussagen in dem eigentlichen Brief vorhanden, außer eben der, daß Hunstenbonbons verschickt werden zum Zwecke der Heilung. Die Verwendung der Vorredeformel dynamisiert zudem die Erwartung des Lesers auf den folgenden zweiten Teil der Äußerung hin.

(2) Der Schreiber kündigt einen weiteren Gedanken an, den er offensichtlich schon *vor* dem Schreiben mitzuteilen beabsichtigt hatte, es dann jedoch versäumt hatte, dies auch wirklich zu tun. Dem Briefautor scheint dieser Gedanke sehr wichtig zu sein. Auch der Gebrauch der nachgestellten Formulierung „ach, eines habe ich ja ganz vergessen:" betont in diesem Falle die Wichtigkeit der folgenden Botschaft.

(3) Die Formulierung entspringt erneut der Sprache der Mündlichkeit, also der Sprache der Nähe. Die weiteren *sprachlichen Besonderheiten* charakterisieren wieder den Leistungsstand eines 7 – 8jährigen Kindes.

V. Äußerung: „ich sehe dich jedes mall"

Paraphrase: „Ich sehe Dich in jeder (Deiner) Sendung(en)."

(1) Der Briefautor teilt dem Adressaten mit, daß er dessen Sendungen mit Regelmäßigkeit anschaut bzw. diesen in jeder Sendung, in der er auftritt, sieht.

(2) Die Äußerung zeigt, daß der Briefautor hier nicht einem animistischen, sondern einem realistischen Denken anhängt: Er weiß, daß die Redakteure, Schauspieler oder Puppen nicht per se wissen können, daß er die Sendungen immer ansieht (siehe Böhme-Dürr 1987).

(3) Welche *Bedeutung* hat diese Äußerung für den Sender/Empfänger-Dialog?

(3.1) Diese Mitteilung läßt sich als Lob für „Spencer" verstehen in dem Sinne etwa: „Es lohnt sich für mich, Deine Sendung immer anzusehen, denn sie ist toll!";

(3.2) sie kann Ausdruck der Bewunderung des Idols „Spencer" sein;

(3.3) sie kann darauf hindeuten, daß der Spender dem Empfänger mitteilen möchte, daß er ein *„treuer"* Zuschauer ist, der sich die Sendungen kontinuierlich ansieht;

(3.4) sie kann aber auch als eine Art von Rückversicherung einer positiven Gemeinsamkeit verstanden werden, die gerade im Krankheitsfalle (Heiserkeit) von Bedeutung ist („Du bist mir wichtig!")

(3.5) Denkbar ist auch daß diese Mitteilung nicht nur retrospektiv, sondern auch *prospektiv* gemeint sein kann – dieses (a) auch in Verbindung mit den Hustenbonbons: „Ich sehe mir jede Sendung an, ich kann also auch sehen, ob die Hustenbonbons „anschlagen" und die kranke Stimme von „Spencer" sich bessert." (b) Mit Blick auf eine mögliche Antwort von „Spencer" auf den Brief vom Absender ließe sich erwarten, daß letzterer annehmen könnte: (i) „Du brauchst mir nicht brieflich zu antworten, ich sehe ja im Fernsehen, wie sich Deine Krankheit weiterentwickelt"; (ii) „Es wäre nett, wenn Du mir am Bildschirm mitteilen könntest, ob die Bonbons geholfen haben"; (iii) „Vielleicht könntest Du mir aber auch „live“ für meinen Brief danken.“ Alle diese Sinnvarianten stellen als *Intention* die latente Aufforderung des Absenders an den Adressaten heraus, die begonnene para-soziale Kommunikation Medienakteur – Zuschauer im Rahmen der Folgekommunikation fortzusetzen.

(4) *Sprachliche Besonderheiten:* Erneut zeigt sich der Leistungsstand eines 7–8jährigen Kindes.

VI. Äußerung: „tschüß von (Vor- und Nachname eines männlichen Briefautors)“

Paraphrase: „Auf Wiedersehen. Diesen Brief hat (...) geschrieben.“

(1) Bei der Ausdrucksweise „tschüß“ handelt es sich um eine – nicht nur – bei Kindern gängige Abschiedsformel in Briefen, die aus dem direkten Face-to-face-Kontakt (Sprache der Mündlichkeit) stammt und dort soviel wie „Auf Wiedersehen“ bedeutet und hier das Ende des Briefes anzeigt. „Tschüß“ wird im Kontext einer Verabschiedung vor allem in Norddeutschland gebraucht.

(2) Auch die Sendung „Hallo Spencer“ endet damit, daß der Moderator sich mit dem Wort „tschüß“ verabschiedet. Die Wiederholung des Sprachgebrauchs des Moderators durch das Kind würde (a) für den Handlungszirkel einer Folgekommunikation sprechen (Wiederholung von Sprachmustern als Zeichen der *Gemeinsamkeit)*; sie kann aber auch als Ausdruck der *Medienkompetenz* des Kindes gedeutet werden: Der Briefschreiber reproduziert spiegelbildlich die Interaktion Show-Akteur – Zuschauer.

(3) Darauf folgt, wie ebenfalls im Brief üblich, der Name des Absenders, hier in der Form: „von ...“, wobei Vorname und Zuname genannt werden. Dies ist wiederum auffällig: Die Nennung des Nachnamens deutet darauf hin, daß Absender und Adressat zumindest nicht so vertraut sind, daß der Vorname zum Wiedererkennen ausreichen würde; der Briefautor muß also bereits um das Merkmal der Anonymität im Rahmen der Folgekommunikation wissen. Auch das „von“ ist, würde es sich um einen Brief an eine vertraute Person handeln, ungewöhnlich. Dieser Briefschluß muß wie folgt paraphrasiert werden: „Diesen Brief hat (...) geschrieben“, was einer nahen Beziehung zwischen beiden, in der es regelmäßige Kontakte gibt (somit auch einer Brieffreundschaft), widerspricht. Der Brief wird also in einer *Spannung von Nähe und Distanz* beendet.

5.4 Zusammenfassung der Ergebnisse der Feinanalyse

Das Kind, von dem der ausgewählte Zuschauerbrief geschrieben worden ist, beschäftigt sich intensiv mit dem Puppenmoderator Spencer und dessen heiserer Stimme. In einer Filmfolge wurde gezeigt, daß Spencer sich erkältet hat und nun kaum mehr bei guter Stimme ist. Dieses Geschichten-Ereignis interessiert den Jungen so sehr, daß er kurze Zeit nach Ausstrahlung der Folge „seinem“ Moderator „Spencer“ Hustenbonbons schickt. Hier mischen sich Gefühle von Freudschaft, Anteilnahme und Fürsorglichkeit um die Gesundheit des Medien-Gegenübers, das trotz Puppengestalt als ein menschliches Gegenüber angesprochen wird. Der Brief des Kindes ist ein deutliches Beispiel dafür, wie ein *para-sozialer Dialog* zwischen Medien-Akteur und Zuschauer im Rahmen der Folgekommunikation zu einem *sozialen Dialog* umgestaltet wird. Immerhin macht sich der Junge die nicht zu unterschätzende Mühe, zu schreiben und Hustenbonbons zu verschicken, sein Wunsch nach Dialogfortsetzung ist deutlich sichtbar. Dabei ist sich der Briefschreiber der technischen Bedingungen dieser speziellen Dialogform sicher. Er weiß, daß Spencer ihn zwar selbst nicht durch den Fernsehapparat hindurch sehen kann, daß der Kontakt aber dennoch von beiden Seiten her aufrechterhalten werden kann. Das Fernsehen ist für den Schreiber kein ‚magic window‘, aber es ist auch keine unüberwindliche Kommunikationsbarriere. Das Kind bewältigt diese Kommunikationssituation in einer spezifischen Mischung aus animistischen und realistischen Denk- und Handlungsstrategien.

6. Abschließende Diskussion der Analysemethoden

Welchen zusätzlichen Gewinn hat nun die aufwendige strukturale Analyse erbracht? Hat sich die Arbeit gelohnt?

Der Brief, dessen strukturanalytische Auswertung im Abschnitt 5 vorgestellt wurde, ist bei der *quantitativen* Analyse in die Kategorie „Kind an Puppe, personenbezogene Thematik“ eingeordnet worden. Diese Art der Zurodnung gibt über die Besonderheiten der Kommunikationsform ‚Zuschauerbrief eines Kindes‘ nur wenig Auskünfte. Ohne eine weitergehende, interpretative Auswertung lassen sich weder über die aus kommunikationstheoretischer Sicht interessierenden Voraussetzungen der Folgekommunikation, noch über das aus entwicklungspsychologischer Sicht aufschlußreiche kindliche Verständnis der Medienrealität, noch über die Motive und Erwartungen dieses individuellen Kindes weitergehende Aussagen machen.

Einen Kompromiß zwischen dem von uns vorgestellten rein quantitativen und dem struktural-hermeneutischen Vorgehen könnte eine stärker interpretierende Inhaltsanalyse darstellen. Wollte man den Brief auf diese Weise zum Beispiel mit Hilfe des zwar interpretativen, aber doch noch kategoriengestützten Verfahrens zur Bestimmung der Gratifikationsklassen und -typen von Huth und Krzeminski (1981) auswerten, so würde man wohl aufgrund der Kürze des Schreibens nur wenige Zuordnungen vornehmen können: Als *kontakt*-gerichtete Gratifikationen kommen (vor allem) „Companionship" (vgl. Tabelle 1), (aber auch) „Sharing" in Frage; vielleicht wäre auch die Kategorie „Social utility" von Relevanz in der eher weiter gefaßten Variante, daß der Schreiber sein Tun im Rahmen von Alltagskommunikationen verwenden kann. Als *ich*-gerichtete Gratifikation ließe sich in *generalisierter* Perspektive auf die Gratifikation „Identity" hinweisen. Mit diesen Einordnungen könnte man den Briefthemen zwar eine adäquate Aussagerichtung geben, es bleiben aber viele Punkte unklar: Die Kategorisierungen selbst würden wenig transparent und vieles, was in der obigen *strukturalen* Analyse expliziert wurde, bliebe unberücksichtigt bzw. unausgesprochen.

Die von uns vorgestellte extensive Briefanalyse kann zeigen, daß sich der Aufwand bei der Durchführung des Verfahrens der objektiven oder strukturalen Hermeneutik in mehrfacher Hinsicht lohnt:

(1) Der erste Vorteil ist *methodischer Art*:

Die Strukturanalyse liefert einen intersubjektiven Zugang zu den subjektiven Bedingungen sozialen Handelns (hier: das Beispiel der Massenkommunikation). Wie wir bei der Besprechung der Literatur zum Thema ‚magic window' gesehen haben, hat es nur wenig Sinn, Kinder zu fragen, wie real für sie die Fernsehrealität ist. Kindern macht es große Schwierigkeiten, den Sinn derartiger Fragen zu verstehen. Aber ist die Situation anders, wenn wir – wie in vielen Arbeiten zum „uses and gratifications approach" geschehen, Erwachsene fragen, aus welchen Motiven sie Medien nutzen? Huth und Krzeminski verneinen diese Frage zurecht. Die Introspektion eröffnet den Betroffenen keinen privilegierten Zugang zu den Motiven ihres eigenen Handelns.

In dieser Situation verspricht die sprachpragmatisch orientierte Philosophie einen Ausweg (Habermas, 1988). Wer spricht, drückt mit seiner Rede immer schon aus, was er für wahr hält, welche kommunikativen Regeln er für situationsangemessen hält und wie er einen Sachverhalt subjektiv bewertet. Die Motive und Erwartungen des Sprechers sind im Sprechakt immer schon enthalten. Wer die Sprechakte eines Akteurs auf ihre impliziten Bedingungen hin analysiert, bekommt damit unmittelbar auch Zugang zu den Motiven und Überzeugungen des Sprechers.

Darüber hinaus stellen die analysierten Texte eine Realität eigener Art dar, über die sich verschiedene Interpreten intersubjektiv verständigen können. Wenn ein Leser der im Abschnitt 5 dargestellten Fallrekonstruktion an bestimmten Stellen Einwände gegen die oben explizierten Sinnlesarten haben sollte (was gut möglich ist, da aus Platzgründen die Auflistung der Lesarten und das Ausschlußverfahren von Sinnvarianten hier nicht umfassend dargestellt werden konnte), so spricht dies gerade *für* das vorgestellte Interpretationsverfahren: Interpretationen werden hier prinzipiell in voller Transparenz dargestellt, Vorzüge und Nachteile einer Argumentation können von einem Leser direkt überprüft werden, wenn er sich nicht scheut, an der differenzierten und aufwendigen Interpretationsarbeit teilzunehmen.

Weder der Sprecher selbst (hier: Briefschreiber) noch der Forscher, der die Auswertung vorlegt, können gegenüber dieser kritischen Instanz des Lesers, der sich auf ein von der Sprachgemeinschaft geteiltes Wissen über die Bedeutung von Texten beruft, einen Autoritätsanspruch vorbringen!

(2) Der zweite Vorteil ist *psychologischer Art:*

Die extensive Briefanalyse hat Licht darauf werfen können, was an ganz *konkretem Beziehungsgeschehen und an subjektiver Betroffenheit* des Schreibers hinter den Kategorien „Companionship", „Sharing", „Social utility" und „Identity" stehen kann. Eine „Feinanalyse" bzw. eine „Kontextsuche" expliziert die Beschaffenheit bzw. Ausprägung von Handlungen in entsprechender *Breite* und *Tiefe*. Es wurde sehr deutlich, aus welchen Motiven der Briefeschreiber den Dialog mit dem Puppenmoderator initiiert hat.

Dort wo alternative Begründungen oder Lesarten offenbleiben mußten, wäre es beim Vorhandensein weiterer Kontextangaben sicherlich möglich gewesen, die Aussagen weiter zu spezifizieren. (Die aus Gründen des Datenschutzes notwendige Wahrung der Anonymität des Schreibers hat dies verhindert). Jedoch: Bei unserer Analyse ging es uns nicht um die vollständige Erhellung dieses einen, *besonderen* Falles. Vielmehr soll die *eine* Analyse Einblick in *allgemeine* Bedingungen der Medienrezeption und der Folgekommunikation geben. Der Ertrag der Feinanalyse muß an dieser Fragestellung gemessen werden. Dies leitet über zum dritten Vorteil.

(3) Der dritte Vorteil ist *theoretischer Art:*

Obwohl die Feinanalyse nur an einem einzigen Brief durchgeführt worden ist, erlaubt sie doch Antworten auf allgemeine, theoretische Fragen, im vorliegenden Fall über die Grundannahmen einer Theorie der para-sozialen Interaktion mit Medien und über die Frage der Realitätswahrnehmung von Kindern beim Fernsehen.

(3a) Rechtfertigung des Begriffs ‚Folgekommunikation':

Mit der ‚Folgekommunikation', so wurde unterstellt, setzt der Zuschauer einen kommunikativen Prozess fort. Auch die Medienrezeption selbst ist von ihm schon als kommunikatives Geschehen verstanden worden. Ist diese Annahme richtig? In der Medienwirkungsforschung ist man gewohnt, den Rezipienten als eine reiz- oder informationsverarbeitende Instanz anzusehen. Welchem Modell vom Rezipienten soll man den Vorzug geben: Ist der Rezipient ein reizkontrollierter Automat, ein Subjekt, welches in strategischer Einstellung die Umwelt nach Informationen absucht, um erfolgreich handeln zu können, oder geht der Rezipient mit dem Medienproduzenten eine soziale Beziehung ein? Unsere Fall-Rekonstruktion zeigt, daß der Brief des kleinen Zuschauers sinnvoll nur unter der letztgenannten Perspektive verstanden werden kann. Medienrezeption ist also *zumindest auch* als para-soziale Interaktion zu beschreiben.

Auch mit Blick auf die *Partizipationsdebatte* unterstreichen unsere Ergebnisse noch einmal, daß Zuschauerbriefe ein Medium der Vermittlung von Massen- und Individualkommunikation darstellen, das nicht weiterhin geringgeschätzt werden sollte. Die para-soziale Kommunikation wird über die Folgekommunikation zur direkten Kommunikation erweitert. Dies führt zu der naheliegenden Forderung, die Kontakt- und Dialogbedürfnisse von Medienrezipienten noch stärker zu beachten (siehe die nach wie vor relevante Diskussion zwischen Huth und Krzeminski auf der einen und den Sendeanstalten auf der anderen Seite: Huth und Krzeminski 1981, Anhang).

(3b) Wahrnehmung der Medienrealität durch Kinder:

Schließlich bringt die strukturale Briefanalyse auch etwas Licht in die Debatte über die kindlichen Vorstellungen von der Realität des im Fernsehen Gezeigten. Zumindest bei dem Schreiber des einen analysierten Briefes macht die Dichothomie ‚real' vs. ‚nicht-real' nicht viel Sinn. Vielmehr läßt sich der Brief dieses Kinders nur verstehen, wenn wir von einem *Ineinander von Realismus und Animismus* in der Wahrnehmung ausgehen. So fremdartig wird uns Erwachsenen diese Form der Wahrnehmung aber nicht mehr vorkommen, wenn wir uns klarmachen, daß wir die Handlungen einer Stoffpuppe nur verstehen können, wenn wir, unter Ausschaltung unseres kritischen Realitätsbewußtseins, zumindest vorübergehend so tun, als wäre die Puppe ein reales Gegenüber – gerade so, als wollten wir mit der Puppe in einen Dialog eintreten.

Anmerkungen

1 Diese Arbeit wurde teilweise aus Mitteln der DFG, Bonn, gefördert (SFB 321, Projekt B7). – Unser besonderer Dank gilt der NDR-Redaktion „Kleinkinderprogramm/ Fernsehen", die uns freundlicherweise das zuvor anonymisierte Briefmaterial für unsere wissenschaftliche Untersuchung zur Verfügung gestellt hat.

2 Für Hinweise auf die vorhandene Literatur zur Textsorte Brief danken wir Peter Koch.

3 Der Text wurde handschriftlich mit einem blauen Kugelschreiber in großer Schrift geschrieben. Er füllt eine weiße DIN-A-5-Seite vollständig aus. Alle Schreibfehler etc. wurden so wie vorgefunden wiedergegeben.

Literatur

Altheide, D.L.: Symbolic interaction and „uses and gratifications": Towards a theoretical integration. In: Communications 11/1985/3. S. 73 – 82.

Baron, L.J.: What do children really see on television? Paper presented at the Annual Meeting of the American Educational Research Association, Boston, Mass., April 7 – 11, 1980. American Educational Research Association (Hrsg.). Boston, Mass.: AERA 1980.

Böhme-Dürr, K.: Was Kinder wirklich von ihren Medien halten. Unveröffentlichtes Manuskript. Universität München 1987.

Böhme-Dürr, K.: Die kleinen Plastikleute im Fernsehen: Wie Kinder Fernsehrealität wahrnehmen. In: Medienwirklichkeit – Wirklichkeit. Kreisjugendring Nürnberg-Stadt, (Hrsg.). Nürnberg: Selbstverlag 1988. S. 61 – 80.

Bonfadelli, H.: Die Sozialisationsperspektive in der Massenkommunikation. Berlin: Spiess 1981.

Braun, B.; Charlton, M.; Neumann, K.; Orlik, W. und Rapp, R.: Freiburger Längsschnittuntersuchung der Medienrezeption durch Vorschulkinder (Text-Kontext-Korpus). Forschungsberichte des Psychologischen Instituts der Universität Freiburg. Nr. 53, 7 Bde. Freiburg 1989.

Brown, M.H.; Skeen, P.; Osborn, K.D.: Young children's perception of the reality of television. In: Contemporary Education, 50/1979/3, S. 129 – 133.

Bürgel, P.: Brief. In: Kritische Stichwörter. Faulstich, W. (Hrsg.). München: Fink 1979, S. 26 – 47.

Buggle, F.: Untersuchung zum Animismus bei 5 – 8jährigen Kindern. Zeitschrift für Entwicklungspsychologie und Pädagogische Psychologie 20/1988/ – , S. 3 – 14.

Charlton, M.; Neumann, K.: Fernsehen und die verborgenen Wünsche des Kindes. Weinheim: Beltz 1982.

Charlton, M.; Neumann, K.: Medienkonsum und Lebensbewältigung in der Familie. Weinheim/München: Psychologie Verlags Union 1986.

Dorr, A.: When I was a child, I thought as a child. In: Television and social behaviour. Hillsdale, N.J.: Erlbaum 1980, S. 191 – 230.

Dorr, A.: No shortcuts of judging reality. In: Children's understanding of television. Research on attention and comprehension. Bryant, J.; Anderson, D.R. (Hrsg.). New York, N.Y.: Academic Press 1983, S. 199 – 220.

Ermert, K.: Briefsorten. Tübingen: Niemeyer 1979.

Ettl, S.: Anleitungen zu schriftlicher Kommunikation. Tübingen: Niemeyer 1984.

Fernie, D.: Who flies, who cries? Children's understanding of people from television and real life. Paper presented at the Annual Meeting of the American Psychological Association, 88th, Montreal, Canada, September 1 – 5, 1980. American Psychological Association (Hrsg.). Montreal, Canada: APA 1980.

Fernie, D.: Ordinary and extraordinary people. Children's understanding of television and real life models. In: Viewing children through television. Kelly, Hope; Gardner, Howard (Hrsg.). London u.a.: Jossey-Bass 1981, S. 47 – 58.

Greenberg, B.S.; Reeves, B.: Children and the perceived reality of television. In: Journal of Social Issues, 32/1976/4, S. 86 – 97.

Habermas, J.: Nachmetaphysisches Denken. Frankfurt: Suhrkamp, 1988.

Hawkins, R.P.: The dimensional structure of children's perceptions of television reality. In: Communication Research, 4/1977/3, S. 299 – 320.

Horton, D.; Wohl, R.R.: Mass communication and para-social interaction. Observations on intimacy at a distance. Psychiatry 19/1956/-, S. 215 – 229.

Huth, L.; Krzeminski, M.: Zuschauerpost – ein Folgeproblem massenmedialer Kommunikation. Tübingen: Niemeyer 1981.

Jaglom, L.M.; Wilder, P.G.; Fagre, A.: How preschoolers explore the relationship between television and the real world. Harvard University, Cambridge, Mass., Graduate School of Education (Hrsg.). Cambridge, Mass.: Harvard Univ. 1979.

Jaglom, L.M.; Gardner, H.: The preschool television viewer as anthropologist. In: Viewing children through television. Kelly, H.; Gardner, H. (Hrsg.). London u.a.: Jossey-Bass 1981, S. 9 – 30.

Joas, H.: Die unglückliche Ehe von Hermeneutik und Funktionalismus. In: Kommunikatives Handeln. Honneth, A.; Joas, H. (Hrsg.). Frankfurt: Suhrkamp 1986. S. 144 – 176.

Kelly, H.: Reasoning about realities: Children's evaluation of television and books. In: Viewing children through television. Kelly, H.; Gardner, H. (Hrsg.).London u.a.: Jossey-Bass 1981, S. 59 – 71.

Klapper, H.L.: Children's perceptions of the realism of televised fiction. New wine in old bottles. In: Television advertising and children. New York, N.Y.: Child Research Service 1981, S. 55 – 82.

Koch, P.; Oesterreicher, W.: Sprache der Nähe – Sprache der Distanz. Romanistisches Jahrbuch. Bd. 36. 1985. Berlin: de Gruyter 1986, S. 15 – 43.

Kohli, M.: Fernsehen und Alltagswelt. Rundfunk und Fernsehen 25/1977/1 – 2, S. 70 – 85.

Lurcat, L.: A cinq ans, seul avec Goldorak. Le jeune enfant et la télévision. Paris: Syros Collection Contre-Poisons 1982.

Martens, K. (Hrsg.): Kindliche Kommunikation. Frankfurt: Suhrkamp 1979.

Messaris, P.; Kerr, D.: TV-related mother-child interaction and children's perceptions of TV-characters. In: Journalism Quartertly, 61/1984/3, S. 662 – 666.

Morison, P.; MacCarthy, M.; Gardner, H.: Exploring the realities of television with Children. Harvard University, Cambridge, Mass. (Hrsg.). Cambridge, Mass.: Harvard Univ. 1978.

Morison, P.; Kelly H.; Gardner, H.: Reasoning about the realities on television. A developmental study. In: Journal of Broadcasting, 25/1981/3, S. 229 – 242.

Neumann, K.: Der Beginn der Kommunikation zwischen Mutter und Kind. Bad Heilbrunn: Klinkhardt 1983.

Neumann, K.; Charlton, M.: Massenkommunikation als Dialog: Zum aktuellen Diskussionsstand der handlungstheoretisch orientierten Rezeptionsforschung. In: Communications, 14/1988/3, S. 7 – 38.

Neumann, K.; Charlton, M.: Massen- und interpersonale Kommunikation im Alltag von Kind und Familie. In: Massenkommunikation. Kaase, M.; Schulz, W. (Hrsg.). Sonderheft der Kölner Zeitschrift für Soziologie und Sozialpsychologie. Opladen: Westdeutscher Verlag 1989, S. 364 – 378.

Oevermann, U.: Probleme der hermeneutischen Sozialforschung. Vortrag. Universität Osnabrück. Im Manuskript. 1981.

Oevermann, U.: Kontroversen über sinnverstehende Soziologie. Einige wiederkehrende Probleme und Mißverständnisse in der Rezeption der „objektiven Hermeneutik". In:

Handlung und Sinnstruktur. Aufenanger, St.; Lenssen, M. (Hrsg.). München: Kindt, 1986, S. 19 – 83.
Oevermann, U.; Allert, T.; Konau, E. et al.: Die Methodologie einer „objektiven Hermeneutik" und ihre allgemeine forschungslogische Bedeutung in den Sozialwissenschaften. In: Interpretative Verfahren in den Sozial- und Textwissenschaften. Soeffner, H.-G. (Hrsg.). Stuttgart: Metzler 1979, S. 352 – 434.
Palmgreen, Ph.: Der „Uses and Gratifications Approach", Theoretische Perspektiven und praktische Relevanz. In: Rundfunk und Fernsehen 32/1984/1. S. 51 – 62.
Piaget, J.: Das Weltbild des Kindes. Frankfurt: Ullstein 1980. (Original 1926).
Quarfoth, J.M.: Children's understanding of the nature of television characters. In: Journal of Communication, 29/1979/3, S. 210 – 218.
Rapaczynski, W.; Singer, D.G.; Singer, J.L.: Teaching television: a curriculum for young children. In: Journal of Communication, 32/1982/2, S. 46 – 55.
Renckstorf, K.: Neue Perspektiven in der Massenkommunikationsforschung. Berlin: Spiess 1977.
Renckstorf, K.: Nachrichtensendungen im Fernsehen. Bd. 2. Berlin: Spiess 1980.
Rydin, K.: Wie Kinder Fernsehsendungen verstehen und daraus lernen. In: Wie verstehen Kinder Fernsehprogramme? Forschungsergebnisse zur Wirkung formaler Gestaltungselemente des Fernsehens. Meyer, M. (Hrsg.). München u.a.: Saur 1984, S. 158 – 177.
Scheuch, U.K.: Wechselwirkungen zwischen Programm-Machern und Hörern. Krefeld: M-und-M-Wissenschaftsverlag 1986.
Singer, D.G.; Singer, J.L.: Television and the developing imagination of the child. In: Journal of Broadcasting, 25/1981/4, S. 373 – 387.
Teichert, W.: „Fernsehen" als soziales Handeln (II). In: Rundfunk und Fernsehen 21/1973/4, S. 356 – 382.
Weinraub, M.; Putney, E.: The effects of height on infants' social responses to unfamiliar persons. Child Development 49/1978/-, S. 598 – 603.

Jan-Uwe Rogge

Medienbezogene Elternbildung und Familienberatung als lebenspraktische Sozialisationshilfe – einige Essentials

Medien- und kommunikationspädagogische Elternberatung und Familienbildung lassen sich als lebensnahe Sozialisationshilfe beschreiben, die durch drei zentrale Gesichtspunkte bestimmt ist:

1. Für eine erfahrungs- und subjektorientierte Bildungs- und Beratungskonzeption geht es zunächst um die Rekonstruktion subjektiver Deutungsmuster sowie die Entstehungs- und Wirkungsweise von Alltagswissen. Dies gilt auch für die Medien, den Mediengebrauch und die kommunikationspädagogischen Handlungskonzepte. Die Familien bzw. Eltern kommen mit einem Gemenge aus alltäglichem Wissen und wissenschaftlichen Wissenselementen in eine entsprechende Veranstaltung, von Wissenselementen, denen fast immer ein vereinfachtes Reiz-Reaktions-Modell zugrunde liegt: Sie führen die Übermotorik der Kinder am Montagmorgen auf den zu hohen Fernsehkonsum am Wochenende zurück; sie interpretieren aggressive Handlungen der Kinder als Nachahmung von Fernsehvorbildern; sie sehen die Zunahme des Aggressions- und Angstpotentials bei Kindern als direkte Folge des Fernsehens; sie deuten die Beziehung „Fernsehen – Kind“ im Sinne eines Stimulus-response-Mechanismus. Sie betrachten die Phantasielosigkeit der Kinder als Folge des Medienkonsums oder die Sprach- und Spielunfähigkeit der Heranwachsenden wird monokausal mit der Vorliebe für das Fernsehen erklärt. Nun geht es nicht darum, „falsche“ Deutungsmuster (über Medien) zu entlarven. Ziel ist es vielmehr, brüchig oder fragwürdig gewordene Deutungsmuster durch reflektierte und erweiterte zu ersetzen oder zu ergänzen. Die verstehend-interpretative Beratung stößt Lern- und Erfahrungsprozesse an und begleitet sie, strukturiert Erfahrungen, bietet alternative Interpretationsmuster an.

2. Dies setzt voraus, den Prozeß des Lernens und der Beratung als Erfahrungsprozeß zu gestalten. Anders ausgedrückt: Es geht zunächst einmal um die Erfassung der Binnenperspektive, der „inneren Realität" der Teilnehmerinnen, zugleich aber auch darum, die Deutungsmuster der Teilnehmer als relevante Faktoren in der Beratung ernst zu nehmen. (Medienbezogenes) Alltagswissen hat für die Familien Handlungsrelevanz, soll heißen: in den zur Verfügung stehenden Deutungsmustern sind beispielsweise (klischeehafte) Sichtweisen und (vereinfachte) Interpretationen medienbezogener Handlungen von Kindern („Das kommt ja doch nur vom Fernsehen!" „Dieser verfluchte Fernseher, was kann ich dagegen schon machen!") ebenso enthalten wie Orientierungs- und Rechtfertigungsmuster („Kinder sehen schon genügend fern, deshalb unterbinde ich jedes Gespräch darüber!" „Man muß anderen Eltern ein schlechtes Gewissen machen wegen des zu vielen Fernsehens, vielleicht ändert sich ja dann etwas!") für das jeweilige pädagogische Handeln. Die Vermittlung von Wissen und die Erweiterung von Handlungskompetenzen setzt an den lebensgeschichtlich geprägten Deutungsmustern und den alltagspraktischen Erfahrungen der Teilnehmer an, bringt sie auf den Begriff, versucht, sie zu systematisieren und zu differenzieren. Entscheidend ist dabei eine berufsethische Verantwortung des Beraters. Der Bildungs- und Beratungsprozeß knüpft zwar an den Erfahrungen der Eltern an, gleichwohl bleibt die Reichweite des Eingriffs (in Deutungsmuster oder pädagogische Alltagshandlungen) offen. Die Eltern haben die Möglichkeiten des Rückzugs und des Widerstands. Bezugspunkt dieser berufsethischen Verantwortung „ist die Bewußtheit der biologischen und sozialen Struktur des Menschen. Es ist eine Ethik, die aus menschlicher Reflexion entspringt und die *die Reflexion, die das Menschliche ausmacht,* als ein konstitutives soziales Phänomen *in den Mittelpunkt stellt.* Wenn wir wissen, daß unsere Welt notwendig eine Welt ist, die wir zusammen mit anderen hervorbringen, dann können wir im Falle eines Konflikts mit einem anderen menschlichen Wesen, *mit dem wir weiterhin koexistieren wollen,* nicht auf dem beharren, was für uns gewiß ist (auf einer absoluten Wahrheit), weil das die andere Person negieren würde. Wollen wir mit der anderen Person koexistieren, müssen wir sehen, daß ihre Gewißheit – so wenig wünschenswert sie uns auch erscheinen mag – *genauso legitim und gültig ist wie die unsere.* Wie unsere Gewißheit

ist auch die Gewißheit des anderen Ausdruck seiner Bewahrung der Strukturkoppelung in einem Existenzbereich – so wenig verlockend uns dieser Bereich auch erscheinen mag. Die einzige Chance für die Koexistenz ist also die Suche nach einer umfassenderen Perspektive, einem Existenzbereich, in dem beide Parteien in der Hervorbringung einer gemeinsamen Welt zusammenfinden. (. . .) Das Wissen um dieses Wissen ist der soziale Imperativ jeder auf dem Menschlichen basierenden Ethik.“ (Maturana/Varela 1987, S. 264/65)

3. Das Beratungskonzept ist – darauf hatte ich hingewiesen – auf Handlungsorientierung angelegt. Es nimmt die Bedürfnisse der Teilnehmer nach Hilfestellung und Unterstützung ernst, indem es nicht nur Identitätsentwürfe angesichts einer Krisenerfahrung ausprobiert oder angemessene Deutungsmuster bereithält. Die Konzeption trägt zugleich dazu bei, die alltägliche Lebens- und Erziehungspraxis zu reflektieren, sich mit anderen Eltern zu verständigen oder sich angesichts neuer Erfahrungen rückzuversichern.

Subjektorientierung und Übertragbarkeit

Eine an den Deutungsmustern der Familien ausgerichtete Bildungs- und Beratungspraxis bietet drei Vorteile:

- die Subjektorientierung,
- die Differenzierung der Deutungsmuster und
- die Übertragbarkeit der in der Beratung erfahrenen Prinzipien auf die Familienerziehung.

Unbestreitbarer Vorteil des Ansatzes ist die *Subjektorientierung*. Das Individuum steht mit seinen Wünschen und Kommunikationsansprüchen im Mittelpunkt. Diese Erfahrungen haben die Familien in ihren Rückmeldungen bestätigt. Subjektorientierung zieht aber auch die Anerkennung einer perspektivischen Wahrnehmung von Wirklichkeit nach sich. Anders ausgedrückt: Die Wahrnehmung von Realität geschieht immer auf dem Hintergrund je subjektiver Alltagserfahrungen.

Damit ist angedeutet, daß die Lebenswelten jedes Menschen, jeder Familie, jedes Kindes (und das gilt insbesondere für die Medienwelten, die medienbezogenen Nutzungsmuster, das Fernseh- und Leseverhalten, die Vorliebe für bestimmte Genres, die Art und Weise einer ganzheitlichen Mediennutzung etc.) immer nur relativ, nur näherungsweise wahrgenommen werden können. Mediale Wirklichkeiten existieren nicht an sich, immer nur für sich; sie werden immer auf dem Hintergrund von verfügbaren Deutungsmustern interpretiert. Genau dieser Aspekt wird in der öffentlichen Diskussion über Medienwirkungen allzu schnell übersehen. Deshalb bleiben viele Diskussionen auch abstrakt, erscheinen als Alibi. Denn die Interpretation anderer Medienwelten, die Deutung des Mediengebrauchs anderer ist immer nur als allmähliche Näherung zu beschreiben und sollte deshalb mit großer Sorgfalt und Vorsicht geschehen. Vorschnelle Abstempelungen, Stigmatisierungen, aber auch Problematisierungen sollten unterbleiben.

Damit wird zugleich für eine kasuistische Argumentation und für fallbezogene Interpretationen plädiert. Den Eltern wird vermittelt, wie relevant je subjektive Deutungsmuster sind. Wer jedoch nur am Alltagswissen anknüpft, um Deutungsmuster zu entlarven, versperrt sich einen Zugang zu anderen Lebens- und Alltagswelten. Deshalb meint die Differenzierung von Deutungsmustern nicht die Durchsetzung von übergeordneten Interessen des Beraters. Differenzierung vollzieht sich immer dialogisch, sie ist nur als Prozeß des Aushandelns zu beschreiben. Damit ist noch eine weitere Perspektive von medienbezogener Bildung und Beratung als einer praktischen Sozialisationshilfe beschrieben.

Der Dialog über mögliche Strukturierungshilfen oder über alternative Deutungsmuster meint nicht Entmündigung der Eltern, die Unterdrückung von Eigeninitiative – Dialog bedeutet Ermutigung, Ermunterung und Rückgabe der Verantwortung an die pädagogisch Handelnden. Er kann auch dazu führen, persönliche Ängste und Unsicherheiten auszusprechen, wenn es beispielsweise um die Erprobung neuer Handlungsorientierungen geht.

Eine an den Deutungsmustern der Eltern ansetzende Konzeption zeichnet sich durch ihre *Übertragbarkeit* aus. Indem die Familien im Prozeß der Beratung erfahren, wie ich Deutungsmuster ernst nehme, doch zugleich mit ihnen arbeite, versuche, sie zu differenzieren und zu erweitern, erleben sie ein Vorgehen, das sich in ihre pädagogische Praxis übertragen und in ihrem Handlungsfeld anwenden läßt. Dies gilt insbesondere für die Arbeit mit Kindern.

(Medien-)Wissenschaft und (Medien-)Alltag

Im Gegensatz zu vielen medienpädagogischen Konzeptionen ging es mir nicht um die „pädagogische" Vermittlung oder Umsetzung medienwissenschaftlicher Theoriebildung (z.B. zur Theorie über die Mediengewalt, zur Theorie der Emotionalisierung durch Medien etc.). Vielmehr muß sich das medienwissenschaftliche Wissen, auch das mittels qualitativer Methoden gewonnene, in seiner je spezifischen alltagspraktischen Relevanz zeigen, d.h. solches Wissen muß den Teilnehmern zugleich plausibel sein und dazu beitragen, Alltagsbewußtsein und Deutungsmuster zu erweitern. Die von mir praktizierte Herangehensweise ging von zwei wichtigen Grundüberlegungen aus:

– das Verhältnis von wissenschaftlichem Wissen und Alltagswissen und

– die Verantwortlichkeit des Beraters bzw. Fortbildners.

Wissenschaftliches Wissen ist nicht per se höherwertig als *Alltagswissen.* Beide unterscheiden sich allerdings in einigen Segmenten: Während sich (medien-)wissenschaftliche Theorien durch Intersubjektivität, Komplexitätserweiterung und Differenzierung auszeichnen, sind Alltagstheorien durch subjektive Plausibilität, Komplexitätsreduktion und Vereinfachung gekennzeichnet. So werden Medienwirkungen aus der Sicht von Alltagstheorien so interpretiert, daß sie mit Alltagsbeobachtungen und praktizierten Handlungsmustern übereinstimmen. Die montagmorgendliche Motorik der Kinder wird auf das Fernsehen zurückgeführt, die Auffälligkeit der Kinder ist damit plausibel und einfach erklärt. Gleichzeitig ist die Komplexität des Problems auf ein Maß reduziert, um entsprechend einfach handeln und intervenieren zu können, z.B. im Verbot über ein Gespräch zum Thema Fernsehen, in der Unterdrückung von fernsehbezogenen Nachspielen etc.

Das Ernstnehmen von Alltags- und Lebenswelten der Teilnehmer meint zugleich deren fundamentale Erfahrung, deren auf Konsistenz ausgerichtete Orientierungsmuster im alltäglichen Handeln ernst zu nehmen. Damit wird – ich hatte wiederholt darauf hingewiesen – Verantwortung nicht an einen Experten mit seinem theoretischen Wissen abgetreten (z.B. den Forscher, den Leiter einer Fortbildung), vielmehr wird die Verantwortung den gesellschaftlichen Subjekten und pädagogisch Handelnden zurückgegeben, werden deren Beobachtungen und Erfahrungen nicht abgewertet, vielmehr erweitert und vor dem Hintergrund wissenschaftlichen Wissens, sofern es handlungsrelevant ist, strukturiert. Rückmeldungen von Familien zeigen, daß sie durch die Art und Weise des Vorgehens ermutigt wurden, andere Handlungs- und Vorgehensweisen auszuprobieren.

Die Vermittlung qualitativer Forschungsergebnisse in die gesellschaftliche wie individuelle Praxis erfordert differenziertere, alltags- und lebensnähere Formen der Vermittlung als Vorträge oder auf den Experten zugeschnittene Darstellungen, geht es doch darum, für die Praxis umsetzbares Wissen zur Verfügung zu stellen. So begreife ich mich demgegenüber als Moderator, der die Teilnehmer auffordert, ihre je spezifischen medienbezogenen Alltagsprobleme einzubringen, der kommunikative Prozesse in den Beratungen organisiert und unterstützt und der versucht, Probleme der jeweiligen Praxisfelder zu strukturieren und auf alltagsnahe Weise zu lösen. Dazu gehört auch, daß ich mein Wissen über die je spezifischen Probleme einbringe. Voraussetzung für diesen Gestaltungsprozeß ist allerdings die Fähigkeit des pädagogischen Verstehens und die ethische Verpflichtung, das Vertrauen der Teilnehmer in die Kraft ihrer eigenen Deutungsmuster nicht zu erschüttern, Widerstände gegen erweiterte medienbezogene Deutungsmuster zu respektieren und nicht zu brechen.

Einzelfall und Gesamtzusammenhang – zwischen Idealismus und Objektivismus

Nun hat die Familienberatung und Elternbildung aber nicht nur einen sozialpsychologisch-kompensatorischen Aspekt, es geht mir auch um die Vermittlung eines systematischen Wissens. Ausgangspunkte sind dabei niemals wissenschaftliche Erklärungsmodelle oder Vorgehensweisen. So geht es mir beim Thema „Mediengewalt" nicht darum, alle Wirkungshypothesen aufzuzählen, zu vergleichen oder den Teilnehmern zur Verfügung zu stellen. Um sich entsprechend zu informieren, erhalten die Familienmitglieder zum Abschluß entsprechende thematische Arbeitsblätter. Wichtiger (im Prozeß der Beratung und Bildung) sind mir (als Ausgangspunkt) die jeweiligen Deutungsmuster der Eltern und deren Relevanz für die Interpretation von Situationen. Mir kommt es darauf an, daß die Eltern mehr Sensibilität für – in diesem Fall – aggressionsbesetzte Kommunikationssituationen erwerben, Deutungsmuster an die Hand bekommen, um mit Situationen, d.h. mit aggressiven Handlungen der Kinder, gekonnter umzugehen. Ich stelle einen Rahmen zur Verfügung, innerhalb dessen die Teilnehmer die gehörten und erarbeiteten Informationen reflektierter verarbeiten können. Ziel ist es nicht, alles, was die Wissenschaft zum Thema Aggression erforscht und dokumentiert hat, zu vermitteln. Es kommt mir vielmehr auf eine methodologische, nicht aber auf eine ontologische Reduktion des wissenschaftlichen Wissens, auf dessen Umsetzung in das jeweilige Praxisfeld an.

Nur so wird es möglich sein, daß erweiterte und differenzierte Deutungsmuster handlungsrelevant werden können. Hinzu kommt noch ein weiterer Aspekt. Nicht selten zeichnet sich wissenschaftliches Vorgehen durch (notwendige) Abstraktionen aus, wobei die Konkretheit an Erfahrungen, die sinnlichen Qualitäten der Untersuchungsergebnisse verloren gehen. Die Einmaligkeit jeder Handlung (z.B. auch der Mediennutzung) wird zugunsten der Verallgemeinerung geopfert. Ich arbeite demgegenüber mit Einzelfällen, gehe von Alltagssituationen aus, bespreche Probleme fallorientiert, ermuntere zu kasuistischer Argumentation. Dabei scheinen in jedem Einzelfall auch Gesichtspunkte durch, die sich auf andere Fälle übertragen lassen oder allgemeinere Zusammenhänge repräsentieren. Entscheidend für die Beratungspraxis bleibt allerdings der einzelfallorientierte Zugriff, gilt es doch nicht „allen" Kindern (z.B. bezüglich medienbezogener Probleme) zu helfen, sondern dem Kind, an dem sich die problematischen Symptome im Hier und Jetzt, wie es sich für die anwesenden Eltern und Kinder darstellt, zeigen. Und nur so ist auch der Transfer in den Alltag jederzeit möglich. Ein Vater drückte das so aus: „Es war gut, daß wir immer Einzelfälle besprochen haben. Dadurch war es mir möglich, auch an andere, selbst erlebte Fälle heranzugehen. Was nutzen mir irgendwelche Durchschnittszahlen, ich hab' es doch mit meinem ganz konkreten Kind und meinen konkreten Problemen zu tun."

Autobiographische Reflexionen

Das Alltagswissen ist fest in den Biographien der Subjekte verhaftet. Das gilt gleichermaßen für die medienbezogenen Deutungsmuster, die sich im Laufe einer Lebensgeschichte herausbilden und die dann maßgeblich das (pädagogische) Handeln in der Gegenwart bestimmen. Eltern bewerten das medienbezogene Handeln ihrer Kinder nicht selten mit jenen Werthaltungen, die sie in ihrer Ursprungsfamilie bzw. -umgebung erworben haben. Eigene Haltungen werden nicht selten absolut gesetzt, die lebensgeschichtlich geprägten Haltungen anderer Menschen danach bewertet, nicht selten aber auch verkannt. (Medienbezogene) Fortbildungen berühren somit immer auch die biographische Kontinuität von Deutungsmustern, vermögen möglicherweise die im Alltagswissen enthaltenen „geheimen" Botschaften und Symbole aufzudecken.

Der Weg zu den Deutungsmustern von Kindern und Familien läuft nur über die medienbiographische Reflexion und Rekonstruktion, über die Suche nach Antworten auf Fragen an die eigene Lebens- und Mediengeschichte. Diesen subjektiven Zugang habe ich in der ersten Phase der Beratung und Bildung auf zwei Wegen angestrebt: zum einen durch die Aufarbeitung, die Betrachtung und die Reflexion der eigenen Medienbiographie, zum anderen durch den Versuch, Möglichkeiten zu vermitteln, latente Deutungsmuster, die die eigene Erziehungsarbeit behindern oder blockieren, zu erschließen. Um dies zu konkretisieren: So lasse ich Eltern medienbezogene Problemsituationen nachspielen, ihre Medienbiographie rekonstruieren oder eigene Lieblingshelden zeichnen oder basteln. Mit dieser Vorgehensweise ist es möglich, die in den Medien gebundenen (bewußten wie unbewußten) Emotionen, Wünsche und Bedürfnisse den Eltern und Familienmitgliedern bewußter zu machen, d.h. ihnen zur Verfügung zu stellen.

Die Vehemenz, mit der Medien den Alltag und die Kommunikation beeinflussen, zeigt sich u.a. darin, mit welchen Gefühlen die Mediennutzer das Wirken der Helden in den Medien begleiten: diese führen das vor, was man sich vielleicht selber nicht gestattet, in sie kann man jene Gefühle hineinlegen, die man möglicherweise unterdrückt. Wer also über beliebte Fernsehserien oder Kinostars redet, spricht immer auch über die darin gebundenen (eigenen) Kommunikationsbedürfnisse. Wer – bei aller berechtigten Kritik – die Trivialserien des Fernsehens verurteilt („Das ist doch der größte Schwachsinn!"), be- und verurteilt auch die Gefühle, die mit der Aneignung solcher Sendungen einhergehen. Wer solch Pauschalkritik zum Ausgangspunkt seiner medienpädagogischen Handlungen macht, versperrt sich den Zugang zu den Alltagswelten der je spezifischen Nutzer: Es kommt zu aktiven („Stimmt nicht. Mir gefällt das!") oder passiven („Laß den doch reden, zuhause sehe ich ohnehin, was mir gefällt!") Widerständen oder sogar Verweigerungen („Dem erzähle ich nichts mehr!"). Gespräche über die Aneignung von Medien und deren Helden sich immer auch Gespräche über die eigene Befindlichkeit. Sie erfordern viel Sensibilität. Das gilt gleichermaßen für die Elternarbeit. Wenn man die Bedürfnisse und Interessen von Eltern und Kindern nicht ernst nimmt, erzeugt man nicht selten Abwehrhaltungen und Barrieren. Schon aus diesem Grunde erscheint es mir wichtig, die Relevanz, die Entstehungs- und Wirkungsweise eigener medienbezogener Deutungsmuster aufzuzeigen. Durch die Bearbeitung verschiedenster Materialien kann es einerseits um die Erfassung der Binnenperspektive eigener Deutungsmuster (Wie sind sie entstanden? Wie sind sie zu strukturieren? Wie sind sie zu verändern?) gehen; andererseits darum, die Deutungsmuster als ernst zu nehmende Faktoren im Beratungs- und Vermittlungsprozeß zu begreifen (Welche Bedeutung haben die medienbezogenen Deutungsmuster für mich, für mein pädagogisches Handeln, für meine Wahrnehmung und für die Akzeptanz anderer Deutungsmuster?). Ziel einer autobiographischen Reflexion ist somit die Offenheit und Bewußtheit gegenüber eigenen Erfahrungen sowie ein distanzierterer und überlegterer Umgang mit der eigenen Medien- und Lebensgeschichte.

Doch ist es damit allein nicht getan. Medienbezogene Elternbildung und Familienberatung haben auch die Aufgabe, durch die Methode des einfühlenden Verstehens eigene Deutungsmuster zu erkennen, um dann reflektierter damit umgehen zu können. Allerdings kommt es bei der Arbeit mit Deutungsmustern darauf an, den Familien ein entsprechendes und praxisnahes Handlungswissen für das je spezifische Praxisfeld zur Verfügung zu stellen. Wichtig ist die Unterstützung der Familien durch die Bereitstellung und Weiterentwicklung alternativer, vor allem tragfähiger Deutungsangebote. Ich kann den Familien nicht die Hilflosigkeit eines Reiz-Reaktions-Schemas aus der Medienwirkungsforschung vor Augen führen, ohne zugleich praktikablere Interpretationsmöglichkeiten und Handlungsorientierungen anzubieten. Damit ist nun eine entscheidende Bedingung für eine deutungsmusterorientierte Beratungsarbeit skizziert: Die Familien sind nur dann bereit, sich zu öffnen, wenn der vom Berater versuchte Interventionsprozeß praktische Konsequenzen hat. Die Familien dürfen nicht in ein Loch fallen, ihnen darf nicht das Gefühl von Ausweg- und Machtlosigkeit gegeben werden. Deshalb setze ich in der kommunikationspädagogischen Beratung beim Alltag von Kindern und Familien an. Alltagsstrukturen zu ändern liegt in der Reichweite der Betroffenen.

Kontinuität und Veränderung

Familien brauchen Zeit, um sich auf einen subjektorientierten Zugang einzulassen, sie müssen die Gewißheit haben, daß er produktive lebenspraktische Konsequenzen hat und sich für das Praxisfeld als *tragfähig und umsetzbar* erweist. Ansonsten bleiben Deutungsmuster gegenüber Änderungen, Differenzierungen und Strukturierungen (und mögen sie noch so einleuchtend, begründet und gut gemeint sein) resistent.

Wünsche nach Erweiterungen und Differenzierungen von Deutungsmustern bilden sich vor allem in Krisensituationen heraus. Dadurch entstehen Bedürfnisse nach Beratung und Bildung, um eine als unbefriedigend erlebte Situation zu ändern. Aufgrund von Rückmeldungen lassen sich für die Familien an einem von mir durchgeführten Modellprojekt zwei Formen der Krisen formulieren:

– Einerseits herrscht das Gefühl vor, dem vorhandenen Alltagswissen, den Medienerfahrungen und dem Medienalltag nicht mehr gerecht zu werden bzw. hilflos auf medienbezogene Aktivitäten von Kindern zu reagieren.

- Andererseits standen viele Familien (vor allem Mütter) in einer Lebensphase bzw. einem Familienzyklus, in dem aus einer diffusen Unzufriedenheit heraus nach differenzierteren und erweiterten Handlungsangeboten gesucht wurde. Änderungen von Deutungsmustern werden mithin in Umbruchsituationen zugelassen, wenn der vorhandene Wissensvorrat und die bisher angewandten Handlungskonzepte nicht mehr ausreichen, um mit Erziehungssituationen fertig zu werden. Auffällig war, daß solche Krisenerfahrungen nicht mit Hilfs- und Aussichtslosigkeit gleichgesetzt wurden; vielmehr begriff man sie als Chance, um mehr über sich, seine Familie und ein spezifisches pädagogisches Problem – in diesem Fall den Mediengebrauch von Kindern und Familien – zu erfahren. Medien-(bezogene) Beratung ist somit auch Medium zur Transformation elterlicher und erzieherischer Identität, Beratung dient somit auch der Hilfestellung in Erziehungskrisen bzw. kritischen Lebensphasen.

Literatur:

Maturana, H.; Varela, F.: Der Baum der Erkenntnis. Bern: Scherz 1987.

Die Autoren

Stefan Aufenanger, Dr. phil., Jg. 1950, studierte Erziehungswissenschaft, Soziologie, Psychologie und Kunstgeschichte in Mainz; war zuletzt Hochschulassistent am Pädagogischen Institut der Universität Mainz. Zur Zeit Forschungsstipendiat der DFG für den Bereich Medienpädagogik. Forschungsschwerpunkte: Sozialisationsforschung, Moralerziehung, Qualitative Forschungsmethoden, Medienforschung und Medienpädagogik.

Ben Bachmair, Dr. phil., Jg. 1943, ist Professor für Erziehungswissenschaft, Medienpädagogik und Mediendidaktik an der Gesamthochschule Universität Kassel. Nach erster medienbezogener Forschung im Institut für Film und Bild, München, folgte die Beschäftigung mit systematischer Theorie zur Einbettung medienpädagogischer und mediendidaktischer Fragen (Stichwort: Symbolische Vermittlung), aus der empirische Untersuchungen zum Zusammenhang von Massenkommunikation und Handeln – entlang des Lebenslaufes – entstanden. Aktueller Arbeitsschwerpunkt ist die Entwicklung eines kulturhistorischen Bezugsrahmens zur Interpretation von Massenkommunikation (Stichwort: Alltagskultur).

Michael Charlton, Dr. phil., Jg. 1943, ist Professor für Psychologie an der Universität Freiburg. Teilprojektleiter im Sonderforschungsbereich 321 (‚Mündlichkeit und Schriftlichkeit'). Arbeitsschwerpunkte: Medienforschung, Entwicklungspsychologie und Kulturpsychologie, Interpretative Forschungsmethoden.

Heinz Hengst, Jg. 1941, Studium der Philosophie, Soziologie und (Neu-) Germanistik; Promotion 1970; Habilitation 1982; Professor an der Hochschule Bremen, Fachbereich Sozialpädagogik. Arbeitsschwerpunkte: Sozialisation, Medienkommunikation, Kinderkultur; Mitglied des Instituts für Popularkultur an der Universität Bremen.

Martina van den Hövel, Dr. phil., Jg. 1952, studierte nach der Ausbildung als Lehrerin Erziehungswissenschaft und Philosophie. Nach der Tätigkeit als Lehrerin für Deutsch und Gesellschaftslehre leitete sie zusammen mit Ben Bachmair das Projekt „Medienpädagogische Beratung" an der Gesamthochschule Universität Kassel. Zur Zeit wertet sie das Projekt „Dynamik symbolischer Vermittlung von Alltagshandeln und Massenkommunikation" aus.

Burkhard Hofmann, Dipl. Soz. Päd., Jg. 1956, studierte an der Gesamthochschule Universität Kassel Sozialpädagogik, leitet ein Programmkino und arbeitet an medien- und kulturhistorischen Untersuchungen zur Fotographie. Daneben wertet er die Ergebnisse des Projektes „Dynamik symbolischer Vermittlung von Alltagshandeln und Massenkommunikation" mit aus.

Paul Löhr, Jg. 1938, studierte Pädagogik an der Universität München. Seit 1965 Mitarbeiter und seit 1980 Leiter des Internationalen Zentralinstituts für das Jugend- und Bildungsfernsehen. Herausgeber und Autor zahlreicher Veröffentlichungen zum Kinder- und Jugendfernsehen.

Stefan Müller-Doohm, Dr. phil., Jg. 1942. Professor für Soziologie mit dem Schwerpunkt Interaktions- und Kommunikationstheorie am Institut für Soziologie an der Universität Oldenburg. Veröffentlichungen im Bereich Gesellschaftstheorie, Kultur- und Medienforschung.

Klaus Neumann, promovierter Soziologe, Jg. 1952. Hochschulassistent und Teilprojektleiter im Sonderforschungsbereich 321 (‚Mündlichkeit und Schriftlichkeit') an der Universität Freiburg. Forschungsgebiete: Sozialisationsforschung, Kommunikationssoziologie, Kultursoziologie, Interpretative Forschungsmethoden.

Mara Niemann, Lehrerin und Diplom-Psychologin, Jg. 1951, lebt und arbeitet in Südbaden als Erziehungsberaterin.

Waltraud Orlik, Diplom-Psychologin, Jg. 1961. Psychologiestudium in Saarbrücken und Freiburg; seit 1986 Mitglied der Freiburger Projektgruppe ‚Strukturanalytische Rezeptionsforschung' im SFB 321.

Jan-Uwe Rogge, Dr. phil., Jg. 1947. Studium der Germanistik, Politischen und Kulturwissenschaft. Von 1976 – 1986 verschiedene Forschungsarbeiten zu den Themen ‚Kinderkultur' sowie ‚Medien und Familie' an der Universität Tübingen. Seit 1986 freiberuflicher Kulturwissenschaftler, z.Zt. tätig als Familientherapeut und Erwachsenenbildner; Leiter eines Modellversuchs zur Familienberatung und Medienerziehung.

Michaela van Waasen, Jg. 1959, studierte für das Lehramt (Englisch, Französisch), arbeitete nach ihrer Lehrertätigkeit als Wissenschaftliche Mitarbeiterin im Projekt „Medienpädagogische Beratung" an der Gesamthochschule Universität Kassel. Zur Zeit ist sie Lehrerin in einem Projekt zur Jugendarbeitslosigkeit.

saur

INTERNATIONALES ZENTRALINSTITUT FÜR DAS JUGEND- UND BILDUNGSFERNSEHEN (IZI) SCHRIFTENREIHE

Nr. 16
Michael Schmidbauer/Paul Löhr
Die Kabelpilotprojekte in der Bundesrepublik Deutschland
Ein Handbuch
1983. 175 S. Br. ISBN 3-598-20756-5
(Direkt beim IZI zu bestellen)

Nr. 17
Wie verstehen Kinder Fernsehprogramme?
Forschungsergebnisse zur Wirkung formaler Gestaltungselemente des Fernsehens
Herausgeber: Manfred Meyer
1984. 315 S. Br. DM 45,-
ISBN 3-598-20757-3

Nr. 18
Sabine Jörg
Unterhaltung im Fernsehen
Show-Master im Urteil der Zuschauer
1984. 170 S. Br. ISBN 3-598-20758-1
(Direkt beim IZI zu bestellen)

Nr. 19
Arbeitslose Jugendliche - eine Zielgruppe für Fernsehen und Hörfunk?
Herausgeber: Paul Löhr
1985. 157 S. Br.
ISBN 3-598-20759-X
(Direkt beim IZI zu bestellen)

Nr. 20
Michael Schmidbauer/Paul Löhr
Der Markt der kommerziellen Kindermedien
Eine Dokumentation
1985. 136 S. Br. DM 28,-
ISBN 3-598-20760-3

Nr. 21
Michael Schmidbauer
Die Geschichte des Kinderfernsehens in der Bundesrepublik Deutschland
Eine Dokumentation
1987. 187 S. Br. DM 32,-
ISBN 3-598-20761-1

Nr. 22
Michael Schmidbauer/Paul Löhr
Kinderfernsehen in der Bundesrepublik Deutschland
Eine Dokumentation von Forschungsergebnissen 1959 - 1988
1988. 178 S. Br. DM 32,-
ISBN 3-598-20762-X

Nr. 23
Michael Schmidbauer/Paul Löhr
Jugend und Fernsehen
Plädoyer für ein jugendgeeignetes Programm
1989. 100 S. Br. DM 32,-
ISBN 3-598-20763-8

K·G·Saur **York·Paris**
K·G·Saur Verlag · Postfach)1 04-0 · Telex 5 212 067 saur d